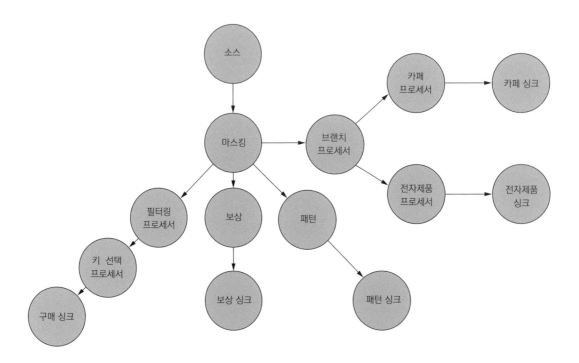

Kafka Streams IN ACTION

Kafka Streams IN ACTION

카프카 스트림즈 API로 만드는
실시간 애플리케이션

빌 베젝 지음 최중연 · 이재익 옮김

i!i
에이콘

"카프카 스트림즈와 이벤트 주도 애플리케이션을 가능케 하는 방법을 배울 수 있는 훌륭한 길이다."

— 아파치 카프카 Apache Kafka 공동 설립자
네하 나크헤데 Neha Narkhede 의 '추천의 글' 중에서

"카프카 스트림즈에 대한 포괄적인 가이드. 소개부터 프로덕션까지!"

— 보얀 두르코비치 Bojan Djurkovic / 시벤트 Cvent

"메시지 중개와 실시간 스트리밍 분석 간의 간격을 이어주었다."

— 짐 만테이 주니어 Jim Mantheiy Jr. / 넥스트 센츄리 Next Century

"스트림즈에 대한 소개와 계속되는 레퍼런스 모두 가치가 있다."

— 로빈 코 Robin Coe / TD 뱅크 TD Bank

나는 실시간 이벤트 스트림과 스트림 처리를 중심으로 한 아키텍처를 앞으로 몇 년 동안 흔히 볼 수 있을 거라고 믿는다. 넷플릭스^{Netflix}, 우버^{Uber}, 골드만삭스^{Goldman Sachs}, 블룸버그^{Bloomberg} 같이 기술적으로 정교한 회사는 대규모의 이벤트 스트리밍 플랫폼을 구축했다. 대담한 주장이지만, 스트림 처리와 이벤트 중심 아키텍처의 출현은 기업이 관계형 데이터베이스처럼 데이터를 사용하는 방식에 큰 영향을 미칠 것이라고 생각한다.

스트림 처리를 중심으로 이벤트를 구상하고 구축하는 이벤트 주도 애플리케이션^{event-driven application}을 구축할 때, 요청/응답 스타일 애플리케이션 및 관계형 데이터베이스의 세계에서 왔다면 사고의 전환이 필요하다. 『Kafka Streams in Action』에서는 가능하다.

스트림 처리는 명령식 사고에서 이벤트 사고로의 근본적인 이동을 요구한다. 이는 반응형, 이벤트 중심, 확장성, 유연성 및 실시간 애플리케이션을 가능하게 하는 변화다. 비즈니스에서 이벤트 사고는 실시간으로 상황에 맞는 의사결정 및 운영을 위해 조직을 개방한다. 기술적인 면에서 이벤트 사고는 좀 더 자율적이고 분리된 소프트웨어 애플리케이션을 생성할 수 있어서, 결과적으로 확장 가능하고 탄력적으로 스케일러블한 시스템을 만들 수 있다.

두 경우 모두 궁극적인 이점은 비즈니스 및 비즈니스 촉진 기술의 민첩성 향상이다. 전체 조직에 이벤트 사고를 적용하는 것은 이벤트 중심 아키텍처의 기초다. 스트림 처리는 이러한 변환을 가능하게 하는 기술이다.

카프카 스트림즈는 자바에서 이벤트 중심 애플리케이션을 빌드하기 위한 원시 아파치 카프카 스트림 처리 라이브러리다. 카프카 스트림즈를 사용하는 애플리케이션은 자동으로 내결함성을 가지며 애플리케이션의 인스턴스에 투명하고 탄력적으로 배포되는 데이터 스트림에서 정교한 변환을 수행할 수 있다. 2016년 아파치 카프카가 0.10 버전이 출시된 이래로 핀터레스트^{Pinterest}, 뉴욕 타임스^{The New York Times}, 라보뱅크^{Rabobank}, 라인^{LINE} 등을 비롯한 많은 기업이 카프카 스트림즈를 제작에 투입했다.

카프카 스트림즈 및 KSQL의 목표는 스트림 처리를 단순화해 대규모 데이터 처리를 위한 대규모 프레임워크가 아닌, 이벤트에 응답하는 이벤트 중심 애플리케이션을 자연스럽게 구축할 수 있도록 하는 것이다. 우리의 모델에서 주 엔티티는 처리 코드가 아닌 카프카의 데이터 스트림이다.

『Kafka Streams in Action』을 통해 카프카 스트림즈에 대해 배우고, 카프카 스트림즈가 어떻게 이벤트 중심 애플리케이션을 가능하게 하는 핵심 역할을 하는지 배울 수 있다. 여러분도 나만큼이나 이 책을 즐기며 읽길 바란다!

– 네하 나크헤데 Neha Narkhede

아파치 카프카 공동 설립자, 컨플루언트 공동 창업자 및 CTO

소프트웨어 개발자로서 일하는 동안 흥미로운 프로젝트에서 현재 소프트웨어로 작업할 수 있었던 것은 행운이었다. 처음에는 클라이언트와 백엔드 작업을 함께 시작했다. 하지만 내가 백엔드 작업을 전적으로 좋아한다는 사실을 깨달은 다음에는 백엔드를 내 홈으로 만들었다. 그리고 시간이 지날수록 하둡(pre-1.0 릴리스)에서 시작해 분산 시스템 작업으로 전환했다. 새로운 프로젝트로 넘어가자 카프카를 사용할 기회가 있었다. 카프카에 대한 첫인상은 매우 간단하게 작업할 수 있고, 굉장한 파워와 유연성을 갖고 있다는 점이었다. 나는 프로젝트 데이터를 전달하기 위해 카프카를 통합하는 방법을 점점 더 많이 찾아냈다. 프로듀서와 컨슈머 작성은 간단했고, 카프카는 시스템의 품질을 향상했다.

그런 다음 카프카 스트림즈에 대해 배웠다. 카프카에서 데이터를 읽기 위해 다른 처리 클러스터가 필요한 이유는 무엇일까? API를 살펴봤을 때 스트림 처리에 필요한 모든 항목(조인, 값 매핑, 리듀스 및 group-by)을 발견했다. 더 중요한 것은 상태를 추가하는 접근법이 내가 그 시점까지 작업한 모든 것보다 우월하다는 점이다.

나에게는 사람들에게 개념을 간단하고 이해하기 쉬운 방식으로 설명하려는 열정이 있다. 카프카 스트림즈에 관해 글을 쓸 기회가 왔을 때, 힘들기는 해도 가치 있는 일이라는 사실을 알았다. 카프카 스트림즈가 스트림 처리를 수행하는 간단하지만 우아하고 강력한 방법임을 보여주기 위해 열심히 노력했다.

| 감사의 글 |

무엇보다 먼저 책을 쓰는 동안 아내 베스에게 받은 모든 지원에 대한 감사의 말을 전한다. 책을 쓰는 일은 시간 소모적인 작업이며, 그녀의 격려가 없었다면 이 책은 절대로 세상에 나오지 못했을 것이다. 베스, 당신은 환상적이다. 나는 당신을 아내로 맞게 되어 매우 기쁘다. 또한 대부분의 주말에 종일 사무실에서 아빠와 함께 앉아, 언제 글쓰기를 마칠지 물어볼 때 '곧'이라는 막연한 대답을 받아들여 준 아이들에게 고마움을 전하고 싶다.

다음으로, 카프카 스트림즈의 핵심 개발자인 귀장 왕, 마티아스 삭스, 데미안 가이, 이노 테레스카에게 감사드린다. 그들의 뛰어난 통찰력과 노력이 없었다면 카프카 스트림즈도 없었을 것이므로 게임 체인저game changer인 이 도구에 대해 쓸 기회가 없었을 것이다.

전문가적 지도와 무한한 인내로 책을 재미있게 쓸 수 있게 해준 매닝 출판사의 편집자 프랜시스 레프코위츠에게 감사드린다. 또한 존 야덕의 기술 피드백에 감사드리며, 훌륭한 기술자인 발렌틴 크레타스의 코드 검토에도 감사드린다. 또한 모든 독자에게 더 나은 품질을 제공하기 위해 열심히 노력하고 귀중한 의견을 보내주신 다음 리뷰어들에게도 감사드린다. 알렉산더 코츠모스, 보얀 유코빅, 딜런 스캇, 해미시 딕슨, 제임스 프라운호퍼, 짐 맨틀리, 호세 산 리아드로, 케리 코이츠쉬, 라즐 헤에데우스, 매트 벨거어, 마이클 주도, 니콜라스 화이트헤드, 리카르도 호르헤 페레이라 마노, 로빈 코, 수만트 템베, 벤카타 마라푸.

마지막으로, 카프카를 처음 시작했을 뿐만 아니라 위대하고 고무적인 장소인 컨플루언트를 설립하기 위해 고품질 소프트웨어를 만든 카프카 개발자들, 특히 제이 크레프, 네하 나크헤데 및 준 라오에게 감사를 표하고 싶다.

에이콘출판의 기틀을 마련하신 故 정완재 선생님 (1935-2004)

| 지은이 소개 |

빌 베젝^{Bill Bejeck}

카프카 컨트리뷰터이며, 컨플루언트^{Confluent}의 카프카 스트림즈 팀에서 근무한다. 소프트웨어 개발 분야에서 15년 이상 근무했으며, 8년간 백엔드, 특히 다운스트림 고객의 데이터 흐름을 향상하기 위해 카프카를 사용하는 데이터 처리 팀에서 대용량 데이터 처리에 초점을 맞춰왔다. 『Getting Started with Google Guava』 (Packt, 2013)의 저자이며, 블로그 'Random Thoughts on Coding' (http://codingjunkie.net)을 운영한다.

11

| 옮긴이 소개 |

최중연(newpcraft@gmail.com)

네이버에서 모니터링 서비스를 개발하고 있으며, 메트릭을 저장하고 처리하기 위해 카프카를 사용하고 있다. 실시간 분석과 이상 탐지에 대한 관심으로 카프카 스트림즈를 접했고 번역하게 됐다. 최근에는 쿠버네티스Kubernetes 환경에서 카프카 클러스터 서비스를 준비하고 있다.

이재익(humanjack@gmail.com)

네이버에서 사내 로그 시스템과 일래스틱서치 클러스터 서비스를 개발 및 운영하고 있다. 최근에는 분산 시스템 디버깅과 머신 러닝을 데브옵스DevOps 시스템에 활용하는 방법에 관심이 많다. 여가에는 가족들과 캠핑을 하거나 독서를 즐긴다. 공역서로는 에이콘출판사에서 펴낸『ElasticSearch in Action』(2016), 『일래스틱서치 모니터링』(2017), 『키바나 5.0 배우기』(2017), 『일래스틱서치 쿡북 3/e』(2019)이 있다.

불과 몇 년 전만 하더라도 주변에 카프카를 쓰는 곳은 많지 않았다. 분석할 데이터는 하둡 파일 시스템에 넣고 맵리듀스 작업으로 배치 처리했다. 대용량의 데이터를 서버에 나눠 저장하고 더 빠른 처리가 필요하다면 서버를 더 늘리면 됐고 그것으로 충분할 것 같았다. 그러나 급속히 증가하는 데이터와 저장 및 처리에 드는 시간을 줄이려는 요구 때문에 실시간 또는 준실시간 처리가 필요해졌다.

링크드인의 카프카 개발자도 하둡과 같은 대용량 데이터의 저장과 처리에 실시간성을 부여해야 했고 그 결과물이 카프카다. 카프카가 발행/구독 메시지 큐를 제공하는 플랫폼으로 나온 이후, 스트림 처리 플랫폼에 있어 필수 요소로 자리 잡게 되었고 사용 사례도 많아졌다. 카프카 스트림즈가 세상에 나오면서 이제는 실시간 스트림 처리도 별도의 스트림 플랫폼 없이 가능해졌다.

이 책은 카프카 스트림즈로 실시간 애플리케이션을 만들 수 있도록 가상의 프로젝트 목표를 설정하고 단계별로 개선하는 방식으로 쓰였다. 운영 시 겪게 될 다양한 이슈와 해결 방법 및 모니터링 방법도 포함하고 있어, 카프카 스트림즈를 시작하는 독자뿐만 아니라 이미 운영하는 독자에게도 도움이 될 것이다.

차례

3부	카프카 스트림즈 관리	247

7장	모니터링과 성능	249

카프카 스트림즈를 시작하는 방법과 일반적인 스트림 처리 방법을 알려주기 위해 『Kafka Streams in Action』을 썼다. 이 책을 쓰는 나의 접근 방식은 페어 프로그래밍 관점이다. 코드를 작성하고 API를 배우면서 저자가 옆에 앉아 있다고 상상해보자. 간단한 애플리케이션 작성부터 시작하고, 카프카 스트림즈에 점점 깊이 들어가면서 더 많은 기능을 사용할 수 있을 것이다. 테스트와 모니터링에 대해 배우고 고급 카프카 스트림즈 애플리케이션 개발로 마무리할 것이다.

대상 독자

이 책은 스트림 처리를 원하는 모든 개발자를 대상으로 한다. 꼭 필요한 건 아니지만, 분산 프로그래밍 지식은 카프카 및 카프카 스트림즈를 이해하는 데 도움이 될 것이다. 카프카 자체에 대한 지식은 유용하지만 필수는 아니다. 알아야 할 내용은 알려줄 것이다. 숙련된 카프카 개발자뿐만 아니라 새 카프카 개발자도 카프카 스트림즈를 사용해 매력적인 스트림 처리 애플리케이션을 개발하는 방법을 배우게 될 것이다. 직렬화 같은 주제에 익숙한 중급에서 고급 자바 개발자는 자신의 기술을 사용해 카프카 스트림즈 애플리케이션을 작성하는 방법을 배울 것이다. 이 책의 소스 코드는 자바 8로 작성됐으며 자바 8 람다 구문을 광범위하게 사용하므로 람다(그 밖의 언어에서도 가능) 사용 경험이 도움이 될 것이다.

이 책의 구성

이 책은 9개의 장이 4개의 부로 나뉘어 있다. 1부에서는 카프카 스트림즈의 멘탈 모델을 소개해 어떻게 작동하는지 전체적으로 보여준다. 또한 카프카가 필요하거나 리뷰를 원하는 사람들을 위해 카프카의 기초를 제공한다.

- **1장 '카프카 스트림즈 시작하기'** 실시간 데이터를 대규모로 처리하기 위해 스트림 처리가 필요한 이유와 방법론의 일부 이력을 제공한다. 또한 카프카 스트림즈의 정신 모델을 제시한다. 어떤 코드도 다루지 않고 카프카 스트림즈의 작동 방식을 설명한다.
- **2장 '빠르게 살펴보는 카프카'** 카프카를 처음 접하는 개발자를 위한 입문 내용이다. 카프카에 대한 경험이 많은 사람은 이 장을 건너뛰고 카프카 스트림즈로 들어갈 수 있다.

2부는 카프카 스트림즈로 이동해서 API의 기초부터 시작해 더 복잡한 기능으로 계속 진행한다.

- **3장 '카프카 스트림즈 개발'** Hello World 애플리케이션을 제시하고 좀 더 현실적인 예제인 고급 기능을 포함하는 가상 소매 업체를 위한 애플리케이션 개발을 제시한다.
- **4장 '스트림과 상태'** 상태에 대해 설명하고 스트리밍 애플리케이션에 필요한 경우를 설명한다. 카프카 스트림즈에서 상태 저장소 구현 및 조인을 수행하는 방법에 대해 배울 것이다.
- **5장 'KTable API'** 테이블과 스트림의 이중성을 살펴보고 새로운 개념인 KTable을 소개한다. KStream이 이벤트 스트림인 반면, KTable은 관련된 이벤트 스트림 또는 업데이트 스트림이다.
- **6장 '프로세서 API'** 저수준의 프로세서 API에 관해 살펴본다. 지금까지 고수준 DSL로 작업해왔지만 여기서는 애플리케이션의 사용자 정의 부분을 작성해야 할 때 프로세서 API를 사용하는 방법을 배우게 될 것이다.

3부는 카프카 애플리케이션 개발에서 카프카 스트림즈 관리까지 이동한다.

- **7장 '모니터링과 성능'** 카프카 스트림즈 애플리케이션을 테스트하는 방법을 설명한다. 전체 토폴로지를 테스트하고, 단일 프로세서를 유닛 테스트하며, 통합 테스트를 위해 내장된 카프카 브로커를 사용하는 방법을 배우게 될 것이다.
- **8장 '카프카 스트림즈 애플리케이션 테스트'** 레코드를 처리하는 데 걸리는 시간을 확인하고 잠재적인 처리 병목 지점을 찾는 방법을 살펴보면서 카프카 스트림즈 애플리케이션을 모니터링하는 방법에 대해 다룬다.

4부는 카프카 스트림즈의 고급 애플리케이션 개발을 탐구하는 책의 핵심이다.

- **9장 '카프카 스트림즈 고급 애플리케이션'** 카프카 커넥트를 사용해 기존 데이터 소스를 카프카 스트림에 통합하는 방법을 다룬다. 스트리밍 애플리케이션에 데이터베이스 테이블을 포함하는 방법을 배울 것이다. 그런 다음, 대화식 쿼리를 사용해 관계형 데이터베이스 없이 카프카 스트림즈를 통해 데이터가 흐르는 동안 시각화 및 대시보드 애플리케이션을 제공하는 방법을 살펴볼 것이다. 9장에서는 또한 KSQL을 소개한다. KSQL은 SQL을 사용해 코드를 작성하지 않고 카프카를 통해 연속 쿼리를 실행할 수 있다.

예제 코드

이 책에는 많은 소스 코드 예제가 포함되어 있다. 소스 코드는 일반 텍스트와 분리하기 위해 다음과 같이 표기한다.

```
Function<LocalDate, String> addDate =
    (date) -> "The Day of the week is " + date.getDayOfWeek();
```

대부분의 경우 원본 소스 코드의 서식을 바꿨다. 이 책의 페이지 너비에 맞춰 줄바꿈과 수정된 들여쓰기를 추가했다. 이것만으로 충분하지 않을 경우에는 줄 연속 마커(➥)가 포함된다. 또한 코드가 텍스트에 설명되어 있는 경우 소스 코드의 주석은 목록에서 제거했다. 코드 주석은 중요한 개념을 강조하는 많은 목록과 함께 제공된다.

마지막으로, 책에 포함된 많은 코드 예제는 독립적으로 사용 가능한 것이 아니라, 논의 내용과 가장 관련성이 높은 부분만을 담은 발췌문이다. 이 책의 모든 예제는 제공되는 소스 코드에서 찾을 수 있다. 이 책의 예제 소스 코드는 깃허브^{GitHub}(https://github.com/bbejeck/kafka-streams-in-action) 및 출판사 웹사이트(www.manning.com/books/kafka-streams-in-action)에서 얻을 수 있으며, 에이콘출판사의 도서정보 페이지 http://www.acornpub.co.kr/book/kafka-streams-in-action에서도 예제 코드를 내려받을 수 있다.

이 책의 소스 코드는 Gradle 빌드 도구(https://gradle.org)를 사용하는 포괄적인 프로젝트다. 적절한 명령을 사용해 IntelliJ 또는 Eclipse로 프로젝트를 가져올 수 있다. 소스 코드 사용 및 탐색에 대한 전체 지침은 함께 제공되는 README.md 파일에서 찾을 수 있다.

북 포럼

이 책을 구입하면 매닝 출판사가 운영하는 사설 웹 포럼에 무료로 접속해 책에 관해 코멘트를 하거나 기술적인 질문을 하고 저자와 다른 독자들로부터 도움을 받을 수 있다. 포럼에 접속하려면 https://forums.manning.com/forums/kafka-streams-in-action을 방문한다. 또한 매닝의 포럼 및 행동 규범에 대한 자세한 내용은 https://forums.manning.com/forums/about에서 확인할 수 있다.

매닝의 의무는 개별 독자 간 그리고 독자와 저자 간 의미 있는 대화에 참여할 수 있는 장소를 제공하는 것이다. 저자 측에서 일정한 시간 동안 의무적으로 참여해야 하는 것은 아니고 저자의 자발적인 지원으로 이뤄질 뿐이다. 흥미로운 질문이 없다면 저자의 관심은 점점 사라질 것이다. 포럼과 이전 토론의 아카이브는 책이 출판되는 한 출판사 웹사이트에서 방문할 수 있을 것이다.

기타 온라인 자료

- 아파치 카프카 문서: https://kafka.apache.org
- 컨플루언트 문서: https://docs.confluent.io/current
- 카프카 스트림즈 문서: https://docs.confluent.io/current/streams/index.html#kafka-streams
- KSQL 문서: https://docs.confluent.io/current/ksql.html#ksql

Part 1

카프카 스트림즈 시작하기

이 책의 1부에서는 빅 데이터 시대에 대해 살펴볼 것이다. 대용량 데이터를 처리해야 할 필요성이 어떻게 시작됐고, 결국 어떻게 데이터를 즉시 처리하는 스트림 처리로 넘어갔는지 살펴본다. 카프카 스트림즈Kafka Streams가 무엇인지 살펴보고, 큰 그림에 집중할 수 있도록 코드 없이 어떻게 작동하는지 멘탈 모델mental model을 설명한다. 카프카에 대해서도 작업 방법을 빠르게 이해할 수 있도록 간략하게 설명할 것이다.

1

카프카 스트림즈에
오신 것을 환영합니다

1장에서 다루는 내용

- 빅 데이터로 이동하면서 프로그래밍 환경이 어떻게 변했는지 이해하기
- 스트림 처리가 어떻게 작동하는지 그리고 왜 필요한지 이해하기
- 카프카 스트림즈 소개
- 카프카 스트림즈로 해결한 문제 살펴보기

이 책에서는 카프카 스트림즈를 사용해 스트리밍 애플리케이션 요구사항을 해결하는 방법을 배운다. 기본적인 추출, 변환, 적재^{ETL, extract, transform, load}부터 레코드 조인을 통한 복잡한 상태 변환까지 카프카 스트림즈의 구성요소를 다루어 스트리밍 애플리케이션의 다양한 문제를 해결할 수 있게 될 것이다.

카프카 스트림즈에 들어가기 전에 빅 데이터 처리의 역사를 간단히 살펴보자. 문제와 해결책을 찾아내면서 카프카와 카프카 스트림즈에 대한 필요성이 어떻게 진화했는지 명확하게 알 수 있다. 빅 데이터 시대가 어떻게 시작됐는지와 카프카 스트림즈 솔루션으로 이르게 된 이유를 살펴보자.

1.1 빅 데이터로의 전환, 그로 인한 프로그래밍 환경의 변화

최신 프로그래밍 환경은 데이터 프레임워크 및 기술과 함께 폭발적으로 증가했다. 물론 클라이언트 개발은 자체적인 변화를 겪었고, 모바일 애플리케이션 수도 폭발적으로 증가했다. 하지만 모바일 장비 시장의 규모나 클라이언트 기술의 진화 방식에 관계없이 변하지 않는 것이 하나 있다. 매일 점점 더 많은 데이터를 처리해야 한다는 것이다. 데이터양이 증가함에 따라, 데이터를 분석하고 활용해야 하는 필요성도 같은 속도로 증가한다.

하지만 대량의 데이터를 벌크 처리(일괄 처리)할 수 있는 능력만으로는 충분하지 않다. 점점 더 많은 조직에서 데이터를 실시간(스트림 처리^{stream processing})으로 처리할 필요성을 발견하고 있다. 스트림 처리에 대한 최첨단 접근 방식인 **카프카 스트림즈**^{Kafka Streams}는 이벤트별 레코드 처리를 수행할 수 있게 하는 라이브러리다. 이벤트별 처리는 즉각적으로 각 레코드를 처리한다는 것을 의미한다. 작은 배치로 데이터를 그룹 지을(마이크로 배치^{microbatching}) 필요가 없다.

> |**참고**| 데이터가 도착하자마자 처리해야 할 필요성이 점점 더 명확해지면서, **마이크로 배치**(microbatching)라는 새로운 전략이 개발됐다. 이름에서 알 수 있듯이 마이크로 배치는 작은 양을 일괄 처리하는 배치 처리일 뿐이다. 배치의 크기를 줄임으로써 마이크로 배치는 결과를 더 빨리 생성할 수 있다. 간격이 빠르긴 하지만 마이크로 배치는 여전히 일괄 처리다. 진정한 이벤트별 처리를 제공하지는 않는다.

1.1.1 빅 데이터의 기원

인터넷은 1990년대 중반부터 일상생활에 실질적인 영향을 미치기 시작했다. 그 이후로 웹에서 제공하는 연결성을 통해 유례없이 정보에 접근하고, 전 세계 어디서나 누구와도 즉시 소통할 수 있는 능력을 얻었다. 이러한 모든 연결성으로 인해 예기치 않은 부산물이 발생했는데, 바로 엄청난 양의 데이터가 생성된 것이다.

우리의 목적을 위해, 나는 세르게이 브린^{Sergey Brin}과 래리 페이지^{Larry Page}가 구글을 만든 1998년에 공식적으로 빅 데이터 시대가 시작됐다고 말할 것이다. 브린과 페이지는 검색을 위해 웹 페이지 순위를 매기는 새로운 방법인 페이지랭크[PageRank] 알고리즘을 개발했다. 단순히 말하면 페이지 랭크 알고리즘은 웹사이트를 가리키는 링크의 수와 품질을 계산해 웹사이트의 순위를 매긴다. 웹 페이지가 더 중요하거나 관련성이 높을수록 더 많은 사이트에서 이를 참조한다는 가정이다.

그림 1.1은 페이지랭크 알고리즘을 그래픽으로 표현했다.

- 사이트 A가 가장 중요하다. 사이트 A를 가장 많이 참조하고 있기 때문이다.
- 사이트 B는 약간 중요하다. 그리 많이 참조하지는 않지만, 중요한 사이트가 참조하고 있다.
- 사이트 C는 A나 B보다 덜 중요하다. 참조하는 사이트가 B보다 많지만, 참조의 품질이 낮다.
- 아래쪽(D부터 I까지)의 사이트에는 해당 사이트를 가리키는 참조가 없다. 따라서 중요도가 가장 적다.

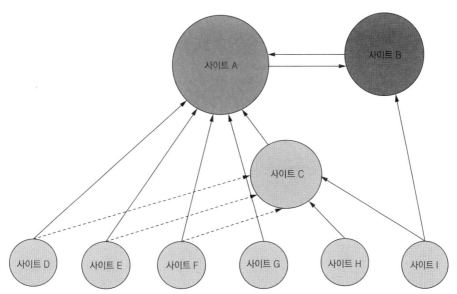

▲ **그림 1.1** 작동 중인 페이지랭크 알고리즘. 원은 웹사이트를 나타내며, 큰 원은 다른 사이트에서 더 많은 링크를 가리키는 사이트를 나타낸다.

그림 1.1은 페이지랭크 알고리즘을 지나치게 단순화했지만, 알고리즘 작동 방식에 대한 기본 아이디어를 준다.

당시 페이지랭크는 혁명적인 접근 방식이었다. 이전에는 웹 검색은 부울 논리^{Boolean logic}를 사용해 결과를 반환할 가능성이 더 많았다. 웹사이트에 여러분이 원하는 내용이 모두 혹은 대부분 포함되어 있는 경우, 콘텐츠의 품질에 관계없이 해당 웹사이트는 검색 결과에 포함됐다. 그러나 모든 인터넷 콘텐츠에 페이지랭크 알고리즘을 실행하려면 새로운 접근 방식이 필요했다. 기존 방식의 데이터 작업은 너무 오래 걸렸다. 구글이 생존하고 성장하려면 해당 콘텐츠를 모두 신속하게('신속하게'는 상대적인 용어) 색인해서 대중에게 양질의 결과를 제공해야 했다.

구글은 모든 데이터를 처리하기 위한 또 다른 혁신적인 접근 방식을 개발했다. 바로 맵리듀스^{MapReduce}라는 새로운 패러다임이다. 맵리듀스는 구글이 하나의 회사로서 필요한 작업을 수행할 수 있게 했을 뿐만 아니라, 의도치 않게 컴퓨팅 분야에서 새로운 산업을 창출했다.

1.1.2 맵리듀스의 중요 개념

구글에서 맵리듀스를 개발했을 때 맵과 리듀스 함수가 새로운 개념은 아니었다. 구글의 접근 방식에 있어 독창적인 점은 이런 간단한 개념을 많은 장비에 대규모로 적용하는 것이었다.

맵리듀스의 핵심은 함수형 프로그래밍에 있다. 맵 함수는 원본값을 변경하지 않고 입력을 가져와 어떤 다른 값으로 매핑한다. 다음은 자바 8로 만든 간단한 예제다. LocalDate 객체가 String 메시지로 매핑되는 반면, 원본 LocalDate 객체는 변경되지 않는다.

```
Function<LocalDate, String> addDate =
    (date) -> "The Day of the week is " + date.getDayOfWeek();
```

간단하지만 이 짧은 예제는 맵 함수가 무엇을 하는지 설명하기에 충분하다.

반면에 리듀스 함수는 여러 매개변수를 받아 하나 혹은 최소한 더 작은 값으로 줄인다. 좋은 예는 숫자 집합의 모든 값을 더하는 것이다.

숫자 집합에 리듀스를 실행하려면 먼저 초기 시작값을 제공해야 한다. 이 경우 0(덧셈에 대한 식별값)을 사용한다. 다음 단계는 목록의 첫 번째 숫자에 시드값을 추가하는 것이다. 그러고 나서 첫 번째 덧셈 결과를 목록의 두 번째 숫자에 더한다. 함수는 마지막 값에 도달할 때까지 이 과정을 반복해 하나의 숫자를 생성한다.

다음은 값 1, 2, 3을 포함하는 List<Integer>의 리듀스 단계다.

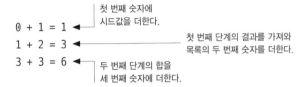

보다시피, 리듀스 함수는 결과를 함께 축소해 더 작은 결과를 만들어낸다. 맵 함수와 같이 원본 숫자 목록은 변경하지 않는다.

다음 예제는 자바 8 람다를 사용하는 간단한 리듀스 함수의 구현을 보여준다.

```
List<Integer> numbers = Arrays.asList(1, 2, 3);

int sum = numbers.reduce(0, (i, j) -> i + j );
```

이 책의 주요 주제는 맵리듀스가 아니므로 배경 설명은 여기서 중단한다. 하지만 맵리듀스 패러다임(나중에 구글의 맵리듀스 백서를 바탕으로 만든 독창적인 오픈소스 버전인 하둡에서 구현함)이 도입한 핵심 개념 중 일부가 카프카 스트림즈에도 자리 잡게 된다.

- 대규모 처리를 위해 클러스터에 데이터를 분산하는 방법
- 분산 데이터를 함께 그룹 짓기 위한 키/값 쌍과 파티션 사용
- 실패failure를 피하는 대신 복제를 사용해 실패를 수용

이후의 절들에서는 이러한 개념을 일반적인 용어로 살펴본다. 이 책에서 여러 번 반복해서 나오는 걸 볼 수 있기 때문에 잘 살펴보자.

대규모 처리를 위해 클러스터에 데이터 배포하기

한 대의 장비에서 5TB(5,000GB)의 데이터를 작업하기에는 감당하기 어려울 수 있다. 하지만 데이터를 분리하고 더 많은 장비를 투입해서 각 기계가 관리할 수 있는 분량만 처리한다면, 문제는 최소화된다. 표 1.1은 이 점을 분명히 보여준다.

▼ **표 1.1** 5TB를 분할하는 방법에 따라 처리량을 개선한다.

머신 수	서버당 데이터 처리량
10	500GB
100	50GB
1000	5GB
5000	1GB

표에서 알 수 있듯이 처리하기 힘든 데이터양으로 시작하지만, 더 많은 서버로 부하를 분산해 데이터 처리의 어려움을 제거한다. 테이블의 마지막 줄에 있는 1GB의 데이터는 랩톱이 쉽게 처리할 수 있는 수준이다.

이것이 맵리듀스를 이해하기 위한 첫 번째 핵심 개념이다. 부하를 서버 클러스터로 분산해서 감당하기 힘든 양의 데이터를 관리 가능한 양으로 바꿀 수 있다는 것이다.

키/값 쌍과 파티션을 사용해 분산된 데이터 그룹 짓기

키/값 쌍은 강력한 함의를 가진 간단한 데이터 구조다. 이전 절에서 다수의 머신으로 구성한 클러스터에 엄청난 양의 데이터를 분산하면서 얻는 가치를 봤다. 데이터를 분산하면 처리 문제가 해결되지만, 이제는 분산한 데이터를 다시 모으는 문제가 있다.

분산 데이터를 다시 그룹 짓기 위해, 데이터를 나눈 키/값 쌍의 키를 사용할 수 있다. **파티션**partition이라는 용어는 그룹 짓는 것을 의미하지만, 동일한 키로 그룹 짓는 것이 아니라 같은 해시 코드를 가진 키로 그룹 짓는 것을 의미한다. 키를 사용해 파티션으로 데이터를 나누기 위해 다음 수식을 사용할 수 있다.

```
int partition = key.hashCode() % numberOfPartitions;
```

그림 1.2는 해싱 함수^{hashing function}를 적용해 각기 다른 서버에 저장된 올림픽 이벤트에서 결과를 가져와 각각 다른 이벤트의 파티션으로 그룹 짓는 방법을 보여준다.

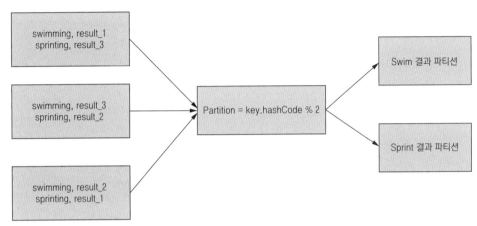

▲ **그림 1.2** 파티션의 키를 기준으로 레코드를 그룹 짓는다. 레코드가 각기 다른 서버에서 시작되더라도 결국 적절한 파티션에서 만난다.

모든 데이터는 키/값 쌍으로 저장된다. 그림에서 키는 이벤트 이름이고, 값은 개별 선수에 대한 결과다.

파티셔닝은 중요한 개념이며, 이후의 장에서 자세한 예제를 볼 수 있다.

복제를 사용해 실패 수용하기

구글 맵리듀스의 또 다른 주요 구성요소는 구글 파일 시스템^{GFS, Google File System}이다. 하둡^{Hadoop}이 맵리듀스의 오픈소스 구현체인 것처럼 하둡 파일 시스템^{HDFS, Hadoop File System}은 GFS의 오픈소스 구현체다.

매우 높은 수준에서 GFS와 HDFS는 모두 데이터를 블록으로 분할하고 이러한 블록을 클러스터에 분산한다. 그러나 GFS/HDFS의 핵심 부분은 서버 및 디스크 오류에 대한 접근 방식이다. 오류를 방지하는 대신 두 프레임워크는 클러스터 전체에 데이터 블록을 복제해 오류를 수용한다(기본 복제 수는 3이다).

다른 서버에 데이터 블록을 복제하기 때문에 더 이상 디스크 오류나 프로덕션을 중단시키는 전체 서버 오류조차 걱정할 필요가 없다. 데이터 복제는 분산 애플리케이션이 성공하는 데 필수적인 내결함성을 부여하는 데 결정적이다. 카프카 스트림즈에서 파티션과 복제가 어떻게 작동하는지 나중에 알게 될 것이다.

1.1.3 배치 처리로는 충분하지 않다

하둡은 컴퓨팅 세계에 들불처럼 널리 퍼졌다. 사람들은 하둡에 범용 하드웨어를 사용하면서(비용 절감) 방대한 양의 데이터를 처리하고 내결함성도 기질 수 있게 됐다. 그러나 하둡/맵리듀스는 대량의 데이터를 수집하고 처리한 다음 나중에 사용할 수 있도록 출력을 저장하는 배치 지향 프로세스다. 사용자의 클릭을 실시간으로 보고 전체 인터넷에서 어떤 것이 가치 있는 자원인지 결정할 수 없기 때문에 페이지랭크 같은 것에는 배치 처리가 완벽하게 들어맞는다.

하지만 다음과 같은 중요한 질문에 좀 더 신속하게 반응해야 한다는 압박도 점점 커지고 있다.

- 지금 유행이 무엇인가?
- 지난 10분 동안 잘못된 로그인 시도가 얼마나 있었는가?
- 최근 출시된 기능은 사용자 기반에서 어떻게 활용되고 있는가?

다른 솔루션이 필요하다는 것은 분명했고, 그 솔루션은 스트림 처리로 나타났다.

1.2 스트림 처리 소개

스트림 처리에 대한 다양한 정의가 있다. 이 책에서는 **스트림 처리**stream processing를 데이터가 시스템에 도착하는 대로 처리하는 것으로 정의한다. 스트림 처리가 처리할 데이터를 수집하거나 저장할 필요 없이 무한한 데이터 스트림을 유입되는 대로 연속으로 계산해 처리할 수 있는 능력이라고 이 정의를 다시 다듬어볼 수 있다.

그림 1.3은 데이터의 흐름을 나타내며, 줄의 각 원은 특정 시점의 데이터를 나타낸다. 스트림 처리의 데이터가 제한되지 않으므로 데이터가 계속 흐르고 있다.

▲ **그림 1.3** 이 마블 다이어그램(marble diagram)은 스트림 처리를 단순화한 것이다. 각 원은 특정 시점에서 발생하는 정보나 이벤트를 나타낸다. 이벤트의 수는 제한이 없으며, 계속 왼쪽에서 오른쪽으로 이동한다.

누가 스트림 처리를 사용해야 할까? 관찰 가능한 이벤트에서 빠른 피드백을 원한다면 누구나 필요하다. 몇 가지 예를 살펴보자.

1.2.1 스트림 처리를 사용해야 할 경우와 사용하지 말아야 할 경우

여타 기술 솔루션과 마찬가지로 스트림 처리도 모든 경우에 맞는 솔루션은 아니다. 들어오는 데이터에 신속하게 응답하거나 보고해야 하는 경우가 스트림 처리의 좋은 사용 사례다. 다음에 몇 가지 예제가 있다.

- **신용카드 사기**: 신용카드 소유자는 카드가 도난당했음을 인지하지 못할 수 있지만, 고정된 패턴(위치, 일반적인 소비 습관)에 따라 구매를 검토함으로써 도난당한 신용카드를 감지하고 소유자에게 알릴 수 있다.
- **침입 탐지**: 위반이 발생한 후 애플리케이션 로그 파일을 분석하면 향후 공격을 방지하거나 보안을 개선하는 데 도움이 될 수 있지만, 실시간으로 비정상적인 동작을 모니터링하는 능력은 매우 중요하다.
- **뉴욕시 마라톤과 같은 대규모 경주**: 거의 모든 선수가 신발에 칩을 넣을 것이며, 선수가 코스를 따라 센서를 통과하면 그 정보를 사용해 선수 위치를 추적할 수 있다. 센서 데이터를 사용해 선두를 결정하고, 잠재적 부정 행위를 발견하며, 선수에게 잠재적인 문제가 있는지 여부를 감지할 수 있다.
- **금융 업계**: 브로커와 소비자가 언제 판매하거나 구매할 것인지에 대해 효과적인 결정을 내리기 위해서는 시장 가격과 방향을 실시간으로 추적할 수 있는 능력이 핵심이다.

반면에 스트림 처리는 모든 문제 영역에 대한 해결책은 아니다. 이를테면, 미래의 행동에 대한 예측을 효율적으로 수행하려면 예외를 제거하고 패턴과 추세를 식별하기 위해 시간에 따라 많은 양의 데이터를 사용해야 한다. 여기에서 초점은 가장 최신의 데이터가 아닌 시간 경과에 따라 데이터를 분석하는 것이다.

- **경제 예측**: 주택 시장의 금리 동향과 같이 정확한 예측을 위해 장기간 다양한 변수로 정보를 수집한다.
- **학교 교과 과정 변경**: 학교 행정 담당자는 1~2회의 시험 주기가 끝난 후에야 커리큘럼 변경이 목표를 달성하는지 여부를 측정할 수 있디.

기억해야 할 핵심은 다음과 같다. 데이터가 도착하자마자 즉시 보고하거나 조치를 취해야 하는 경우 스트림 처리가 좋은 방법이다. 심층 분석을 수행하거나 나중에 분석할 수 있도록 대형 데이터 저장소를 엮어야 하는 경우에는 스트림 처리 방식이 적합하지 않을 수 있다. 이제 스트림 처리의 구체적인 예를 살펴보자.

1.3 구매 거래 처리

소매 판매 예제에 일반적인 스트림 처리 방법을 적용하는 것으로 시작하자. 그런 다음 카프카 스트림즈를 사용해 스트림 처리 애플리케이션을 구현하는 방법을 살펴본다.

제인 도우가 퇴근하는 길에 치약이 필요하다는 사실을 기억해냈다고 가정하자. 그녀는 지마트^{ZMart}에 들러 치약을 집어 계산대로 지불하러 간다. 점원은 제인에게 지클럽^{ZClub}의 회원인지 묻고 회원 카드를 스캔하면 제인의 회원 정보가 이제는 구매 거래의 일부가 된다.

총액을 계산할 때 제인은 계산원에게 직불카드를 건넨다. 계산원이 카드를 긁고 제인에게 영수증을 준다. 제인이 가게에서 나와 이메일을 확인해보니, 지마트로부터 다음 방문 시 사용할 수 있는 다양한 할인 쿠폰과 함께 애용에 대한 감사 메시지가 와 있다.

이 거래는 고객이 두 번째 거래를 고려하지 않은 일반적인 경우이지만, 지마트를 좀 더 효율적으로 운영하고 고객에게 더 나은 서비스를 제공할 수 있도록 도와주는 풍부한 정보가 무엇인지 여러분은 인식했을 것이다. 이 트랜잭션이 어떻게 현실화됐는지를 보기 위해 시간을 거슬러 가보자.

1.3.1 스트림 처리 옵션 따져보기

여러분이 지마트 스트리밍 데이터 팀의 수석 개발자라고 가정해보자. 지마트는 전국 여러 곳에 위치한 대형 마트다. 지마트는 사업을 잘해서 연간 총 매출이 10억 달러가 넘는다. 여러분은 회사의 거래에서 얻은 데이터를 마이닝하여 사업을 좀 더 효율적으로 운영하기를 원한다. 처리해야 할 판매 데이터가 엄청나게 많아서, 어떤 기술을 사용해 구현하든지 빠르게 작업하고 이 정도 데이터양을 처리할 만큼 확장할 수 있어야 한다.

스트림 처리를 사용하기로 결정한 이유는 각 트랜잭션이 발생할 때마다 활용할 수 있는 사업적인 결정과 기회 때문이다. 데이터를 수집한 후 결정을 위해 몇 시간이나 기다려야 할 이유는 없다. 관리자와 여러분의 팀이 만나 스트림 처리 계획이 성공하기 위한 다음 네 가지 주요 요구사항을 정리해야 한다.

- **프라이버시**: 다른 무엇보다 지마트는 고객과의 관계를 중시한다. 요즘 프라이버시에 대한 우려로 인해 여러분의 첫 번째 목표는 고객의 사생활을 보호하는 것이고, 고객의 신용카드번호를 보호하는 것이 최우선이다. 아무리 거래 정보를 사용하더라도, 고객의 신용카드 정보는 절대 노출될 위험이 없어야 한다.
- **고객 보상**: 새로운 고객 보상 프로그램이 마련되어 있으며 고객은 특정 품목에 지출한 금액에 따라 보너스 포인트를 얻는다. 목표는 보상을 받자마자 고객에게 신속하게 통보하는 것이다. 고객이 매장에 돌아오도록! 여기서도 활동에 대한 적절한 모니터링이 필요하다. 제인이 매장을 떠난 후 어떻게 이메일을 즉시 받았는지 기억하는가? 그것이 여러분이 회사에 대해 알리고자 하는 것 중 하나다.
- **판매 데이터**: 지마트는 광고 및 판매 전략을 수정하고자 한다. 회사는 지역별로 구매 항목을 추적해 특정 지역에서 어떤 항목이 더 인기가 있는지 파악하려고 한다. 목표는 해당 지역의 베스트셀러 품목에 대해 할인과 특가를 제공하는 것이다.
- **스토리지**: 모든 구매 기록은 이력 및 즉석 분석을 위해 외부 스토리지 센터에 저장해야 한다.

이러한 요구사항은 충분히 간단하지만 제인 도우의 경우 같은 단일 구매 트랜잭션은 어떻게 구현하면 좋을까?

1.3.2 요구사항을 그래프로 분해

이전 요구사항을 살펴보면 **방향성 비순환 그래프**^{DAG, directed acyclic graph}로 빠르게 재구성할 수 있다. 고객이 거래를 완료하는 지점은 전체 그래프의 소스 노드다. 지마트의 요구사항은 주 소스 노드의 하위 노드가 된다(그림 1.4).

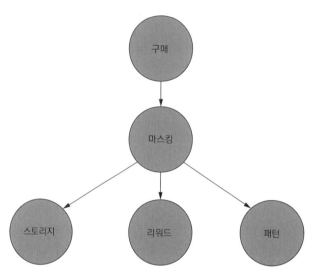

▲ **그림 1.4** 스트리밍 애플리케이션의 비즈니스 요구사항은 방향성 비순환 그래프로 표현된다. 각 정점(vertex)은 요구사항을 나타내며, 간선(edge)은 그래프를 통한 데이터 흐름을 나타낸다.

다음으로, 구매 트랜잭션을 요구사항 그래프에 매핑하는 방법을 결정해야 한다.

1.4 구매 트랜잭션에 대한 관점 변경

이 절에서는 구매 단계별로 살펴보고 상위 단계에서 그림 1.4의 요구사항 그래프와 어떻게 관련되는지 알아본다. 다음 절에서는 이 프로세스에 카프카 스트림즈를 적용하는 방법을 살펴본다.

1.4.1 소스 노드

그래프의 소스 노드(그림 1.5)는 애플리케이션이 구매 트랜잭션을 소비하는 곳이다. 이 노드는 그래프를 통해 흐르는 판매 트랜잭션 정보의 소스다.

구매 시점은 전체 그래프의
소스 또는 상위 노드다.

▲ **그림 1.5** 판매 트랜잭션 그래프의 시작. 이 노드는 그래프를 통해 전달되는 원시(raw) 판매 트랜잭션 정보의 소스다.

1.4.2 신용카드 마스킹 노드

그래프 소스의 자식 노드는 신용카드 마스킹^{masking}이 발생하는 곳이다(그림 1.6). 그래프에서 비즈니스 요구사항을 나타내는 첫 번째 정점 또는 노드이며, 소스 노드에서 원시 판매 데이터를 수신하는 유일한 노드이므로, 사실상 이 노드는 연결된 다른 모든 노드의 소스가 된다.

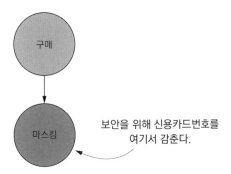

보안을 위해 신용카드번호를
여기서 감춘다.

▲ **그림 1.6** 비즈니스 요구사항을 나타내는 그래프의 첫 번째 노드. 이 노드는 신용카드번호를 감추는 역할을 하며, 소스 노드에서 원시 판매 데이터를 수신하는 유일한 노드이므로 실질적으로 해당 노드에 연결된 다른 모든 노드의 소스가 된다.

신용카드 마스킹 작업의 경우 데이터 사본을 만든 다음 마지막 네 자리를 제외한 신용카드번호의 모든 자릿수를 x로 변환한다. 나머지 그래프를 통해 흐르는 데이터는 xxxx-xxxx-xxxx-1122 형식으로 변환된 신용카드 필드를 사용한다.

1.4.3 패턴 노드

패턴 노드(그림 1.7)는 고객이 전국 어디에서 제품을 구매하는지 알아내기 위해 관련 정보를 추출한다. 데이터의 사본을 만드는 대신 패턴 노드는 구매할 항목, 날짜 및 우편번호를 검색하고 해당 필드를 포함하는 새 객체를 만든다.

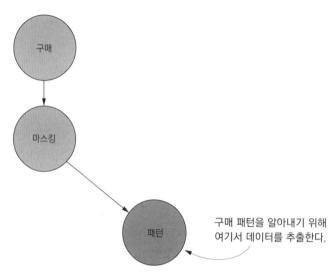

▲ **그림 1.7** 패턴 노드는 마스킹 노드의 구매 정보를 사용해 고객이 상품을 구입한 시기와 고객이 거래를 완료한 지점의 우편번호를 보여주는 레코드로 변환한다.

1.4.4 보상 노드

프로세스의 다음 하위 노드는 보상을 모은다(그림 1.8). 지마트에는 매장에서 이뤄진 구매에 대한 포인트를 고객에게 제공하는 고객 보상 프로그램이 있다. 이 노드의 역할은 소비한 달러 금액과 클라이언트의 ID를 추출해서 두 필드를 포함하는 새 객체를 생성하는 것이다.

1.4.5 스토리지 노드

마지막 자식 노드는 추가 분석을 위해 구매 데이터를 NoSQL 데이터 저장소에 기록한다(그림 1.9).

지금까지 지마트의 요구사항 그래프를 통해 예제 구매 거래를 추적했다. 카프카 스트림즈를 사용해 이 그래프를 함수 스트리밍 애플리케이션으로 변환하는 방법을 살펴보자.

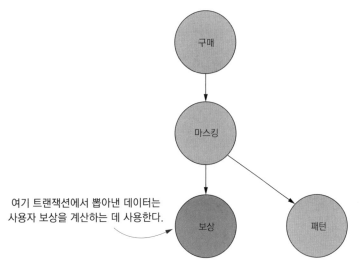

여기 트랜잭션에서 뽑아낸 데이터는
사용자 보상을 계산하는 데 사용한다.

▲ **그림 1.8** 보상 노드는 마스킹 노드의 판매 레코드를 사용해 전체 구매 및 고객 ID를 포함하는 레코드로 변환하는 역할을 한다.

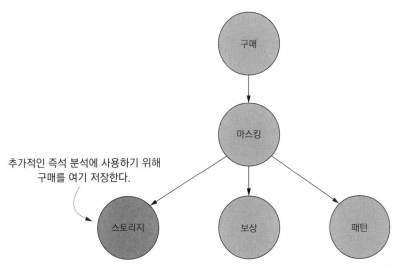

추가적인 즉석 분석에 사용하기 위해
구매를 여기 저장한다.

▲ **그림 1.9** 스토리지 노드 역시 마스킹 노드의 레코드를 사용한다. 이러한 레코드는 다른 형식으로 변환되지 않지만 나중에 즉석 데이터 분석을 위해 NoSQL 데이터 저장소에 저장한다.

1.5 처리 노드의 그래프인 카프카 스트림즈

카프카 스트림즈는 이벤트별로 레코드 처리를 수행할 수 있는 라이브러리다. 마이크로 배치로 데이터를 그룹화하지 않고도 데이터가 도착한 대로 작업할 수 있다. 각 레코드를 가능한 한 빨리 처리한다.

지마트의 목표는 대부분은 가능한 한 빨리 조치를 취하길 원한다는 점에서 시간에 민감하다. 가급적 이벤트가 발생할 때마다 정보를 수집할 수 있길 바란다. 또한 전국에 여러 개의 지마트 지점이 있으므로 분석을 위해 모든 트랜잭션 기록을 데이터의 단일 흐름이나 **스트림**stream으로 이동하길 원한다. 이러한 사유에 카프카 스트림즈는 완벽하게 들어맞는다. 카프카 스트림즈를 사용하면 레코드가 도착하자마자 처리할 수 있으며, 여러분이 원하는 것처럼 처리 대기 시간latency이 짧다.

카프카 스트림즈에서는 처리 **노드**node의 토폴로지를 정의한다('프로세서'와 '노드'라는 용어를 혼용해 사용할 것이다). 하나 이상의 노드가 소스 카프카 토픽을 가지며, 자식 노드로 간주되는 노드를 추가할 수 있다(카프카 토픽에 익숙하지 않다고 걱정하지 말자. 2장에서 상세히 설명할 것이다). 각 자식 노드는 다른 자식 노드를 정의할 수 있다. 각 처리 노드는 할당된 작업을 수행한 다음 레코드를 각 자식 노드에 전달한다. 작업을 수행한 다음 모든 자식 노드로 데이터를 전달하는 이 과정을 모든 자식 노드가 해당 기능을 실행할 때까지 계속한다.

이 과정이 친숙한가? 그렇다. 유사하게 지마트의 비즈니스 요구사항을 처리 노드의 그래프로 변환했기 때문이다. 이 그래프를 따라가는 것이 카프카 스트림즈가 작동하는 방식이다. 이는 처리 노드의 DAG 또는 토폴로지다.

하나 이상의 자식이 있는 소스 또는 부모 노드에서 시작한다. 데이터는 항상 부모 노드에서 자식 노드로 흐르고, 자식에서 부모로 흐르지는 않는다. 각 자식 노드는 차례로 자신의 자식 노드를 정의할 수 있다.

레코드는 깊이 우선 방식으로 그래프를 통해 흐른다. 이 접근법은 중요한 의미가 있다. 각 레코드(키/값 쌍)는 다른 레코드가 토폴로지를 통해 전달되기 전에 전체 그래프에 의해 '빠짐없이' 처리된다. 각 레코드는 전체 DAG를 통해 깊이 우선depth-first 처리되므로 카프카 스트림즈에 백프레셔를 내장할 필요가 없다.

> **|정의|** **백프레셔**(backpressure)에 대한 다양한 정의가 있지만, 여기서는 버퍼링이나 차단 메커니즘
> 을 사용해 데이터 흐름을 제한하는 것으로 정의한다. **싱크**(sink)가 데이터를 수신하고 처리할 수 있는
> 것보다 **소스**(source)가 더 빠르게 데이터를 생산할 때 백프레셔가 필요하다.

여러 프로세서를 연결하거나 함께 묶음으로써 복잡한 처리 로직을 신속하게 구축하는 동시에 각 구성요소를 비교적 간단하게 유지할 수 있다. 카프카 스트림즈의 힘과 복잡성이 작용하는 것은 이 프로세서의 구성^{composition}에 있다.

> **|정의|** **토폴로지**(topology)는 전체 시스템의 부분을 배열하고 서로 연결하는 방법이다. 카프카 스트
> 림즈에 토폴로지가 있다고 할 때는 하나 이상의 프로세서를 실행해 데이터를 변환한다는 의미로 생
> 각하면 된다.

> **카프카 스트림즈와 카프카**
>
> 이름에서 알 수 있듯이 카프카 스트림즈는 카프카에서 실행한다. 이 소개 장에서는 카프카에 대해 알
> 필요가 없다. 카프카 스트림즈가 개념적으로 어떻게 작동하는지에 더 집중하고 있기 때문이다. 몇 가지
> 카프카 관련 용어가 언급될 수 있지만, 대부분 카프카 스트림즈의 스트림 처리 측면에 집중할 것이다.
>
> 카프카가 새롭거나 익숙하지 않은 경우 2장에서 카프카에 대해 알아야 할 내용을 배운다. 카프카에 대
> 한 지식은 카프카 스트림즈를 효과적으로 작업하는 데 필수다.

1.6 카프카 스트림즈를 구매 거래 흐름에 적용하기

처리 그래프를 다시 작성하자. 하지만 이번에는 카프카 스트림즈 프로그램을 만들 것이다. 기억을 되살리기 위해, 그림 1.4는 지마트의 비즈니스 요구사항에 대한 요구사항 그래프를 보여준다. 정점^{vertex}은 데이터를 다루는 처리 노드이고, 간선^{edge}은 데이터의 흐름을 나타낸다.

새로운 그래프를 작성하면서 카프카 스트림즈 프로그램을 만들더라도, 여전히 비교적 고수준의 접근 방식을 취하고, 일부 세부사항은 배제할 것이다. 책 후반부에서 실제 코드를

볼 때 세부사항을 살펴볼 것이다.

카프카 스트림즈 프로그램은 레코드를 소비할 때 원시 레코드를 Purchase 객체로 변환한다. 이러한 정보는 Purchase 객체를 구성한다.

- 지마트 고객 ID(회원 카드에서 스캔)
- 지출한 총 금액
- 구입한 품목
- 구입한 가게의 우편번호
- 거래 날짜 및 시간
- 직불카드 또는 신용카드번호

1.6.1 소스 정의하기

모든 카프카 스트림즈 프로그램의 첫 번째 단계는 스트림 소스를 설정하는 것이다. 소스는 다음 중 하나일 수 있다.

- 하나의 토픽
- 쉼표로 구분된 여러 토픽
- 하나 이상의 토픽과 일치할 수 있는 정규 표현식

여기서는 transactions라는 단일 토픽이다. 카프카 용어가 익숙하지 않은 경우 2장에서 설명한다는 것을 기억하자.

카프카에서 카프카 스트림즈 프로그램은 컨슈머consumer와 프로듀서producer의 조합이라는 사실을 아는 것이 중요하다. 스트리밍 프로그램과 연계해 동일한 토픽을 많은 수의 애플리케이션이 읽을 수 있다. 그림 1.10은 토폴로지의 소스 노드를 나타낸다.

▲ **그림 1.10** 소스 노드: 카프카 토픽

1.6.2 첫 번째 프로세서: 신용카드번호 마스킹

이제 소스를 정의했으니 데이터에 작업할 프로세서 만들기를 시작할 수 있다. 첫 번째 목표는 유입된 구매 레코드에 기록된 신용카드번호를 가리는 것이다. 첫 번째 프로세서는 1234-5678-9123-2233 같은 신용카드번호를 xxxx-xxxx-xxxx-2233으로 변환한다.

KStream.mapValues 메소드는 그림 1.11에 표시된 마스킹을 수행한다. ValueMapper에 의해 명시된 마스킹한 값을 가진 새 KStream 인스턴스를 반환한다. 이 특정 KStream 인스턴스는 앞으로 정의할 다른 모든 프로세서의 상위 프로세서가 된다.

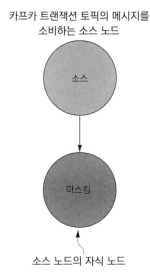

카프카 트랜잭션 토픽의 메시지를
소비하는 소스 노드

소스

마스킹

소스 노드의 자식 노드

▲ **그림 1.11** 마스킹 프로세서는 주 소스 노드의 자식이다. 아직 가공하지 않은 모든 판매 트랜잭션을 수신하고 마스킹한 신용카드번호를 가진 새 레코드를 내보낸다.

프로세서 토폴로지 생성하기

변형 메소드^{transformation method}를 사용해 새 KStream 인스턴스를 만들 때마다 기본적으로 이미 생성된 다른 프로세서에 연결된 새 프로세서를 만든다. 프로세서를 구성함으로써 카프카 스트림즈를 사용해 복잡한 데이터 흐름을 명쾌하게 만들 수 있다.

새로운 KStream 인스턴스를 반환하는 메소드를 호출해도 원본 인스턴스가 메시지를 소비하는 것을 멈추지 않는다는 점에 유의해야 한다. 변형 메소드는 새 프로세서를 생성하고 이를 기존 프로세서 토폴로지에 추가한다. 이 업데이트된 토폴로지는 다음 KStream 인스턴스를 만들기 위한 매개변수로 사용되는데, 이 인스턴스는 생성 지점에서 메시지를 받기 시작한다.

원본 스트림을 본래의 목적으로 유지하면서 추가 변환을 수행하기 위해 새 KStream 인스턴스를 생성할 가능성이 크다. 두 번째 및 세 번째 프로세서를 정의할 때 이 예제로 작업할 것이다.

ValueMapper가 들어오는 값을 전혀 새로운 타입으로 변환할 수는 있지만, 이 경우에는 Purchase 객체의 업데이트된 사본을 반환한다. 매퍼^{mapper}를 사용해 객체를 업데이트하는 패턴은 자주 보게 될 것이다.

이제는 데이터를 변환하고 출력하기 위해 프로세서 파이프라인을 구축하는 방법에 대한 명확한 이미지가 있어야 한다.

1.6.3 두 번째 프로세서: 구매 패턴

다음에 생성할 프로세서는 다른 지역에서 구매 패턴을 결정하는 데 필요한 정보를 캡처할 수 있다(그림 1.12). 이렇게 하려면 먼저 생성한 첫 번째 프로세서(KStream)에 자식 처리 노드를 추가한다. 첫 번째 프로세서는 신용카드번호가 가려진 Purchase 객체를 생성한다.

구매 패턴 프로세서는 부모 노드로부터 Purchase 객체를 받아 새로운 PurchasePattern 객체에 매핑한다. 매핑 프로세스는 구입한 항목(예: 치약)과 구입한 우편번호를 추출하고 해당 정보를 사용해 PurchasePattern 객체를 생성한다. 3장에서 이 매핑 프로세스가 어떻게 발생하는지 정확하게 살펴본다.

다음으로, 구매 패턴 프로세서는 새로운 PurchasePattern 객체를 받는 자식 프로세서 노드를 추가하고 이를 patterns라는 카프카 토픽에 저장한다. PurchasePattern 객체는 토픽에 저장할 때 전송 가능한 데이터 형태로 변환한다. 그런 다음 다른 애플리케이션이 이 정보를 사용해 특정 영역의 구매 동향뿐만 아니라 재고 수준을 결정할 수 있다.

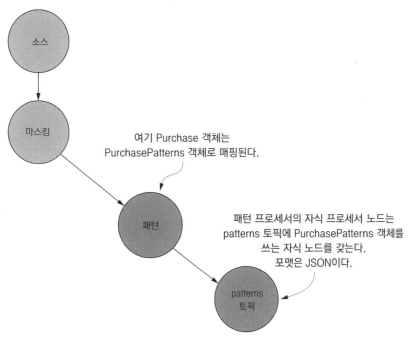

여기 Purchase 객체는
PurchasePatterns 객체로 매핑된다.

패턴 프로세서의 자식 프로세서 노드는
patterns 토픽에 PurchasePatterns 객체를
쓰는 자식 노드를 갖는다.
포맷은 JSON이다.

▲ **그림 1.12** 구매 패턴 프로세서는 Purchase 객체를 가져와서 구매한 항목과 트랜잭션이 발생한 곳의 우편번호를 포함하는 PurchasePattern 객체로 변환한다. 새로운 프로세서는 패턴 프로세서에서 레코드를 가져와 카프카 토픽에 저장한다.

1.6.4 세 번째 프로세서: 고객 보상

세 번째 프로세서는 고객 보상 프로그램에 대한 정보를 추출한다(그림 1.13). 이 프로세서는 원본 프로세서의 하위 노드이기도 하다. Purchase 객체를 받아 RewardAccumulator 객체 타입으로 매핑한다.

고객 보상 프로세서는 자식 처리 노드를 추가해 RewardAccumulator 객체를 카프카의 rewards 토픽에 저장한다. rewards 토픽에서 레코드를 읽어서 다른 애플리케이션은 지마트 고객을 위한 보상을 결정해 제인 도우가 받은 것과 같은 이메일을 생성할 수 있다.

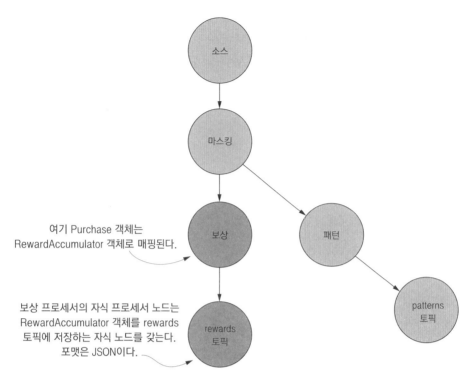

여기 Purchase 객체는
RewardAccumulator 객체로 매핑된다.

보상 프로세서의 자식 프로세서 노드는
RewardAccumulator 객체를 rewards
토픽에 저장하는 자식 노드를 갖는다.
포맷은 JSON이다.

▲ **그림 1.13** 고객 보상 프로세서는 Purchase 객체를 고객 ID, 날짜 및 거래 금액을 포함하는 RewardAccumulator 객체로 변환하는 역할을 한다. 자식 프로세서는 다른 카프카 토픽에 Rewards 객체를 저장한다.

1.6.5 네 번째 프로세서: 구매 레코드 기록하기

마지막 프로세서는 그림 1.14에 있다. 이것은 마스킹 프로세서 노드의 세 번째 자식 노드이며, 가려진 구매 기록 전체를 purchases 토픽에 저장한다. 이 토픽은 들어오는 레코드를 읽어 NoSQL 스토리지 애플리케이션에 제공하는 데 사용한다. 이 레코드는 추후 분석에 사용한다.

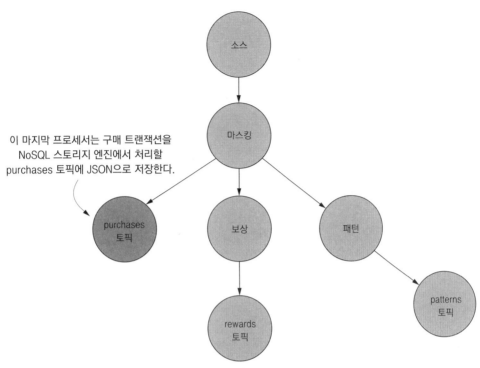

이 마지막 프로세서는 구매 트랜잭션을
NoSQL 스토리지 엔진에서 처리할
purchases 토픽에 JSON으로 저장한다.

▲ **그림 1.14** 마지막 프로세서는 전체 Purchase 객체를 다른 카프카 토픽에 저장하는 역할을 한다. 이 토픽의 소비
자는 몽고DB(MongoDB) 같은 NoSQL 스토리지에 결과를 저장한다.

보다시피, 신용카드번호를 숨기는 첫 번째 프로세서는 3개의 다른 프로세서에 데이터
를 제공한다. 2개는 데이터를 더욱 구체화하거나 변형하는 프로세서이고, 다른 하나는 다
른 소비자가 나중에 사용할 수 있도록 토픽에 마스킹한 결과를 저장하는 프로세서다. 카프
카 스트림즈를 사용하면 연결된 노드의 강력한 처리 그래프를 구축해서, 들어오는 데이터
에 스트림 처리를 수행할 수 있다.

요약

- 카프카 스트림즈는 강력하고 복잡한 스트림 처리를 위해 처리 노드를 조합한 그래
  프다.

- 배치 처리는 강력하지만 데이터 작업에 대한 실시간 요구를 만족시키기에는 충분하지 않다.
- 데이터, 키/값 쌍, 파티셔닝 및 데이터 복제를 분산하는 것은 분산 애플리케이션에서 매우 중요하다.

카프카 스트림즈를 이해하려면 카프카를 먼저 알아야 한다. 카프카를 모르는 사람들을 위해 2장에서 다음과 같은 핵심사항을 다룬다.

- 카프카를 설치하고 메시지 보내기
- 카프카의 아키텍처와 분산 로그가 무엇인지 탐구하기
- 토픽과 이 토픽을 카프카에서 사용하는 방법 이해하기
- 프로듀서와 컨슈머가 어떻게 동작하며, 이를 어떻게 효과적으로 작성할 수 있는지 이해하기

카프카에 이미 익숙하다면 3장으로 바로 이동하자. 1장에서 설명한 예제를 기반으로 카프카 스트림즈 애플리케이션을 제작할 것이다.

2

빠르게 살펴보는 카프카

2장에서 다루는 내용

- 카프카 아키텍처 조사
- 프로듀서로 메시지 보내기
- 컨슈머로 메시지 읽기
- 카프카 설치 및 실행

카프카 스트림즈에 관한 책이지만, 카프카에 대해 설명하지 않고 카프카 스트림즈를 탐구하는 것은 불가능하다. 결국 카프카 스트림즈는 카프카에서 실행하는 라이브러리다.

카프카 스트림즈는 매우 잘 설계되어 카프카 경험이 거의 혹은 전혀 없어도 시작할 수는 있지만, 학습 속도와 카프카에 대한 미세 조정에 한계가 있을 것이다. 카프카의 기초 지식을 갖추는 것이 카프카 스트림즈를 최대한 활용하는 데 필수적이다.

|**참고**| 이 장은 카프카 스트림즈를 시작하는 데 관심이 있지만 카프카 자체에 대한 경험이 거의 없거나 전혀 없는 개발자를 위한 것이다. 카프카에 대한 적절한 실무 지식이 있다면 부담 없이 이 장을 건너뛰고 3장으로 이동하자.

카프카는 한 개의 장에서 모두 다루기에는 너무 큰 주제다. 여기서는 카프카가 어떻게 작동하는지와 알아둬야 할 몇 가지 핵심 구성 설정을 충분히 이해할 정도만 다룰 것이다. 카프카에 대한 자세한 내용은 딜런 스콧^{Dylan Scott}의 『Kafka in Action』(Manning, 2018)을 살펴보자.

2.1 데이터 문제

오늘날 조직은 데이터에 파묻혀 있다. 인터넷 기업, 금융 비즈니스 및 대형 소매 업체는 고객에게 더 나은 서비스를 제공하고 좀 더 효율적인 비즈니스 수행 방법을 찾기 위해 이 데이터를 사용하는 데 어느 때보다 나은 위치에 있다(우리는 이 상황에 대해 긍정적인 전망을 가질 것이며, 고객 데이터를 볼 때 좋은 의도만 추정할 것이다).

지마트 데이터 관리 솔루션에 있을 법한 다양한 요구사항을 고려해보자.

- 중앙 저장소로 데이터를 신속하게 전송할 방법이 필요하다.
- 서버가 자주 고장 나기 때문에 데이터를 복제할 수 있는 기능도 필요하므로 피할 수 없는 오류로 인해 가동 중지 시간과 데이터 손실이 발생하지 않아야 한다.
- 각기 다른 애플리케이션을 추적하지 않고도 많은 수의 데이터 컨슈머로 확장할 수 있는 잠재력이 필요하다. 조직의 모든 사용자가 데이터를 사용할 수 있도록 해야 하지만, 누가 데이터를 보았는지 또는 보지 않았는지 추적할 필요는 없다.

2.2 카프카를 사용해 데이터 다루기

1장에서는 대형 소매 회사 지마트에 대해 소개했다. 이 시점에서 지마트는 더 나은 고객 서비스를 제공하고 전반적인 판매를 향상하기 위해 회사의 판매 데이터를 스트리밍 플랫폼에 사용하길 원했다. 그러나 그보다 6개월 전, 지마트는 데이터 현황을 파악하는 방법을 찾고 있었다. 지마트는 처음에는 잘 작동했지만 여러분이 곧 보게 될 이유 때문에 관리하기 힘들어진 맞춤형 솔루션을 보유하고 있었다.

2.2.1 지마트의 오리지널 데이터 플랫폼

원래 지마트는 서로 다른 애플리케이션이 있는 시스템에 유입되는 소매 판매 데이터를 가진 소규모 회사였다. 처음에는 잘 동작했지만 시간이 지나면서 새로운 접근법이 필요하다는 것이 분명해졌다. 한 부서의 판매 데이터는 해당 부서만의 관심사항이 아니다. 회사의 여러 부서에서 관심이 있으며, 각 부서마다 중요한 내용과 원하는 데이터 구조가 다르다. 그림 2.1은 지마트의 기존 데이터 플랫폼을 보여준다.

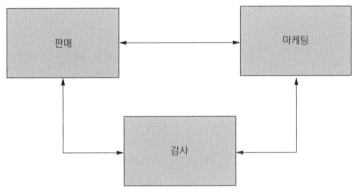

▲ **그림 2.1** 지마트의 기존 데이터 아키텍처는 정보의 각 소스마다 그 정보를 서로 주고받을 수 있을 정도로 간단했다.

시간이 지나면서 지마트는 다른 회사를 인수하고 기존 매장에서 상품을 늘려가면서 지속적으로 성장했다. 추가할 때마다 애플리케이션 간의 연결이 더 복잡해졌다. 애플리케이션 간에 서로 통신하기 쉽도록 시작한 것들이 진정한 스파게티 더미로 변했다. 그림 2.2에서 볼 수 있듯이 3개의 애플리케이션만으로도 연결 수가 복잡하고 혼란스럽다. 새로운 애플리케이션을 추가하면 시간이 지남에 따라 데이터 아키텍처를 관리하기 어려워진다는 사실을 알 수 있다.

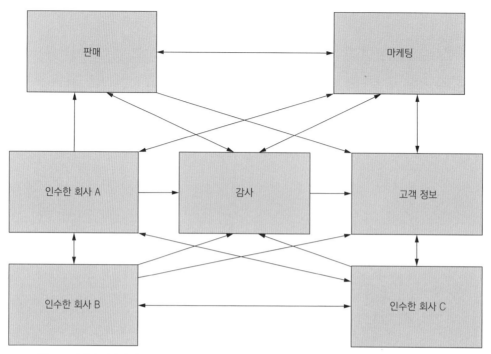

▲ **그림 2.2** 시간이 지남에 따라 더 많은 애플리케이션이 추가되면서 이러한 모든 정보 소스 연결이 복잡해졌다.

2.2.2 카프카 판매 거래 데이터 허브

지마트 문제의 해결책은 모든 거래 데이터(거래 데이터 허브)를 수용하는 하나의 유입 프로세스를 만드는 것이다. 이 트랜잭션 데이터 허브는 상태가 없어야 하며, 거래 데이터를 받아들이고 모든 컨슈머 애플리케이션이 필요한 데이터를 가져갈 수 있는 방법으로 저장해야 한다.

아직 감을 잡지 못했다면, 카프카에 대한 완벽한 사용 사례가 여기 있다. 카프카는 내고장성^{fault-tolerant}을 가진 견고한 발행/구독^{publish/subscribe} 시스템이다. 하나의 카프카 노드를 **브로커**^{broker}라 부르고, 여러 개의 카프카 브로커 서버가 **클러스터**^{cluster}를 구성한다. 카프카는 **프로듀서**^{producer}가 작성한 메시지를 토픽에 저장한다. **컨슈머**^{consumer}는 토픽을 구독하며, 구독한 토픽에 메시지가 있는지 확인하기 위해 카프카에 접속한다. 그림 2.3은 카프카로 판매 거래 데이터 허브를 구성해본 것이다.

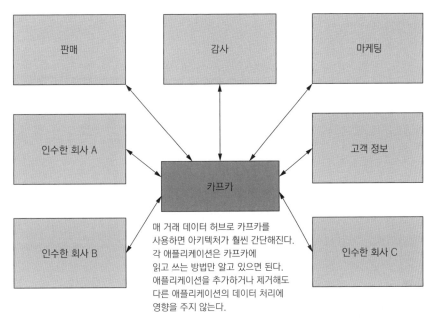

매 거래 데이터 허브로 카프카를
사용하면 아키텍처가 훨씬 간단해진다.
각 애플리케이션은 카프카에
읽고 쓰는 방법만 알고 있으면 된다.
애플리케이션을 추가하거나 제거해도
다른 애플리케이션의 데이터 처리에
영향을 주지 않는다.

▲ **그림 2.3** 카프카를 판매 거래 허브로 사용하면 지마트 데이터 아키텍처가 크게 단순화된다. 이제 각 서버는 다른 모든 정보 소스에 대해 알 필요가 없다. 카프카를 읽고 쓰는 방법만 알면 된다.

지금까지 카프카를 개요 수준으로 훑어봤다. 다음 절에서 좀 더 자세히 살펴보자.

2.3 카프카 아키텍처

다음 몇 절에서는 카프카 아키텍처의 핵심 부분과 카프카의 작동 방식을 살펴본다. 카프카에 대해 바로 사용해보고 싶다면 2.6절 '카프카 설치 및 실행' 절로 건너뛰자. 설치가 끝나면 여기로 돌아와 카프카에 대해 계속 학습하자.

2.3.1 카프카는 메시지 브로커다

앞서 카프카는 발행/구독 시스템이라고 언급했지만, 메시지 브로커 역할을 한다고 하는 편이 좀 더 정확할 것이다. 브로커는 상호 간 유익한 교환이나 거래를 위해 각자 반드시 알 필요가 없는 두 부분을 묶는 중개자다. 그림 2.4는 지마트 데이터 인프라의 발전을 보여준다.

프로듀서와 컨슈머가 추가되어 개별 부문이 카프카로 통신하는 방법을 보여준다. 그들 서로는 직접 통신하지 않는다.

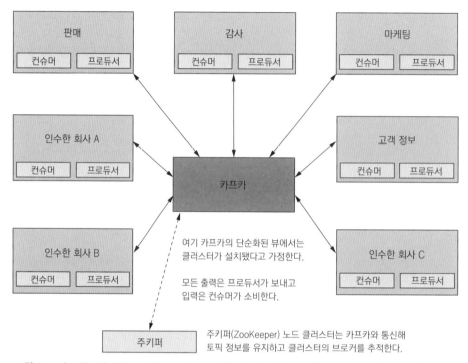

▲ **그림 2.4** 카프카는 메시지 브로커다. 프로듀서가 카프카에 메시지를 보내면 메시지가 저장되어 토픽 구독을 통해 컨슈머가 사용할 수 있다.

카프카는 토픽에 메시지를 저장하고 토픽에서 메시지를 검색한다. 메시지의 프로듀서와 컨슈머 간의 직접적인 연결은 없다. 또한 카프카는 프로듀서나 컨슈머에 관한 어떤 상태도 유지하지 않는다. 메시지 교환소로만 작동한다.

카프카 토픽의 내부 기술은 카프카가 들어오는 레코드를 기록한 파일인 로그다. 토픽에 들어오는 메시지의 부하를 관리하기 위해 카프카는 파티션을 사용한다. 1장에서 파티션에 대해 논의했으며, 파티션의 한 가지 용도는 각기 다른 서버에 위치한 데이터를 동일한 서버에 함께 모으는 것이었음을 기억할 것이다. 곧 파티션에 대해 자세히 설명할 것이다.

2.3.2 카프카는 로그다

카프카의 기본 메커니즘은 **로그**^{log}다. 대부분의 소프트웨어 엔지니어는 애플리케이션이 수행하는 작업을 추적하는 로그에 익숙하다. 애플리케이션에 성능 문제나 오류가 있다면, 먼저 확인할 것이 애플리케이션 로그이지만 그건 다른 종류의 로그다. 카프카(또는 다른 분산 시스템)의 맥락에서 로그는 "추가만 가능한$^{append-only}$ 시간순으로 완전히 정렬된$^{totally\ ordered}$ 레코드 시퀀스"다.[1]

그림 2.5는 로그가 어떻게 생겼는지 보여준다. 애플리케이션은 도착한 레코드를 로그 끝에 추가한다. 각 레코드와 연관된 타임스탬프가 없을지라도 레코드는 시간에 따라 암묵적으로 정렬된다. 가장 빠른 레코드가 왼쪽에 있고 마지막으로 도착한 레코드가 오른쪽 끝에 있기 때문이다.

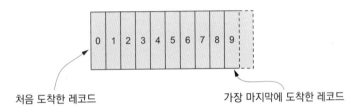

처음 도착한 레코드   가장 마지막에 도착한 레코드

▲ **그림 2.5** 로그는 들어오는 레코드가 추가되는 파일이다. 새로 도착한 각 레코드는 마지막 레코드 뒤에 위치한다. 이 과정은 파일의 레코드를 시간순으로 정렬한다.

로그는 강력한 의미를 가진 단순한 데이터 추상화다. 시간과 관련해 순서대로 레코드를 보유하고 있다면 충돌을 해결하거나 다른 머신에 어떤 업데이트를 적용할지 결정하는 것이 단순해진다. 최신 레코드가 우선한다.

카프카의 **토픽**^{topic}은 토픽 이름으로 분리된 로그다. 토픽은 라벨이 붙은 로그라고 할 수 있다. 로그가 머신 클러스터 간에 복제된 후 하나의 머신이 중지되면 해당 서버를 복구하는 것은 쉽다. 단지 로그 파일을 재생하면 된다. 실패로부터 복구하는 기능은 정확하게 분산 커밋 로그의 역할이다.

---

1   제이 크렙스(Jay Kreps), '로그: 실시간 데이터의 통합된 추상화에 관해 모든 소프트웨어 엔지니어가 알아야 할 것' (http://mng.bz/eE3w)

분산 애플리케이션과 데이터 일관성에 관해서는 매우 심오한 주제를 수박 겉핥기식으로 다뤘을 뿐이지만, 지금까지 살펴본 내용으로 카프카 내부에서 진행 중인 작업에 대한 기본적인 이해가 가능할 것이다.

2.3.3 카프카에서 로그가 동작하는 방식

카프카를 설치할 때 설정 중 하나는 log.dir이며, 카프카가 로그 데이터를 저장하는 위치를 지정한다. 각 토픽은 지정된 로그 디렉토리 아래의 하위 디렉토리에 매핑된다. '파티션 이름_파티션 번호'의 형식으로 토픽 파티션 수만큼 하위 디렉토리가 있을 것이다(다음 절에서 파티션을 다룬다).

각 디렉토리의 안에는 들어오는 메시지가 추가되는 로그 파일이 있다. 로그 파일이 특정 크기(레코드 수나 디스크 크기)에 도달하거나 메시지 타임스탬프 간에 구성된 시간 차이에 도달하면 로그 파일을 교체하고, 카프카는 들어오는 메시지를 새 로그에 추가한다(그림 2.6 참조).

```
logs 디렉토리는 루트의 /logs에 설정된다.
/logs

        /logs/topicA_0          topicA는 하나의 파티션을 갖고 있다.

        /logs/topicB_0          topicB는 3개의 파티션을 갖고 있다.

        /logs/topicB_1

        /logs/topicB_2
```

▲ **그림 2.6** logs 디렉토리는 메시지의 기본 저장소다. /logs 아래의 각 디렉토리는 토픽의 파티션을 나타낸다. 디렉토리 내의 파일 이름은 토픽의 이름으로 시작하고 밑줄 표시와 파티션 번호가 붙는다.

로그와 토픽이 고도로 연결된 개념임을 알 수 있다. 토픽은 로그라고 하거나 로그를 나타낸다고 말할 수 있다. 토픽 이름은 프로듀서를 통해 카프카에 보내진 메시지가 저장될 로그를 잘 처리할 수 있게 해준다. 로그의 개념을 다뤘으니 카프카의 또 다른 기본 개념인 파티션에 대해 논의해보자.

2.3.4 카프카와 파티션

파티션은 카프카 디자인에서 중요한 부분이다. 성능에 필수적이며, 같은 키를 가진 데이터가 동일한 컨슈머에게 순서대로 전송되도록 보장한다. 그림 2.7은 파티션의 작동 방식을 보여준다.

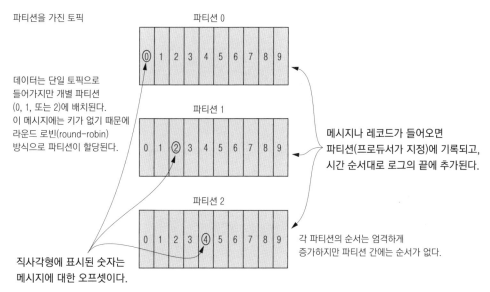

파티션을 가진 토픽

파티션 0

데이터는 단일 토픽으로 들어가지만 개별 파티션 (0, 1, 또는 2)에 배치된다. 이 메시지에는 키가 없기 때문에 라운드 로빈(round-robin) 방식으로 파티션이 할당된다.

파티션 1

메시지나 레코드가 들어오면 파티션(프로듀서가 지정)에 기록되고, 시간 순서대로 로그의 끝에 추가된다.

파티션 2

각 파티션의 순서는 엄격하게 증가하지만 파티션 간에는 순서가 없다.

직사각형에 표시된 숫자는 메시지에 대한 오프셋이다.

▲ **그림 2.7** 카프카는 파티션을 사용해 높은 처리량을 달성하고 클러스터의 여러 머신에 각 토픽의 메시지를 분산한다.

토픽을 파티션으로 분할하면 기본적으로 병렬 스트림에서 토픽에 전달되는 데이터가 분할되는데, 이는 카프카가 엄청난 처리량을 달성하는 비결이다. 토픽이 분산 로그라고 설명했었다. 각 파티션은 유사하게 로그 자체이며 동일한 규칙을 따른다. 카프카는 들어오는 각 메시지를 로그 끝에 추가하며 모든 메시지는 엄격하게 시간 순서가 지정된다. 각 메시지에는 할당된 오프셋 번호가 있다. 파티션 간의 메시지 순서는 보장되지 않지만 각 파티션 내의 메시지 순서는 보장된다.

파티션으로 분할하는 것은 처리량 증가 외에도 다른 효과가 있다. 토픽의 메시지를 여러 머신에 분산해 특정 토픽의 용량이 한 서버의 사용 가능한 디스크 공간에 제한되지 않는다.

이제 파티션이 하는 또 다른 중요한 역할을 살펴보자. 같은 키를 가진 메시지를 함께 처리하도록 보장한다.

2.3.5 키에 의한 그룹 데이터 분할

카프카는 키/값 쌍으로 데이터를 다룬다. 키가 널[null]이면 카프카 프로듀서는 라운드 로빈 방식으로 선택된 파티션에 레코드를 쓴다. 그림 2.8은 널이 아닌 키로 파티션 할당이 어떻게 작동하는지 보여준다.

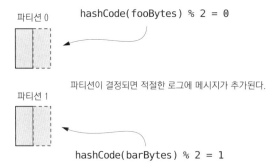

수신 메시지:

　　{foo, 메시지 데이터}
　　{bar, 메시지 데이터}

메시지 키는 메시지가 이동할 파티션을 결정하는 데 사용한다.
이러한 키는 널이 아니다.

키의 바이트는 해시를 계산하는 데 사용한다.

파티션 0　　hashCode(fooBytes) % 2 = 0

파티션이 결정되면 적절한 로그에 메시지가 추가된다.

파티션 1

hashCode(barBytes) % 2 = 1

▲ **그림 2.8** foo는 파티션 0으로 전송되고, bar는 파티션 1에 전송된다. 키의 바이트를 해싱하고 파티션 수를 모듈로 계산해 파티션을 얻는다.

키가 널이 아닌 경우 카프카는 다음 공식(의사코드로 보여짐)을 사용해 키/값 쌍을 보낼 파티션을 결정한다.

HashCode.(key) % 파티션 수

결정론적 접근법[deterministic approach]을 사용해 파티션을 선택하면 동일한 키를 가진 레코드가 '항상' 동일한 파티션에 순서대로 전송된다. 기본 파티셔너[partitioner]는 이 방법을 사용한다. 파티션을 선택하는 데 다른 전략이 필요한 경우 사용자 정의 파티셔너^{custom partitioner}를 제공할 수 있다.

2.3.6 사용자 정의 파티셔너 작성하기

왜 사용자 정의 파티셔너를 작성하길 원하는가? 몇 가지 가능한 이유 중 여기서는 복합 키를 사용하는 간단한 경우를 살펴볼 것이다.

카프카에 구매 데이터가 유입되고 있고 키에 고객 ID와 거래 날짜라는 두 가지 값이 포함되어 있다고 가정하자. 그러나 고객 ID로 값을 그룹 지어야 하므로 고객 ID와 구매 날짜의 해시를 사용하면 작동하지 않을 것이다. 이 경우 사용자 정의 파티셔너를 작성해서 복합 키의 어떤 부분이 어떤 파티션을 사용할지를 결정하는지 알아야 한다. 예를 들어 src/main/java/bbejeck/model/PurchaseKey.java에 있는 복합 키(소스 코드는 책의 웹사이트 https://manning.com/books/kafka-streams-in-action에서 찾을 수 있다)가 예제 2.1에 나와 있다.

예제 2.1 PurchaseKey 복합 키

```java
public class PurchaseKey {

    private String customerId;
    private Date transactionDate;

    public PurchaseKey(String customerId, Date transactionDate) {
        this.customerId = customerId;
        this.transactionDate = transactionDate;
    }

    public String getCustomerId() {
        return customerId;
    }

    public Date getTransactionDate() {
        return transactionDate;
    }
}
```

파티셔닝과 관련해 특정 고객에 대한 모든 트랜잭션이 동일한 파티션으로 이동해야 하지만, 키 전체를 사용하면 이 작업을 수행할 수 없다. 며칠 동안 구매가 발생하면 날짜가 포함되어 같은 고객이라도 키값이 달라지기 때문에 거래를 임의의 파티션에 배치하게 된다. 같은 고객 ID를 가진 거래는 같은 파티션에 보내도록 해야 한다. 이렇게 하는 유일한 방법은 파티션을 결정할 때 고객 ID만 사용하는 것이다.

다음 예제는 사용자 정의 파티셔너가 필요한 작업을 수행한다. PurchaseKeyPartitioner (src/main/java/bbejeck/chapter_2/partitioner/PurchaseKeyPartitioner.java)는 키에서 고객 ID를 추출하고 사용할 파티션을 결정한다.

예제 2.2 PurchaseKeyPartitioner 사용자 정의 파티셔너

```
public class PurchaseKeyPartitioner extends DefaultPartitioner {

    @Override
    public int partition(String topic, Object key,
                         byte[] keyBytes, Object value,
                         byte[] valueBytes, Cluster cluster) {
        Object newKey = null;
        if (key != null) {  ◄──── 키가 널이 아니면 사용자 ID를 추출한다.
            PurchaseKey purchaseKey = (PurchaseKey) key;
            newKey = purchaseKey.getCustomerId();
            keyBytes = ((String) newKey).getBytes();  ◄──── 새로운 값으로 키의 바이트를 설정한다.
        }
        return super.partition(topic, newKey, keyBytes, value,
        valueBytes, cluster);
    }                                    슈퍼클래스에 위임하여 업데이트된
}                                          키로 파티션을 반환한다.
```

이 사용자 정의 파티셔너는 DefaultPartitioner를 확장한다. Partitioner 인터페이스를 직접 구현할 수도 있지만 이 경우에는 사용하는 DefaultPartitioner에 기존 로직이 있다.

사용자 정의 파티셔너를 만들 때 키만 사용 가능한 것은 아님을 기억하자. 값만을 사용하거나 키와 값을 조합해 사용하는 것도 가능하다.

사용자 정의 파티셔너를 만드는 방법만을 살펴봤다. 다음으로 파티셔너를 카프카와 연결해보자.

2.3.7 사용자 정의 파티셔너 지정하기

이제 사용자 정의 파티셔너를 작성했으므로 기본 파티셔너 대신 사용하도록 카프카에게 알려야 한다. 아직 프로듀서를 다루지는 않았지만 카프카 프로듀서를 설정할 때 파티셔너를 지정한다.

```
partitioner.class=bbejeck_2.partitioner.PurchaseKeyPartitioner
```

프로듀서 인스턴스별로 파티셔너를 설정할 수 있기 때문에 프로듀서마다 각기 다른 파티셔너를 자유롭게 사용할 수 있다. 카프카 프로듀서 사용을 다룰 때 프로듀서 설정을 자세히 살펴볼 것이다.

2.3.8 정확한 파티션 수 정하기

토픽을 만들 때 사용할 파티션 수를 선택하는 것은 기술의 영역이면서 과학의 영역이다. 핵심 고려사항 중 하나는 주어진 토픽에 들어오는 데이터의 양이다. 데이터가 많을수록 처리량을 높이기 위해서는 더 많은 파티션이 필요하다. 그러나 인생이 늘 그렇듯 트레이드 오프$^{trade-off}$가 있다.

파티션 수를 늘리면 TCP 연결 수와 열린 파일 핸들 수가 증가한다. 또한 컨슈머가 유입 레코드를 처리하는 데 걸리는 시간도 처리량을 결정한다. 컨슈머가 대량의 데이터를 처리하는 경우에는 파티션을 추가하면 도움이 되지만, 궁극적으로 처리 속도가 느려지면 성능이 저하된다.[2]

2.3.9 분산 로그

로그와 파티셔닝된 토픽의 개념에 대해 설명했다. 분산 로그를 보여주기 위해 이 두 개념을 잠시 함께 살펴보자.

지금까지 하나의 카프카 서버나 브로커에 대한 로그와 토픽을 집중적으로 다뤘지만, 일반적으로 카프카 프로덕션 클러스터 환경에는 여러 대의 머신이 포함되어 있다. 하나의 노드를 고려할 때 개념을 이해하기가 더 쉽기 때문에 의도적으로 단일 노드를 중심으로 논의했다. 그러나 현실적으로 머신 클러스터에서 카프카를 운영할 것이다.

토픽이 분할되면 카프카는 하나의 머신에 모든 파티션을 할당하지는 않는다. 카프카는 클러스터를 구성하는 여러 머신에 파티션을 분산한다. 카프카는 레코드를 로그에 추가하므로 카프카는 이러한 레코드를 파티션별로 여러 머신에 분산한다. 그림 2.9에서 실제로 이 과정이 작동하는 것을 볼 수 있다.

그림 2.9를 참고해서 빠르게 예제를 살펴보자. 이 예에서는 하나의 토픽과 널[null] 키 사용을 가정했기 때문에 프로듀서는 파티션을 라운드 로빈 방식으로 할당한다.

프로듀서는 첫 번째 메시지를 카프카 브로커 1의 파티션 0에 보내고, 두 번째 메시지는 카프카 브로커 1의 파티션 1에, 세 번째 메시지는 카프카 브로커 2의 파티션 2에 보낸다. 프로듀서가 여섯 번째 메시지를 보내면 카프카 브로커 3의 파티션 5로 가고, 다음 메시지는 다시 카프가 브로커 1의 파티션 0에 보낸다. 메시지 발행은 이런 방식으로 계속 진행되며 카프카 클러스터의 모든 노드에 메시지 트래픽을 분산한다.

서버는 내려갈 수 있기 때문에 데이터를 원격에 저장한다는 사실이 위험스럽게 들리겠지만, 카프카는 데이터 중복을 제공한다. 카프카에서 하나의 브로커에 저장하면 클러스터

---

2 준 라오(Jun Rao), '카프카 클러스터에서 토픽/파티션 수를 선택하는 방법'(http://mng.bz/4C03)

의 하나 혹은 그 이상의 머신에 데이터를 복제한다(다음 절에서 복제에 대해 다룰 것이다).

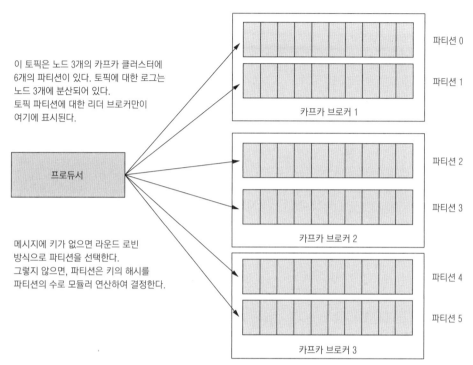

이 토픽은 노드 3개의 카프카 클러스터에
6개의 파티션이 있다. 토픽에 대한 로그는
노드 3개에 분산되어 있다.
토픽 파티션에 대한 리더 브로커만이
여기에 표시된다.

프로듀서

메시지에 키가 없으면 라운드 로빈
방식으로 파티션을 선택한다.
그렇지 않으면, 파티션은 키의 해시를
파티션의 수로 모듈러 연산하여 결정한다.

파티션 0
파티션 1
카프카 브로커 1

파티션 2
파티션 3
카프카 브로커 2

파티션 4
파티션 5
카프카 브로커 3

▲ **그림 2.9** 프로듀서는 토픽의 파티션에 메시지를 작성한다. 메시지에 키가 없으면 프로듀서는 라운드 로빈 방식으로 파티션을 선택한다. 그렇지 않으면, 키의 해시를 파티션 수로 모듈러 연산한다.

2.3.10 주키퍼: 리더, 팔로워, 복제

지금까지 카프카에서 토픽이 차지하는 역할과 토픽을 분할하는 방법과 이유에 관해 살펴봤다. 파티션이 모두 한 머신에 있지 않고 클러스터 전체의 브로커에 분산되어 있음을 알았다. 이제 카프카가 머신 실패에 대비해 어떻게 데이터 가용성을 제공하는지 볼 시간이다.

카프카는 리더와 팔로워 브로커라는 개념이 있다. 카프카에서 각 토픽 파티션별로 한 브로커가 다른 브로커(팔로워follower)의 **리더**leader로 선택된다. 리더의 주요 임무 중 하나는 팔로워 브로커에 토픽 파티션의 **복제**replication를 할당하는 것이다. 카프카가 클러스터 전반에 걸쳐 토픽에 대한 파티션을 할당하는 것처럼 카프카는 파티션도 여러 머신에 복제한다.

리더, 팔로워 및 복제 작업 방식에 대한 세부사항을 살펴보기 전에 카프카가 이를 달성하기 위해 사용하는 기술에 대해 논의한다.

2.3.11 아파치 주키퍼

완전히 카프카 초보자라면 "카프카 책에서 아파치 주키퍼$^{Apache\ ZooKeeper}$에 대해 이야기하는 이유는 무엇일까?"라는 의문이 들 수도 있다. 아파치 주키퍼는 카프카의 아키텍처에 필수적이며 주키퍼를 사용해 카프카가 리더 브로커를 확보하고 토픽 복제를 추적할 수 있게 한다(https://zookeeper.apache.org).

> 주키퍼는 구성 정보를 유지 관리하고 이름을 지정하며 분산 동기화를 제공하고 그룹 서비스를 제공하는 중앙 집중식 서비스다. 이런 유형의 서비스는 분산된 애플리케이션에 의해 어떤 형태로든 사용된다.

카프카가 분산 애플리케이션이라는 점을 고려해서 카프카 아키텍처에 주키퍼가 어떻게 관여하는지 알아야 한다. 이를 위해 카프카 서버를 2대 이상 설치한 경우만 고려할 것이다.

카프카 클러스터에서 브로커 중 하나는 **컨트롤러**^{controller} 로 '선출'된다. 이전 절에서 파티션을 다뤘으며, 카프카가 클러스터의 서로 다른 머신에 파티션을 어떻게 분산하는지 설명했다. 토픽 파티션에는 리더와 팔로워가 있다(리더와 팔로워의 복제 수준에 따라 복제수가 결정된다). 메시지를 생성할 때 카프카는 레코드 파티션의 리더가 있는 브로커에게 레코드를 보낸다.

2.3.12 컨트롤러 선출

카프카는 주키퍼를 사용해 컨트롤러 브로커를 선출한다. 이와 관련한 합의 알고리즘 설명은 이 책의 범위를 벗어나므로 주키퍼가 클러스터의 브로커 중 하나를 컨트롤러로 선택한다고만 이해하자.

컨트롤러 브로커가 실패하거나 어떤 이유로든 사용할 수 없게 되면 주키퍼는 리더의 메시지 복제를 따라잡은 것으로 간주되는 브로커 집합(ISR$^{in-sync\ replica}$)에서 새 컨트롤러를 선

출한다. 이 집합을 구성하는 브로커는 동적이며 주키퍼는 이 집합의 브로커 중에서만 리더로 선출한다.[3]

2.3.13 복제

카프카는 클러스터의 브로커가 실패할 경우 데이터 가용성을 보장하기 위해 브로커 간에 레코드를 복제한다. 발행하거나 소비하는 이전 예에서 본 것과 같이 각 토픽별로 혹은 클러스터의 모든 토픽에 대해 복제 수준을 설정할 수 있다. 그림 2.10은 브로커 간 복제 흐름을 보여준다.

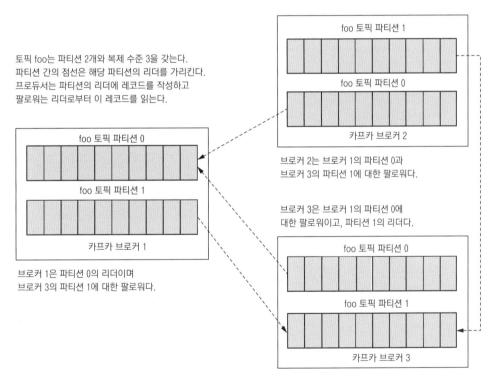

▲ **그림 2.10** 브로커 1과 3은 하나의 토픽 파티션에 대한 리더이고, 다른 하나에 대한 팔로어다. 반면 브로커 2는 팔로워 역할만 한다. 팔로워 브로커는 리더 브로커의 데이터를 복사한다.

---

3 카프카 문서, '복제된 로그: 쿼럼, ISR 및 상태 머신(Oh my!)'(http://kafka.apache.org/documentation/#design_replicatedlog)

카프카의 복제 프로세스는 간단하다. 토픽 파티션을 따르는 브로커는[4] 토픽-파티션 리더로부터 메시지를 소비하고 그 레코드를 로그에 추가한다. 이전 절에서 설명한 것처럼 리더 브로커를 따르는 팔로워 브로커는 ISR로 간주한다. 현 리더가 실패하거나 사용할 수 없게 되면 ISR 브로커는 리더로 선출될 자격이 있다.[5]

2.3.14 컨트롤러의 책임

컨트롤러 브로커는 토픽의 모든 파티션에 대한 리더/팔로어 관계를 설정한다. 카프카 노드가 죽거나 (주키퍼 하트 비트에) 응답하지 않으면, 할당된 모든 파티션(리더와 팔로워 모두)이 컨트롤러 브로커에 의해 재할당된다. 그림 2.11은 작동 중인 컨트롤러 브로커를 보여준다.[6]

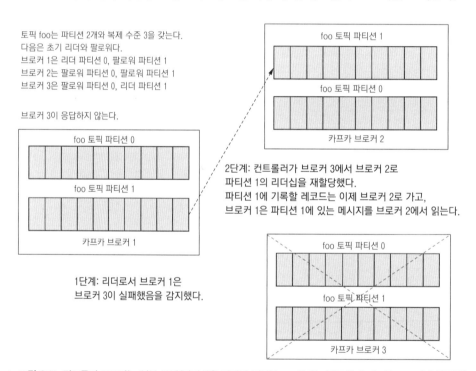

토픽 foo는 파티션 2개와 복제 수준 3을 갖는다.
다음은 초기 리더와 팔로워다.
브로커 1은 리더 파티션 0, 팔로워 파티션 1
브로커 2는 팔로워 파티션 0, 팔로워 파티션 1
브로커 3은 팔로워 파티션 0, 리더 파티션 1

브로커 3이 응답하지 않는다.

foo 토픽 파티션 0
foo 토픽 파티션 1
카프카 브로커 1

1단계: 리더로서 브로커 1은
브로커 3이 실패했음을 감지했다.

foo 토픽 파티션 1
foo 토픽 파티션 0
카프카 브로커 2

2단계: 컨트롤러가 브로커 3에서 브로커 2로
파티션 1의 리더십을 재할당했다.
파티션 1에 기록할 레코드는 이제 브로커 2로 가고,
브로커 1은 파티션 1에 있는 메시지를 브로커 2에서 읽는다.

foo 토픽 파티션 0
foo 토픽 파티션 1
카프카 브로커 3

▲ **그림 2.11** 컨트롤러 브로커는 일부 토픽/파티션은 리더가 되도록, 그 외에는 팔로워가 되도록 브로커에 할당하는 책임을 갖는다. 브로커를 사용할 수 없게 되면 컨트롤러 브로커는 실패한 브로커에 있던 파티션을 클러스터의 다른 브로커에 재할당한다.

---

4   즉, 팔로워 파티션을 의미한다. – 옮긴이

5   카프카 문서, '복제'(http://kafka.apache.org/documentation/#replication)

그림은 간단한 실패 시나리오를 보여준다. 1단계에서 컨트롤러 브로커는 브로커 3을 사용할 수 없음을 감지한다. 2단계에서 컨트롤러 브로커는 브로커 3의 파티션 리더십을 브로커 2에 다시 할당한다.

주키퍼는 카프카 운영의 다음 측면에도 관여한다.

- **클러스터 멤버십**: 클러스터에 가입하고 클러스터 멤버십을 유지 관리한다. 브로커를 사용할 수 없게 되면 주키퍼는 클러스터 멤버십에서 브로커를 제거한다.
- **토픽 설정**: 클러스터의 토픽을 트래킹한다. 브로커가 토픽의 리더인지, 토픽에 파티션이 몇 개인지, 토픽의 특정 설정이 업데이트됐는지 확인한다.
- **접근 제어**: 특정 토픽에 대해 누가 읽고 쓸 수 있는지 식별한다.

이제 카프카가 아파치 주키퍼에 의존하는 이유를 알게 됐다. 카프카가 팔로워들과 리더 브로커를 가질 수 있게 하는 것이 주키퍼다. 컨트롤러 브로커는 복제를 위해 토픽 파티션을 팔로워에게 할당하는 것은 물론 멤버로 있던 브로커가 실패할 때 이를 다시 지정하는 중요한 역할도 한다.

2.3.15 로그 관리

로그에 메시지가 추가된다고 언급했지만, 로그가 계속 커질 때 어떻게 관리되는지에 대해서는 언급하지 않았다. 클러스터에 있는 디스크의 공간은 한정된 자원이므로 카프카가 시간이 지남에 따라 메시지를 제거할 수 있어야 한다. 카프카에서 오래된 데이터를 제거할 때는 두 가지 방식이 있는데, 전통적인 접근법인 로그 삭제, 그리고 압축이다.

2.3.16 로그 삭제

로그 삭제 전략은 2단계 접근법이다. 먼저 로그를 세그먼트로 나누어 가장 오래된 세그먼트를 삭제한다. 로그가 증가하는 크기를 관리하기 위해 카프카는 이를 세그먼트로 분할한다. 로그 분할 시간은 메시지에 포함된 타임스탬프를 기반으로 한다. 카프카는 새 메시지가

---

6 이 절의 일부 정보의 출처는 그웬 샤피라(Gwen Shapira)의 쿼라(Quora) 답변이다. '카프카에서 주키퍼의 실제 역할은 무엇인가? 주키퍼와 카프카를 함께 사용하지 않으면 어떤 이점이 사라지는가?'(http://mng.bz/25Sy)

도착할 때의 타임스탬프가 해당 로그의 첫 번째 메시지의 타임스탬프와 `log.roll.ms` 설정 값을 더한 값보다 크다면 로그를 분할하고 새로운 세그먼트를 새 활성 로그로 생성된다. 이 전 활성 세그먼트는 여전히 컨슈머가 메시지를 검색하는 데 사용한다.

로그 롤링[log rolling]은 카프카 브로커를 설정할 때 지정할 수 있는 구성 설정이다.[7] 로그 롤링에는 두 가지 옵션이 있다.

- `log.roll.ms`: 주 설정이지만 기본값은 없다.
- `log.roll.hours`: 보조 설정이며 `log.role.ms`가 설정되지 않은 경우에만 사용한다. 기본값은 168시간이다.

시간이 지남에 따라 세그먼트 수는 계속 증가할 것이고 오래된 세그먼트는 수신 데이터를 위한 여유 공간을 확보하기 위해 삭제돼야 한다. 삭제 처리를 하기 위해 세그먼트를 보유할 기간을 지정할 수 있다. 그림 2.12는 로그 롤링 과정을 보여준다.

로그 롤링과 마찬가지로 세그먼트 제거도 메시지의 타임스탬프를 기반으로 한다. 그저 특정 시간이나 파일이 마지막으로 수정된 시간이 아니다. 로그 세그먼트 삭제는 로그의 가장 큰 타임스탬프를 사용한다. 다음처럼, 우선순위에 따라 세 가지 설정이 있는데, 앞부분(작은 단위의 설정)이 뒷부분 설정 항목보다 우선한다.

- `log.retention.ms`: 로그 파일을 밀리초 단위로 보관하는 기간
- `log.retention.minutes`: 로그 파일을 분 단위로 보관하는 기간
- `log.retention.hours`: 시간 단위의 로그 파일 보존 기간

주어진 기간 동안 최대 파일 크기에 도달할 것으로 확신되는 대량 토픽을 가정해 이 설정을 지정한다. `log.retention.bytes`라는 또 다른 구성 설정은 I/O 작업을 낮추기 위해 더 긴 롤링 시간 임곗값으로 지정할 수 있다. 비교적 큰 롤링 설정이 있을 때 볼륨이 크게 뛰는 것을 방지하기 위해 `log.segment.bytes` 설정으로 개별 로그 세그먼트의 크기를 관리할 수 있다.

---

7 카프카 문서, '브로커 설정'(http://kafka.apache.org/documentation/#brokerconfigs)

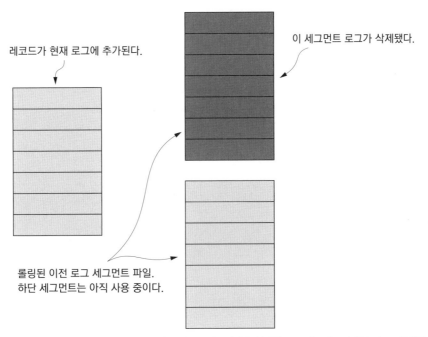

레코드가 현재 로그에 추가된다.

이 세그먼트 로그가 삭제됐다.

롤링된 이전 로그 세그먼트 파일.
하단 세그먼트는 아직 사용 중이다.

▲ **그림 2.12** 왼쪽에는 현재 로그 세그먼트가 있다. 오른쪽 상단에 삭제된 로그 세그먼트가 있으며, 그 아래에 있는 세그먼트는 아직 사용 중인 최근 분리된 세그먼트다.

로그의 삭제는 키가 없는 레코드 또는 독립형 레코드에 대해 잘 작동한다. 그러나 키를 가진 데이터와 예상 업데이트가 있다면, 여러분의 요구에 더 잘 맞는 다른 방법이 있다.

2.3.17 로그 압축

키를 가진 데이터가 있고, 시간이 지나면서 해당 데이터에 대한 업데이트를 받는 경우를 생각해보자. 동일한 키를 가진 새 레코드가 이전 값을 업데이트한다는 것을 의미한다. 예를 들어 주식 종목 코드가 키가 되고, 주당 가격은 정기적으로 업데이트되는 값이 될 수 있다. 이 정보를 사용해 주식값을 보여주는데 크래시가 발생하거나 다시 시작됐다고 생각해보자. 각 키에 대한 최신 데이터로 백업을 시작할 수 있어야 한다.[8]

삭제 정책을 사용하면 마지막 업데이트와 애플리케이션의 크래시나 재시작 사이에 세

---

8 카프카 문서, '로그 압축'(http://kafka.apache.org/documentation/#compaction)

그먼트가 제거됐을 수도 있다. 시작할 때 모든 레코드가 있지 않을 수 있다. 데이터베이스 테이블에 업데이트하려는 것과 동일한 키를 이용해서 다음 레코드를 처리하고, 그 키에 대한 마지막 값을 유지하는 방법이 더 나을 것이다.

키로 레코드를 업데이트하는 것은 압축된 토픽(로그)이 제공하는 동작이다. 압축을 하면 대략적인coarse-grained 접근 방식을 사용하고 시간이나 크기를 기반으로 전체 세그먼트를 삭제하는 대신, 좀 더 세밀한fine-grained 접근 방식을 사용하고 로그에서 키별로 오래된 레코드를 삭제한다. 아주 높은 레벨에서 로그 클리너(스레드 풀)는 백그라운드로 실행되어 로그 세그먼트 파일을 다시 복사하고, 같은 키를 가진 것이 그 이후의 로그에 생긴다면 기존 레코드는 제거한다. 그림 2.13은 로그 압축이 각 키별로 가장 최근의 메시지를 유지하는 방법을 보여준다.

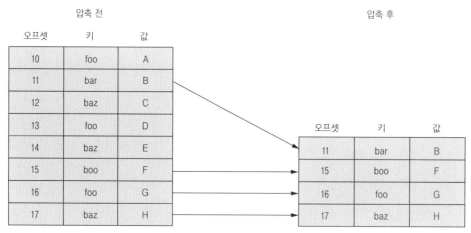

▲ **그림 2.13** 압축 전의 로그가 왼쪽에 있다. 중복된 키가 해당 키의 업데이트된 다른 값을 갖고 있음을 알 수 있다. 오른쪽은 압축 후의 로그다. 각 키의 최신 값은 유지되지만 로그의 크기는 더 작다.

이 방법은 주어진 키에 대한 마지막 레코드가 로그에 있음을 보장한다. 토픽별로 로그 보존 방법을 지정할 수 있으므로 어떤 토픽은 시간 기반 보존을 하고 다른 토픽은 압축을 사용하는 것이 가능하다.

기본적으로 로그 클리너는 활성화되어 있다. 토픽에 대해 압축을 사용하려면 토픽을 생성할 때 `log.cleanup.policy=compact` 속성을 설정하면 된다.

상태 저장소를 사용할 때 카프카 스트림즈가 압축을 사용하더라도 여러분이 직접 로그/토픽을 생성하지는 못할 것이다. 프레임워크가 이 작업을 처리한다. 그럼에도 불구하고 압축이 작동하는 방식을 이해하는 것은 중요하다. 로그 압축은 광범위한 주제이며 여기서는 일부만 다뤘다. 자세한 정보는 카프카 문서(http://kafka.apache.org/documentation/#compaction)를 참조하자.

> |참고| cleanup.policy가 compact일 때 어떻게 로그에서 레코드를 제거할 수 있는지 궁금할 수 있다. 압축된 토픽에서 삭제는 주어진 키에 null 값을 제공하고 삭제 표시를 설정한다. null 값을 가진 키는 동일한 키를 가진 이전 레코드가 제거됐음을 보장하며, 일정 시간 후에는 삭제 표시된 레코드 자체가 제거된다.

이 절의 주요 내용은 독립적인 이벤트나 메시지가 있다면 로그 삭제를 사용하자는 것이다. 이벤트나 메시지에 대한 업데이트가 있는 경우 로그 압축을 사용하길 원할 것이다.

카프카가 내부적으로 데이터를 처리하는 방법에 대해 많은 시간을 들였다. 이제는 카프카 외부로 이동해 프로듀서로 카프카에 메시지를 보내고 컨슈머로 카프카에서 메시지를 읽는 방법에 대해 논의할 시간이다.

2.4 프로듀서로 메시지 보내기

중앙 집중식 판매 거래 데이터 허브에 대한 지마트의 요구로 돌아가서, 구매 거래를 카프카로 보내는 방법을 살펴보자. 카프카에서 **프로듀서**는 메시지를 보내는 데 사용하는 클라이언트다. 그림 2.14는 프로듀서와 함께 지마트의 데이터 아키텍처를 다시 논의한다. 데이터 흐름의 어느 부분에 적합한지 강조하기 위해 프로듀서를 하이라이트했다.

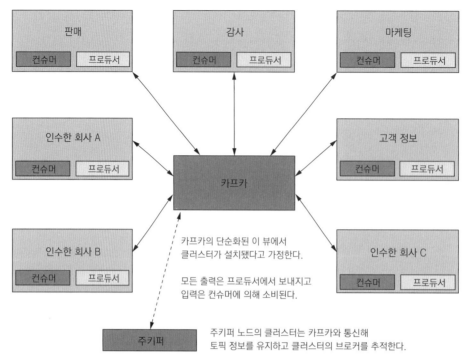

▲ **그림 2.14** 프로듀서는 카프카에 메시지를 보내는 데 사용한다. 프로듀서는 어떤 컨슈머가 언제 메시지를 읽을지 모른다.

지마트에 판매 거래가 많긴 하지만, 지금은 $10.99 책과 같은 단품 구매를 고려할 것이다. 고객이 판매 거래를 완료하면 정보가 키/값 쌍으로 변환되어 프로듀서를 통해 카프카로 전송된다.

키는 고객 ID 123447777이고 값은 "{\"item\":\"book\",\"price\":10.99}"와 같은 JSON 형식이다. JSON을 자바에서 문자열 리터럴로 나타낼 수 있도록 큰따옴표를 이스케이프 처리했다. 이런 형식의 데이터로 프로듀서가 데이터를 카프카 클러스터로 보낼 수 있다. 다음 예제는 src/main/java/bbejeck.chapter_2/producer/SimpleProducer.java에서 찾을 수 있다.

예제 2.3 SimpleProducer 예제

```
Properties properties = new Properties();
properties.put("bootstrap.servers", "localhost:9092");
```

```
properties.put("key.serializer",
    "org.apache.kafka.common.serialization.StringSerializer");
properties.put("value.serializer",
    "org.apache.kafka.common.serialization.StringSerializer");
properties.put("acks", "1");
properties.put("retries", "3");
properties.put("compression.type", "snappy");
properties.put("partitioner.class",
    PurchaseKeyPartitioner.class.getName());          ◄──── 프로듀서를 설정하기 위한 속성

PurchaseKey key = new PurchaseKey("12334568", new Date());

try(Producer<PurchaseKey, String> producer =         │ KafkaProducer를
    new KafkaProducer<>(properties)) {               │ 생성한다.
    ProducerRecord<PurchaseKey, String> record =
    new ProducerRecord<>("transactions", key, "{\"item\":\"book\",    │ ProducerRecord를
    \"price\":10.99}");                                               │ 초기화한다.

    Callback callback = (metadata, exception) -> {
        if (exception != null) {
            System.out.println("Encountered exception "    │ 콜백을
    + exception);                                          │ 만든다.
        }
    };

    Future<RecordMetadata> sendFuture =          │ 레코드를 보내고 변수에
    producer.send(record, callback);             │ 반환된 Future를 설정한다.
}
```

카프카 프로듀서는 스레드 안전$^{thread-safe}$하다. 카프카로의 모든 전송은 비동기식이다. Producer.send는 프로듀서가 내부 버퍼에 레코드를 저장하면 즉시 반환한다. 버퍼는 배치로 레코드를 보낸다. 설정에 따라 프로듀서의 버퍼가 가득 차 있는 동안 메시지를 보내려고 하면 블로킹이 있을 수 있다.

여기 설명한 Producer.send 메소드는 Callback 인스턴스를 사용한다. 리더 브로커가 레코드를 승인하면 프로듀서는 Callback.onComplete 메소드를 부른다. Callback. onComplete 메소드에서 인수 중 하나만 널이 아니다. 이 경우 오류 이벤트의 스택 트레이스

출력에만 관심이 있어서 예외 객체가 널이 아닌지 확인한다. 서버가 레코드를 확인하고 나면 반환된 Future는 RecordMetadata 객체를 생성한다.

> |정의| 예제 2.3의 Producer.send 메소드는 Future 객체를 반환한다. Future 객체는 비동기 작업의 결과를 나타낸다. 더 중요한 점은 Future가 완료되기를 기다리는 대신 비동기 결과를 늦게 가져오는 옵션을 제공한다는 것이다. Future에 대한 자세한 내용은 자바 문서 '인터페이스 Future⟨V⟩'(http://mng.bz/0JK2)를 참고하자.

2.4.1 프로듀서 속성

KafkaProducer 인스턴스를 만들 때 프로듀서의 설정을 포함하는 java.util.Properties 매개변수를 전달했다. KafkaProducer의 설정은 복잡하지 않지만 설정할 때 고려해야 할 핵심 속성이 있다. 이 설정은 예를 들면 사용자 정의 파티셔너를 지정하는 곳이다. 여기서 다뤄야 할 속성이 너무 많아서 예제 2.3에서 사용한 속성만 살펴볼 것이다.

- **부트스트랩 서버**: bootstrap.servers는 쉼표로 구분된 호스트:포트 값의 리스트다. 프로듀서는 클러스터의 모든 브로커를 사용하며, 이 리스트는 처음에 클러스터에 연결하는 용도로만 사용한다.

- **직렬화**: key.serializer와 value.serializer는 키와 값을 바이트 배열로 변환하는 방법을 카프카에 알려준다. 내부적으로 카프카는 키와 값에 바이트 배열을 사용하기 때문에 카프카에 정확한 직렬화기[serializer]를 제공해 전송하기 전에 객체를 바이트 배열로 변환해야 한다.

- **acks**: acks는 레코드 전송이 완료됐다고 생각하기 전에 프로듀서가 브로커로부터 기다리는 확인[acknowledgment] 수를 지정한다. acks에 유효한 값은 all, 0, 1이다. all 값을 사용하면 브로커는 모든 팔로워가 레코드를 커밋할 때까지 대기한다. 1로 설정하면 브로커는 레코드를 로그에 기록하지만 팔로워의 레코드 커밋에 대한 확인 응답을 기다리지 않는다. 0 값은 프로듀서가 어떤 확인 응답도 기다리지 않음을 의미한다. 일반적으로 보내고 잊어버린다.

- **재시도**: 배치 결과가 실패하는 경우 retries는 재전송 시도 횟수를 지정한다. 레코드 순서가 중요한 경우 max.in.flight.requests.per.connection을 1로 설정해 실패한 레코드가 재전송되기 전에 두 번째 배치가 성공적으로 보내지는 시나리오를 방지해야 한다.
- **압축 타입**: compression.type은 적용할 압축 알고리즘이 있으면 지정한다. 설정하면 compression.type은 보내기 전에 배치를 압축하도록 프로듀서에 지시한다. 개별 레코드가 아닌 배치 단위로 압축된다.
- **파티셔너 클래스**: partitioner.class는 Partitioner 인터페이스를 구현하는 클래스의 이름을 지정한다. partitioner.class는 2.3.7절의 사용자 정의 파티셔너에 대한 설명과 관련이 있다.

프로듀서 설정에 대한 더 자세한 정보는 카프카 문서(http://kafka.apache.org/documentation/#producerconfigs)를 참고하자.

2.4.2 파티션과 타임스탬프 지정

ProducerRecord를 생성할 때 파티션, 타임스탬프 또는 둘 다 지정할 수 있다. 예제 2.3에서 ProducerRecord를 생성할 때 네 가지 오버로드된 생성자 중 하나를 사용했다. 다른 생성자는 파티션과 타임스탬프 또는 파티션만 설정할 수 있다.

```
ProducerRecord(String topic, Integer partition, String key, String value)
ProducerRecord(String topic, Integer partition,
               Long timestamp, String key,
               String value)
```

2.4.3 파티션 지정

2.3.5절에서는 카프카에서 파티션의 중요성에 대해 논의했다. DefaultPartitioner가 작동하는 방식과 사용자 정의 파티셔너를 제공하는 방법에 대해서도 설명했다. 왜 파티션을 명시적으로 설정할까? 여기에는 업무상의 다양한 이유가 있으며, 다음은 그 한 가지 예가 될 것이다.

키를 가진 입력이 유입되고 있다고 가정하되, 사용자는 키에 있는 모든 값을 처리하는 로직을 갖고 있기 때문에 어떤 파티션으로 레코드가 갈지는 중요하지 않다고 하자. 덧붙여 키 분배가 고르지 않을 수 있고 모든 파티션이 대략 같은 양의 데이터를 받길 원한다. 다음은 이를 수행하는 대략적인 구현이다.

```
AtomicInteger partitionIndex = new AtomicInteger(0);    ◄  AtomicInteger 인스턴스 변수를
                                                           생성한다.
int currentPartition = Math.abs(partitionIndex.getAndIncrement()) %  현재 파티션을 가져와
➡ numberPartitions;                                                  매개변수로 사용한다.
ProducerRecord<String, String> record =
➡ new ProducerRecord<>("topic", currentPartition, "key", "value");
```

여기서는 Math.abs 호출을 사용하므로 Integer.MAX_VALUE를 초과하는 경우 정숫값을 추적할 필요가 없다.

> |**정의**| AtomicInteger는 java.util.concurrent.atomic 패키지에 속하며, 단일 변수에 대해 락(lock) 없이 스레드 안전 작업을 지원하는 클래스를 포함한다. 더 자세한 내용은 java.util.concurrent.atomic 패키지에 대한 자바 문서(http://mng.bz/PQ2q)를 참고하자.

2.4.4 카프카의 타임스탬프

카프카 0.10 버전부터 레코드에 타임스탬프를 추가했다. 다음의 오버로드된 생성자 호출을 통해 ProducerRecord를 만들 때 타임스탬프를 설정한다.

```
ProducerRecord(String topic, Integer partition, Long timestamp, K key, V value)
```

타임스탬프를 설정하지 않으면 프로듀서가 레코드를 카프카 브로커에 보내기 전에 (현재 시간을 사용해) 시간을 설정할 것이다. 타임스탬프는 log.message.timestamp.type 브로커 설정의 영향도 받는다. 이 설정은 CreateTime(기본값) 또는 LogAppendTime으로 설정할 수

있다. 다른 브로커 설정과 마찬가지로 브로커에 구성된 값은 모든 토픽에 기본값으로 적용하지만, 토픽을 만들 때 해당 토픽에 다른 값을 지정할 수 있다. 브로커에 LogAppendTime을 지정하고 토픽이 브로커의 설정을 덮어쓰지 않으면 브로커는 로그에 레코드를 추가할 때 현재 시간으로 타임스탬프를 덮어쓴다. 그렇지 않으면 ProducerRecord의 타임스탬프가 사용된다.[9]

왜 그중에 하나를 꼭 선택해야 할까? LogAppendTime은 '처리 시간'으로 간주되며, CreateTime은 '이벤트 시간'으로 간주한다. 어떤 것을 사용할지는 비즈니스 요구사항에 따라 다르다. 언제 카프카가 레코드를 처리했는지 또는 언제 실제 이벤트가 발생했는지 알아야 하느냐에 따라 서로 다른 결정을 해야 한다. 다음 장에서 카프카 스트림즈의 데이터 흐름을 제어할 때 타임스탬프가 갖는 중요한 역할을 알 수 있다.

2.5 컨슈머로 메시지 읽기

프로듀서가 어떻게 동작하는지 보았다. 이제는 카프카의 컨슈머를 살펴볼 때다. 최신 지마트 판매 통계를 보여주는 프로토타입 애플리케이션을 작성한다고 가정하자. 이 예에서는 이전 프로듀서 예제에서 보낸 메시지를 사용한다. 이 프로토타입은 초기 단계이므로 이 시점에서 해야 할 일은 메시지를 소비하고 정보를 콘솔에 보여주는 것이다.

> |참고| 이 책에서 다루는 카프카 스트림 버전은 카프카 버전 0.10.2 이상이 필요하므로 카프카 0.9 릴리스의 일부였던 새로운 컨슈머만 논의할 것이다.

KafkaConsumer는 카프카 메시지를 소비하는 데 사용할 클라이언트다. KafkaConsumer 클래스는 사용하기 쉽지만 운영상 고려해야 할 사항들이 있다. 그림 2.15는 컨슈머가 데이터 흐름에서 어떤 역할을 하는지 강조하는 지마트 아키텍처를 보여준다.

---

9 즉, CreateTime을 사용하면 ProducerRecord에 설정한 타임스탬프를 그대로 사용한다. – 옮긴이

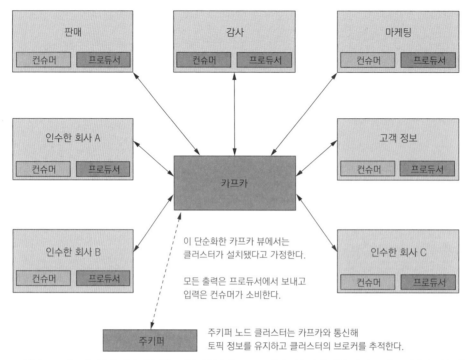

이 단순화한 카프카 뷰에서는
클러스터가 설치됐다고 가정한다.

모든 출력은 프로듀서에서 보내고
입력은 컨슈머가 소비한다.

주키퍼 노드 클러스터는 카프카와 통신해
토픽 정보를 유지하고 클러스터의 브로커를 추적한다.

▲ **그림 2.15** 카프카로부터 메시지를 읽는 컨슈머들이다. 프로듀서가 컨슈머에 대해 알지 못하는 것처럼 컨슈머는 누가 메시지를 만들었는지 모르고 카프카로부터 메시지를 읽는다.

2.5.1 오프셋 관리

KafkaProducer는 본질적으로 상태가 없지만, KafkaConsumer는 주기적으로 카프카에서 소비되는 메시지의 오프셋을 커밋해 일부 상태를 관리한다. 오프셋은 메시지를 고유하게 식별하고 로그에서 메시지의 시작 위치를 나타낸다. 컨슈머는 받은 메시지의 오프셋을 주기적으로 커밋해야 한다.

오프셋 커밋은 컨슈머에 있어서 두 가지 의미가 있다.

- 커밋한다는 것은 컨슈머가 메시지를 완전히 처리했음을 의미한다.
- 커밋은 실패나 재시작 시 해당 컨슈머의 시작 지점도 나타낸다.

새로운 컨슈머 인스턴스가 있거나 일부 오류가 발생했고 마지막으로 커밋한 오프셋을 사용할 수 없는 경우 컨슈머가 시작하는 위치는 설정에 따라 다르다.

- auto.offset.reset="earliest": 사용 가능한 가장 이른 오프셋부터 시작해 메시지를 가져올 것이다. 로그 관리 프로세스에 의해 아직 제거되지 않은 메시지가 검색된다.
- auto.offset.reset="latest": 가장 최신 오프셋에서 메시지를 읽어서 기본적으로 컨슈머가 클러스터에 합류한 지점부터 유입된 메시지만 소비한다.
- auto.offset.reset="none": 재설정 전략을 지정하지 않았다. 브로커가 컨슈머에게 예외를 발생시킨다.

그림 2.16에서 auto.offset.reset 설정을 선택했을 때의 영향을 확인할 수 있다. earliest를 선택하면 오프셋 1에서 시작하는 메시지를 받는다. latest를 선택하면 오프셋 11에서 시작하는 메시지를 얻는다.

▲ **그림 2.16** auto.offset.reset을 earliest나 latest로 설정하는 그래픽 표현. earliest 설정은 아직 삭제되지 않은 모든 메시지를 제공한다. latest는 다음에 사용 가능한 메시지 도착을 기다리는 것을 의미한다.

다음으로 오프셋 커밋에 관한 옵션을 살펴보자. 자동이나 수동으로 이 작업을 수행할 수 있다.

2.5.2 자동 오프셋 커밋

자동 오프셋 커밋 방식이 기본값이며, enable.auto.commit 프로퍼티로 설정할 수 있다. 짝을 이루는 설정 옵션은 auto.commit.interval.ms인데, 컨슈머가 오프셋을 커밋하는 주기를 지정한다(기본값은 5초). 이 값을 조정할 때 주의해야 하는데, 너무 작으면 네트워크 트래픽을 증가시키고, 너무 크면 실패 시 재시작 이벤트에서 컨슈머가 이미 받았던 데이터를 다시 받게 될 수 있다.

2.5.3 수동 오프셋 커밋

수동 커밋된 오프셋에는 동기식 및 비동기식의 두 가지 유형이 있다. 동기화 커밋은 다음과 같다.

```
consumer.commitSync()
consumer.commitSync(Map<TopicPartition, OffsetAndMetadata>)
```

인수가 없는 commitSync() 메소드는 마지막 검색(폴링)에서 반환된 모든 오프셋이 성공할 때까지 블로킹한다. 이 호출은 구독한 모든 토픽과 파티션에 적용된다. 다른 버전은 Map<TopicPartition, OffsetAndMetadata> 매개변수를 취하고 맵에 지정된 오프셋, 파티션, 토픽만 커밋한다.

유사한 consumer.commitAsync() 메소드가 있으며 완전 비동기식이고 즉시 반환된다. 오버로드된 메소드 중 하나는 인수를 허용하지 않고 두 consumer.commitAsync 메소드는 커밋이 성공적으로 또는 오류로 종료될 때 호출되는 OffsetCommitCallback 객체를 제공하는 옵션을 갖는다. 콜백 인스턴스를 제공하면 비동기 처리 및 오류 처리가 가능하다. 수동 커밋을 사용하면 레코드가 처리된 것으로 간주되는 시기를 직접 제어할 수 있다는 장점이 있다.

2.5.4 컨슈머 생성하기

컨슈머를 생성하는 것은 프로듀서를 생성하는 것과 유사하다. 자바의 java.util.Properties 객체 형태로 설정을 제공하면 KafkaConsumer 인스턴스를 얻을 수 있다. 그런 다음 이 인스턴스는 제공된 토픽 이름 목록이나 정규 표현식으로 지정된 토픽을 구독한다. 일반적으로 루프에서 컨슈머를 실행해 밀리초 단위로 지정된 기간 동안 폴링한다.

ConsumerRecords<K, V> 객체는 폴링의 결과다. ConsumerRecords는 Iterable 인터페이스를 구현하고 next()를 호출할 때마다 실제 키와 값 이외의 메시지에 대한 메타데이터가 포함된 ConsumerRecord 객체를 반환한다.

마지막 poll 호출에서 반환된 ConsumerRecord 객체를 모두 사용한 후에는 루프의 맨 위로 돌아가서 지정된 기간 동안 다시 폴링한다. 실제로 오류가 발생하거나 애플리케이션을 종료하고 다시 시작해야 하는 경우(여기가 커밋된 오프셋이 작동하는 지점이다. 재부팅 시 컨슈머가 중단한 부분부터 다시 시작한다)가 아니라면 컨슈머는 이러한 방식으로 무기한 실행해야 한다.

2.5.5 컨슈머와 파티션

일반적으로 토픽의 각 파티션마다 하나씩 여러 컨슈머 인스턴스가 필요할 것이다. 한 컨슈머가 여러 파티션에서 읽도록 할 수 있지만, 파티션 수만큼 스레드 풀에 스레드가 있는 컨슈머가 하나의 파티션에 배정되는 것이 일반적이지는 않다.

이 파티션당 컨슈머 패턴은 처리량을 최대화하지만, 여러 애플리케이션이나 머신에 컨슈머를 분산하는 경우 모든 인스턴스의 총 스레드 수는 해당 토픽의 총 파티션 수를 넘지 않아야 한다. 전체 파티션 수를 초과하는 스레드는 유휴 상태가 되기 때문이다. 컨슈머가 실패하면 리더 브로커는 파티션을 다른 활성 컨슈머에게 할당한다.

> |참고| 이 예제는 컨슈머가 하나의 토픽을 구독하는 것을 보여주지만 이는 데모 용도일 뿐이다. 임의의 수의 토픽에 컨슈머를 등록할 수 있다.

리더 브로커는 동일한 group.id를 가진 사용 가능한 모든 컨슈머에게 토픽 파티션을 할당한다. group.id는 컨슈머를 **컨슈머 그룹**consumer group에 속하도록 식별하는 설정이다. 이렇게 하면 컨슈머는 동일한 머신에 있을 필요가 없다. 실제로 컨슈머를 몇 대의 머신에 분산하는 것이 더 좋다. 그렇게 하면 하나의 머신이 실패할 경우, 리더 브로커는 상태가 좋은 머신의 컨슈머에게 토픽 파티션을 할당할 수 있다.

2.5.6 리밸런싱

이전 절에서 설명한 컨슈머에게 토픽–파티션 할당을 추가 및 제거하는 프로세스를 **리밸런싱**rebalancing이라고 한다. 컨슈머에 대한 토픽–파티션 할당은 정적이지 않고 동적이다. 동일한 그룹 ID를 가진 컨슈머를 추가하면 현재 토픽–파티션 할당 중 일부를 활성화 상태의 기존 컨슈머에서 가져와 새로운 컨슈머에게 준다. 이 재할당 프로세스는 모든 파티션이 데이터를 읽는 컨슈머에게 할당될 때까지 계속된다.

균형이 맞은 다음, 추가 컨슈머는 유휴 상태로 남을 것이다. 컨슈머가 어떤 이유로든 그룹을 떠난다면, 토픽–파티션 할당이 다른 컨슈머에게 재할당된다.

2.5.7 더 세분화된 컨슈머 할당

2.5.5절에서 스레드 풀을 사용하는 방법과 동일한 토픽에 대해 (동일한 컨슈머 그룹에서) 여러 컨슈머를 구독하는 방법을 설명했다. 카프카는 토픽–파티션 부하 균형을 모든 컨슈머에 걸쳐 조정하지만 토픽과 파티션 할당은 미리 결정되지 않는다. 즉, 각 컨슈머가 받을 토픽–파티션 쌍을 알 수는 없다.

KafkaConsumer에는 특정 토픽과 파티션을 구독할 수 있는 메소드도 있다.

```
TopicPartition fooTopicPartition_0 = new TopicPartition("foo", 0);
TopicPartition barTopicPartition_0 = new TopicPartition("bar", 0);

consumer.assign(Arrays.asList(fooTopicPartition_0, barTopicPartition_0));
```

이처럼 수동으로 토픽 파티션을 할당할 때 다음처럼 고려해야 할 트레이드 오프가 있다.

- 동일한 그룹 ID를 가진 컨슈머라 하더라도 오류가 발생하면 토픽 파티션이 재할당되지 않는다. 할당을 변경하려면 consumer.assign을 다시 호출해야 한다.
- 컨슈머에 지정된 그룹이 커밋에 사용되긴 하지만, 각 컨슈머가 독립적으로 작동하기 때문에 각 컨슈머에게 고유한 그룹 ID를 부여하는 것이 좋다.

2.5.8 컨슈머 예제

트랜잭션을 소비하고 콘솔에 출력하는 지마트 프로토타입의 컨슈머 코드는 다음과 같다.
src/main/java/bbejeck.chapter_2/customer/ThreadedConsumerExample.java에서
찾을 수 있다.

예제 2.5 ThreadedConsumerExample

```java
public void startConsuming() {
    executorService = Executors.newFixedThreadPool(numberPartitions);
    Properties properties = getConsumerProps();

    for (int i = 0; i < numberPartitions; i++) {
        Runnable consumerThread = getConsumerThread(properties);  ◀──── 컨슈머 스레드 생성
        executorService.submit(consumerThread);
    }
}


private Runnable getConsumerThread(Properties properties) {
    return() -> {
        Consumer<String, String> consumer = null;
        try {
            consumer = new KafkaConsumer<>(properties);
            consumer.subscribe(Collections.singletonList(        토픽을 구독
➡ "test-topic"));
            while (!doneConsuming) {
                ConsumerRecords<String, String> records =        5초 동안 폴링
➡ consumer.poll(5000);
                for (ConsumerRecord<String, String> record : records) {
                    String message = String.format("Consumed: key =
➡ %s value = %s with offset = %d partition = %d",
                        record.key(), record.value(),
                        record.offset(), record.partition());
                    System.out.println(message);  ◀──── 형식화한 메시지 출력
                }
            }
        } catch (Exception e) {
            e.printStackTrace();
        } finally {
```

```
            if (consumer != null) {
                consumer.close();  ◄──── 컨슈머를 닫는다(닫지 않으면 자원 누수가 생길 것이다).
            }
        }
    };
}
```

이 예제는 가독성을 위해 클래스의 다른 부분을 생략했기 때문에 독립적으로 실행할 수 없다. 이 장의 소스 코드에서 전체 예제를 찾을 수 있다.

2.6 카프카 설치 및 실행

이 글을 쓰는 시점에 카프카 1.0.0이 가장 최신 버전이다. 카프카는 스칼라 프로젝트이므로 각 릴리스에는 스칼라 2.11과 스칼라 2.12의 두 가지 버전이 있다. 이 책에서는 2.12 스칼라 버전의 카프카를 사용한다. 이 릴리스를 다운로드할 수 있긴 하지만, 이 책의 소스 코드에는 책에서 데모를 보이고 설명한 것과 같이 카프카 스트림즈로 동작하는 카프카의 바이너리 배포본이 포함되어 있다. 카프카를 설치하려면 책의 소스 코드 저장소에 있는 .tgz 파일을 여러분 머신의 libs 폴더 어딘가에 압축을 풀자(소스 코드는 책의 웹사이트 https://manning.com/books/kafka-streams-in-action에서 찾을 수 있다).

> |참고| 카프카의 바이너리 배포판에는 아파치 주키퍼가 포함되어 있으므로 별도로 주키퍼 설치 작업이 필요하지는 않다.

2.6.1 카프카 로컬 설정

여러분의 머신에서 카프카를 로컬로 실행하는 경우 기본값을 사용한다면 최소한의 설정만 하면 된다. 기본적으로 카프카는 9092 포트를 사용하고 주키퍼는 2181 포트를 사용한다. 이미 해당 포트를 사용하는 애플리케이션이 없다고 가정하면 더 이상 설정할 것은 없다.

카프카는 /tmp/kafka-logs에 로그를 기록하고, 주키퍼는 로그 저장을 위해 /tmp/zookeeper를 사용한다. 머신에 따라, 해당 디렉토리의 권한이나 소유권을 변경하거나 로그를 쓸 위치를 수정해야 할 수도 있다.

카프카 로그 디렉토리를 변경하려면 〈kafka-install-dir〉/config에 있는 server.properties 파일을 연다. log.dirs 항목을 찾아 사용하려는 값으로 변경하자. 동일한 디렉토리에서 zookeeper.properties 파일을 열고 dataDir 항목을 변경하자.

이 책의 뒷부분에서 카프카 설정에 대해 자세히 살펴볼 것이지만 지금까지 해야 할 모든 설명은 마쳤다. 이러한 'logs'는 카프카와 주키퍼가 사용하는 실제 데이터이며 애플리케이션의 동작을 추적하는 애플리케이션 수준의 로그가 아니라는 것을 명심하자. 애플리케이션 로그는 〈kafka-install-dir〉/logs 디렉토리에 있다.

2.6.2 카프카 실행하기

카프카는 시작하기 쉽다. 주키퍼는 카프카 클러스터가 제대로 작동하는 데 필수적이므로 (주키퍼는 리더 브로커를 결정하고 토픽 정보를 보유하고 클러스터 멤버에 대한 상태 검사를 수행한다) 카프카를 시작하기 전에 주키퍼를 시작해야 한다.

> |참고| 이제 모든 디렉토리 참조는 여러분이 카프카 설치 디렉토리에서 작업하고 있다고 가정한다. 윈도우(Windows) 머신을 사용하는 경우 디렉토리는 〈kafka-install-dir〉/bin/windows이다.

주키퍼 시작하기

주키퍼를 시작하려면 명령 프롬프트를 열고 다음 명령을 입력한다.

```
bin/zookeeper-server-start.sh config/zookeeper.properties
```

많은 정보가 화면에 표시되고 결국 그림 2.17처럼 보일 것이다.

▲ **그림 2.17** 주키퍼가 시작할 때 콘솔에 표시되는 출력

카프카 시작하기

카프카를 시작하려면 다른 명령 프롬프트를 열고 다음 명령을 입력하자.

```
bin/Kafka-server-start.sh config/server.properties
```

다시 말하지만, 화면에서 텍스트 스크롤을 볼 수 있다. 카프카가 완전히 시작되면 그림 2.18과 비슷한 것이 보일 것이다.

> |**팁**| 주키퍼는 카프카를 실행하기 위해 반드시 필요하므로, 카프카를 종료할 때 역순으로 종료해야 한다. 즉, 카프카를 먼저 종료하고 나서 주키퍼를 종료한다. 카프카를 종료하려면 카프카가 실행 중인 터미널에서 Ctrl+C를 누르거나 다른 터미널에서 kafka-server-stop.sh를 실행하면 된다. 주키퍼도 마찬가지이며, 종료 스크립트는 zookeeper-server-stop.sh이다.

▲ 그림 2.18 시작할 때 카프카의 출력

2.6.3 첫 번째 메시지 보내기

이제 작동 중인 카프카가 있으니 카프카를 사용해서 하려고 했던 메시지 주고받기를 할 때가 됐다. 하지만 메시지를 보내기 전에 프로듀서가 메시지를 보낼 토픽을 정의해야 한다.

여러분의 첫 번째 토픽

카프카에서 토픽을 만드는 방법은 간단하다. 몇 가지 설정 매개변수를 사용해 스크립트를 실행하는 것이다. 설정은 쉽지만 여러분이 제공하는 설정은 성능에 미치는 영향이 크다.

기본적으로 카프카는 토픽을 자동 생성하도록 설정됐다. 즉, 존재하지 않는 토픽으로 보내거나 읽으려는 경우 카프카 브로커가 (server.properties 파일의 기본 설정을 사용해) 자동으로 생성한다. 개발 단계에서조차 브로커가 토픽을 생성하도록 의존하는 것은 좋은 습관이 아니다. 토픽의 존재에 관한 메타데이터를 전파하는 데 시간이 걸리므로 첫 번째 produce/consume 시도가 실패하기 때문이다. 항상 사전에 토픽을 생성하자.

토픽 생성하기

토픽을 생성하려면 kafka-topics.sh 스크립트를 실행해야 한다. 터미널 창을 열고 다음 명령을 실행하자.

```
bin/kafka-topics.sh --create --topic first-topic --replication-factor 1
--partitions 1 --zookeeper localhost:2181
```

스크립트가 실행되면 터미널에서 그림 2.19와 같은 것을 볼 수 있다.

▲ **그림 2.19** 토픽을 생성한 결과다. 토픽별 설정을 제공할 수 있도록 토픽을 미리 작성하는 것이 좋다. 그렇지 않으면, 자동 생성된 토픽은 기본 설정이나 server.properties 파일의 설정을 사용하게 된다.

이 명령에서 대부분의 설정 플래그는 명확하지만, 다음 두 가지는 가볍게 살펴보고 넘어가자.

- replication-factor: 이 플래그는 리더 브로커가 클러스터에 분산하는 메시지의 복사본 수를 결정한다. 이 경우 복제 인자가 1이면 복사본이 만들어지지 않는다. 원본 메시지만 카프카에 있다. 빠른 데모나 프로토타입에서는 복제 인자 1도 문제없지만, 리얼 환경에서 머신 실패 시 데이터 가용성을 제공하기 위해 대부분 복제 인자로 2나 3이 필요할 것이다.
- partitions: 이 플래그는 토픽이 사용할 파티션 수를 지정한다. 여기서도 단 하나의 파티션을 설정하더라도 문제는 없지만, 부하가 더 큰 경우 확실히 더 많은 파티션이 필요할 것이다. 단, 적절한 파티션 수를 결정하는 것은 특정한 공식으로 정확하게 계산 가능한 정밀 과학이 아니다.

메시지 보내기

카프카에 메시지를 보내려면 일반적으로 프로듀서 클라이언트를 작성해야 하지만, 카프카에는 터미널 창에서 메시지를 보낼 수 있는 kafka-console-producer라는 편리한 스크립트가 함께 제공된다. 이 예에서는 콘솔 프로듀서를 사용하지만 이 장의 2.4.1절에서 KafkaProducer 사용 방법도 다뤘다.

첫 번째 메시지를 보내려면 다음 명령을 실행하자(그림 2.20 참조).

```
# 명령은 bin 디렉터리에서 실행하는 것으로 가정한다.
./kafka-console-producer.sh --topic first-topic --broker-list localhost:9092
```

▲ **그림 2.20** 콘솔 프로듀서는 설정을 신속하게 테스트하고 종단 간 동작을 확인할 수 있는 훌륭한 도구다.

콘솔 프로듀서를 설정하는 몇 가지 옵션이 있지만 지금은 필요한 항목만 사용한다. 즉, 메시지를 보내려는 토픽과 연결할 카프카 브로커 목록(이 경우 로컬 머신 하나만)이다.

콘솔 프로듀서는 '블로킹 스크립트'이므로 앞의 명령을 실행한 후 텍스트를 입력하고 Enter 키를 누른다. 원하는 만큼의 메시지를 보낼 수 있지만 데모 목적으로 "the quick brown fox jumped over the lazy dog"라는 단일 메시지를 입력하고 Enter 키를 누른 다음 Ctrl+C를 눌러 프로듀서를 종료한다.

메시지 읽기

카프카는 명령줄에서 메시지를 읽는 콘솔 컨슈머도 제공한다. 콘솔 컨슈머는 콘솔 프로듀서와 유사하다. 일단 시작되면 스크립트가 멈출 때까지 (Ctrl+C로) 토픽에서 메시지를 계속 읽는다.

콘솔 컨슈머를 시작하려면 다음 명령을 실행하자.

```
bin/kafka-console-consumer.sh --topic first-topic
--bootstrap-server localhost:9092 --from-beginning
```

콘솔 컨슈머를 시작하면 터미널에서 그림 2.21과 같은 것을 볼 수 있다.

▲ **그림 2.21** 콘솔 컨슈머는 데이터가 흐르는지 여부와 메시지에 기대한 정보가 포함되어 있는지를 신속하게 파악할 수 있는 유용한 도구다.

--from-beginning 매개변수는 해당 토픽에서 삭제되지 않은 메시지를 수신하도록 지정한다. 콘솔 컨슈머는 커밋된 오프셋이 없어서 --from-beginning 설정이 없으면 콘솔 컨슈머가 시작된 후에 보낸 메시지만 받는다.

방금 정신없이 진행되는 카프카 여행을 마치고 첫 번째 메시지를 만들어 소비했다. 이장의 첫 번째 부분을 읽지 않았다면, 이 장의 시작 부분으로 돌아가서 카프카가 어떻게 작동하는지 자세히 알아보는 게 좋을 것이다.

요약

- 카프카는 메시지를 수신해 컨슈머의 요청에 쉽고 빠르게 응답할 수 있는 방식으로 메시지를 저장하는 메시지 브로커다. 메시지는 컨슈머로 전송 후에도 사라지지 않으며, 카프카의 메시지 보존은 메시지를 소비하는 시기와 빈도에 전적으로 의존한다.
- 카프카는 높은 처리량을 얻기 위해 파티션을 사용하고 같은 키를 사용해 메시지를 순서대로 그룹화하는 방법을 제공한다.
- 프로듀서는 카프카에 메시지를 보내는 데 사용한다.

- 널 키는 라운드 로빈 파티션 할당을 의미한다. 그렇지 않으면 프로듀서는 파티션 할당을 위해 키의 해시와 파티션 수의 모듈러값을 사용한다.
- 컨슈머는 카프카에서 온 메시지를 읽는 데 사용한다.
- 컨슈머 그룹의 일원인 컨슈머는 메시지를 고르게 분산하기 위해 토픽-파티션 할당을 받는다.

다음 장에서는 소매 판매 세계의 구체적인 예를 들어 카프카 스트림즈를 살펴본다. 컨슈머와 프로듀서 인스턴스 생성을 카프카 스트림즈가 모두 처리하지만, 여기서 소개한 개념이 어떻게 동작하는지 이해하는 게 좋다.

Part 2

카프카 스트림즈 개발

2부에서는 1부의 내용을 바탕으로 첫 카프카 스트림즈 애플리케이션을 개발하면서 카프카 스트림즈의 멘탈 모델[1]을 실행해볼 것이다. 일단 시작하고 나면 중요한 카프카 스트림즈 API를 차례로 살펴볼 것이다.

스트리밍 애플리케이션에 상태를 제공하고 SQL 쿼리를 실행할 때 수행하는 조인과 마찬가지로, 조인을 수행하기 위해 상태를 사용하는 방법에 대해 배운다. 그런 다음 카프카 스트림즈의 새로운 추상화인 KTable API로 넘어간다. 2부는 고수준 DSL로 시작하지만, 저수준 프로세서 API에 대해서도 논의하고 카프카 스트림즈를 사용해 필요한 모든 작업을 수행하는 방법을 설명하면서 마무리한다.

---

1 https://en.wikipedia.org/wiki/Mental_model 참고 – 옮긴이

3

카프카 스트림즈 개발

1장에서 카프카 스트림즈 라이브러리에 대해 배웠다. 처리 노드 토폴로지 또는 카프카로 유입되는 데이터를 변환하는 그래프를 작성하는 방법에 대해 배웠다. 3장에서는 카프카 스트림즈 API를 사용해 이 처리 토폴로지를 만드는 방법을 배운다.

　카프카 스트림즈 API는 카프카 스트림즈 애플리케이션을 만드는 데 사용한다. 3장에서는 카프카 스트림즈 애플리케이션을 만드는 방법을 배울 텐데, 구성요소가 어떻게 작동하는지 그리고 스트림 처리 목표를 달성하는 데 이 구성요소를 어떻게 사용하는지를 더 깊이 이해해야 한다.

3.1 스트림 프로세서 API

카프카 스트림즈 DSL은 카프카 스트림즈 애플리케이션을 신속하게 만들 수 있게 해주는 고수준 API이다. 고수준 API는 매우 잘 정의되어 있으며, 대부분의 스트림 처리 요구사항을 즉시 처리할 수 있는 방법이 있으므로 많은 노력 없이도 정교한 스트림 처리 프로그램을 만들 수 있다. 고수준 API의 핵심은 키/값 쌍 레코드 스트림을 나타내는 KStream 객체다.

카프카 스트림즈 DSL의 대부분의 메소드는 KStream 객체 레퍼런스를 반환해 플루언트 인터페이스^{fluent interface} 스타일의 프로그래밍을 할 수 있다. 또한 KStream 메소드의 대부분은 단일 메소드 인터페이스로 구성된 타입을 허용해 자바 8 람다 표현식을 사용할 수 있다. 이러한 요소를 고려하면 카프카 스트림즈 프로그램 구축이 쉽고 간단하다고 생각해볼 수 있다.

2005년에 마틴 파울러^{Martin Fowler}와 에릭 에번스^{Eric Evans}는 플루언트 인터페이스 개념을 개발했다. 이 인터페이스는 메소드 호출의 반환값이 원래 메소드를 호출한 인스턴스와 같다(https://martinfowler.com/bliki/FluentInterface.html). 이 접근법은 `Person.builder().firstName("Beth").withLastName("Smith").withOccupation("CEO")`와 같이 여러 매개변수를 사용해 객체를 생성할 때 유용하다. 카프카 스트림즈에는 작지만 중요한 차이점이 하나 있는데, 반환된 KStream 객체는 원래 인스턴스 호출을 한 같은 인스턴스가 아닌 새로운 인스턴스라는 것이다.

카프카 스트림즈 DSL만큼 간결하지는 않지만 더 많은 제어가 가능한 저수준 API인 프로세서 API가 있다. 프로세서 API는 6장에서 다룰 것이다. 소개가 끝났으니 카프카 스트림즈에 필요한 Hello World 프로그램으로 시작해보자.

3.2 카프카 스트림즈를 위한 Hello World

첫 번째 카프카 스트림즈 예제에서는 더 간단한 사용 사례를 위해 1장에서 설명한 문제에서 벗어나볼 것이다. 이렇게 하면 카프카 스트림즈가 어떻게 작동하는지 볼 수 있으므로 순조롭게 시작할 수 있을 것이다. 좀 더 현실적이고 구체적인 예를 위해 3.3.1절에서 1장의 문제를 다시 다룰 것이다.

첫 번째 프로그램은 들어오는 메시지를 가져와서 대문자로 변환해 메시지를 읽는 사람들에게 외치는 장난감 애플리케이션이다. 이것을 Yelling App이라고 부르자.

코드를 살펴보기 전에 이 애플리케이션에서 만들 처리 토폴로지를 살펴보자. 1장과 같이 그래프의 각 노드는 특정 기능을 가진 처리 그래프 토폴로지를 구축했던 패턴을 따를 것이다. 대신, 그림 3.1에서 볼 수 있듯이 이 그래프가 더 간단하다는 것이 다르다.

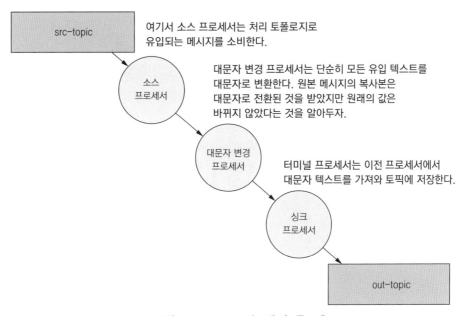

▲ **그림 3.1** Yelling App의 그래프(토폴로지)

보다시피 단순한 처리 그래프를 작성하고 있다. 너무 단순해서 그래프의 일반적인 트리 tree 구조보다 노드의 연결 리스트 linked list 와 유사하다. 그러나 코드에서 기대할 수 있는 것에 대한 강력한 단서를 제공하기에 충분하다. 소스 노드 source node, 들어오는 텍스트를 대문자로 변환하는 프로세서 노드 processor node, 결과를 토픽에 쓰는 싱크 프로세서 sink processor 가 있을 것이다.

간단한 예이지만 여기에 표시된 코드는 다른 카프카 스트림즈 프로그램에서도 볼 수 있는 대표적인 형태다. 대부분의 예제에서 비슷한 구조를 볼 수 있다.

1. 설정 항목을 정의한다.

2. 사용자 정의 또는 기정의된 Serde 인스턴스를 생성한다.

3. 프로세서 토폴로지를 만든다.

4. KStream을 생성하고 시작한다.

고급 예제와의 차이점이라면 프로세서 토폴로지의 복잡성일 뿐이니, 이를 염두에 두고 첫 애플리케이션을 만들어보자.

3.2.1 Yelling App의 토폴로지 생성하기

카프카 스트림즈 애플리케이션을 만드는 첫 번째 단계는 소스 노드를 만드는 것이다. 소스 노드는 애플리케이션을 통해 유입되는 레코드를 토픽에서 소비하는 역할을 한다. 그림 3.2 는 그래프에서 소스 노드를 강조한다.

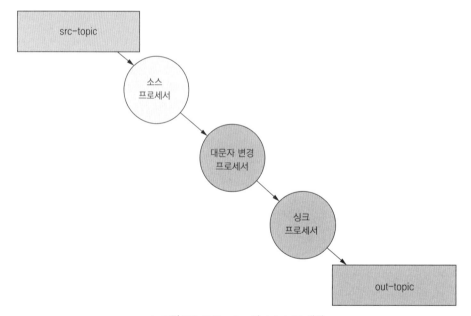

▲ **그림 3.2** Yelling App의 소스 노드 생성

다음 코드는 그래프의 소스(또는 부모) 노드를 만든다.

```
KStream<String, String> simpleFirstStream = builder.stream("src-topic",
➡ Consumed.with(stringSerde, stringSerde));
```

simpleFirstStream이라는 KStream 인스턴스는 src-topic 토픽에 저장된 메시지를 소비하도록 설정된다. 토픽 이름 지정 외에도 카프카의 레코드를 역직렬화^{deserializing}하기 위해 Serde 객체(Consumed 인스턴스를 통해)도 제공한다. 카프카 스트림즈에서 소스 노드를 만들 때마다 선택 매개변수로 Consumed 클래스를 사용할 것이다.

이제 이 애플리케이션의 소스 노드가 생겼지만, 그림 3.3에서와 같이 데이터를 사용하려면 처리 노드를 연결해야 한다. 프로세서(소스 노드의 자식 노드)를 연결하는 데 사용하는 코드는 다음 예제에 나와 있다. 여기서는 부모 노드의 자식 노드인 다른 KStream 인스턴스를 생성한다.

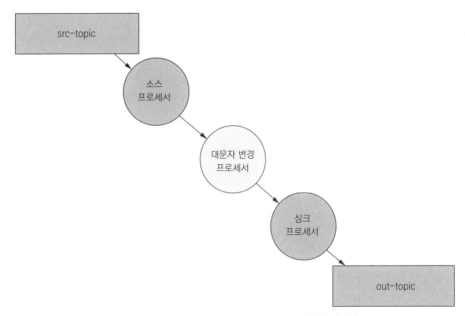

▲ **그림 3.3** Yelling App에 대문자 변경 프로세서 추가하기

```
KStream<String, String> upperCasedStream =
  simpleFirstStream.mapValues(String::toUpperCase);
```

KStream.mapValues 함수를 호출해서 노드의 입력값을 mapValues 호출을 통해 결괏값으로 만드는 새로운 처리 노드를 생성하고 있다.

여기서 중요한 사실은 mapValues에 제공된 ValueMapper가 원래 값을 수정하면 안 된다는 점이다. upperCasedStream 인스턴스는 simpleFirstStream.mapValues 호출에서 초깃값의 변환된 복사본을 받는다. 이 경우에는 대문자 텍스트다.

mapValues( ) 메소드는 ValueMapper<V, V1> 인터페이스의 인스턴스를 사용한다. ValueMapper 인터페이스는 단 하나의 메소드 ValueMapper.apply를 정의해 자바 8 람다 표현식을 사용하기에 이상적인 후보로 만든다. 이것은 메소드 참조인 String::toUpperCase를 사용해 수행한 것으로, 더 짧은 자바 8 람다 표현식이다.

| **참고** | 람다 식과 메소드 참조에 대한 많은 자바 8 튜토리얼이 있다. 오라클의 자바 문서 '람다 표현식'(http://mng.bz/J0Xm)과 '메소드 참조'(http://mng.bz/BaDW)에서 좋은 시작점을 찾을 수 있다.

s -> s.toUpperCase( ) 형식을 사용할 수도 있겠지만, toUpperCase가 String 클래스의 인스턴스 메소드이기 때문에 메소드 참조를 사용할 수 있다.

구체적인 구현체concrete implementation 대신 람다 표현식을 사용하는 것은 이 책의 스트림 프로세서 API에서 반복해서 볼 수 있는 패턴이다. 대부분의 메소드는 단일 메소드 인터페이스single method interface이기 때문에 자바 8 람다를 쉽게 사용할 수 있다.

지금까지 구현한 카프카 스트림즈 애플리케이션은 레코드를 소비하고 이를 대문자로 변환한다. 마지막 단계는 결과를 토픽에 쓰는 싱크 프로세서를 추가하는 것이다. 그림 3.4는 토폴로지 구성의 어디에 있는지 보여준다.

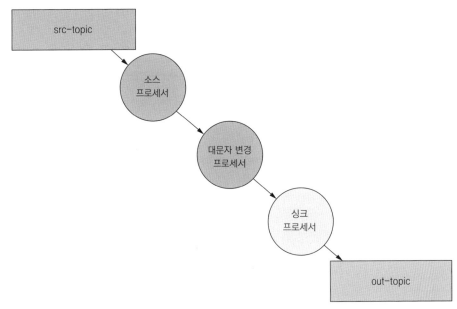

src-topic

소스
프로세서

대문자 변경
프로세서

싱크
프로세서

out-topic

▲ **그림 3.4** Yelling App 결과를 쓰기 위한 프로세서 추가하기

다음 코드는 마지막 프로세서를 그래프에 추가한다.

```
upperCasedStream.to("out-topic", Produced.with(stringSerde, stringSerde));
```

KStream.to 메소드는 토폴로지에 싱크 처리 노드를 만든다. 싱크 프로세서는 레코드를 다시 카프카에 보낸다. 이 싱크 노드는 upperCasedStream 프로세서에서 레코드를 가져와서 out-topic 토픽에 쓴다. 다시 말하지만 Serde 인스턴스를 제공하고, 이번에는 카프카 토픽에 기록된 레코드를 직렬화한다. 하지만 이 경우에 Produced 인스턴스를 사용하는데, 이 인스턴스는 카프카 스트림즈의 싱크 노드를 생성하기 위한 선택적인 매개변수를 제공한다.

|**참고**| 항상 Consumed 또는 Produced 객체에 Serde 객체를 제공할 필요는 없다. 그렇지 않은 경우, 애플리케이션은 설정에 나열된 직렬화기/역직렬화기를 사용한다. 또한 Consumed와 Produced 클래스를 사용해 키 또는 값에 대해서만 Serde를 지정할 수 있다.

앞의 예에서는 토폴로지를 만드는 데 세 줄을 사용한다.

```
KStream<String,String> simpleFirstStream =
➡ builder.stream("src-topic", Consumed.with(stringSerde, stringSerde));
KStream<String, String> upperCasedStream =
➡ simpleFirstStream.mapValues(String::toUpperCase);
upperCasedStream.to("out-topic", Produced.with(stringSerde, stringSerde));
```

라인별로 각 스텝이 있어서 생성 과정의 다른 단계를 보여준다. 그러나 KStream API 메소드 중에서 터미널 노드(반환 유형이 void인)를 생성하지 않는 메소드는 새로운 KStream 인스턴스를 반환하므로 앞서 언급한 플루언트 인터페이스 스타일의 프로그래밍을 사용할 수 있다. 즉, Yelling App 토폴로지를 다음처럼 구성할 수도 있다.

```
builder.stream("src-topic", Consumed.with(stringSerde, stringSerde))
➡ .mapValues(String::toUpperCase)
➡ .to("out-topic", Produced.with(stringSerde, stringSerde));
```

이렇게 하면 목적이나 명료성을 잃지 않고 프로그램이 세 줄에서 한 줄로 단축된다. 지금부터는 명료성을 해치지 않는 한 모든 예제를 플루언트 인터페이스 스타일을 사용해 작성할 것이다.

첫 번째 카프카 스트림즈 토폴로지를 만들었지만 중요한 설정 단계와 Serde 생성은 대략적으로 설명했지만, 이제부터 이러한 것을 자세히 살펴본다.

3.2.2 카프카 스트림즈 설정

카프카 스트림즈는 많은 부분을 설정할 수 있지만 몇 가지 속성만으로도 특정 요구사항에 맞게 조정할 수 있다. 첫 번째 예에서는 두 가지 설정 APPLICATION_ID_CONFIG와 BOOTSTRAP_SERVERS_CONFIG만 사용한다.

```
props.put(StreamsConfig.APPLICATION_ID_CONFIG, "yelling_app_id");
props.put(StreamsConfig.BOOTSTRAP_SERVERS_CONFIG, "localhost:9092");
```

기본값을 제공하지 않으므로 두 설정이 모두 필수다. 이 두 속성을 정의하지 않고 카프카 스트림즈 프로그램을 시작하려고 하면 ConfigException이 발생한다.

StreamsConfig.APPLICATION_ID_CONFIG 속성은 카프카 스트림즈 애플리케이션을 식별하며 전체 클러스터에 대해 고유한 값이어야 한다. 클라이언트 ID 접두사와 그룹 ID 매개변수를 설정하지 않았을 때 이 StreamsConfig.APPLICATION_ID_CONFIG 속성값이 기본값으로 사용되기도 한다. 클라이언트 ID 접두사는 카프카에 연결하는 클라이언트를 고유하게 식별하는 사용자 정의 값이다. 그룹 ID는 동일한 토픽을 읽는 컨슈머 그룹의 구성원을 관리하는 데 사용되어 그룹의 모든 컨슈머가 효과적으로 구독한 토픽을 읽을 수 있게 한다.

StreamsConfig.BOOTSTRAP_SERVERS_CONFIG 속성은 hostname:port 쌍 또는 쉼표로 구분된 다중의 hostname:port 쌍일 수 있다. 이 설정값은 카프카 스트림즈 애플리케이션에 카프카 클러스터의 위치를 알려준다. 이 책에서 더 많은 예제를 탐색하면서 몇 가지 설정 항목에 대해 더 다룰 것이다.

3.2.3 Serde 생성

카프카 스트림즈에서 Serdes 클래스는 다음과 같이 Serde를 생성하기 위한 편리한 메소드를 제공한다.

Serde<String> stringSerde = Serdes.String();

이 라인은 Serdes 클래스를 사용해 직렬화/역직렬화에 필요한 Serde 인스턴스를 생성한다. 여기서는 토폴로지에서 반복적인 사용을 위해 Serde를 참조하는 변수를 생성한다. Serdes 클래스는 다음 타입에 대한 기본 구현을 제공한다.

- String
- Byte 배열^{array}
- Long
- Integer
- Double

Serde 인터페이스 구현체에는 직렬화기와 역직렬화기를 포함하고 있는데, KStream 메소드에 Serde를 제공할 때마다 4개의 매개변수(키 직렬화기, 값 직렬화기, 키 역직렬화기, 값 역직렬화기)를 지정하지 않아도 되므로 매우 유용하다. 다음 예제에서는 좀 더 복잡한 유형의 직렬화/역직렬화를 다루는 Serde 구현을 작성한다. 방금 만든 전체 프로그램을 살펴보자. src/main/java/bbejeck/chapter_3/KafkaStreamsYellingApp.java에서 소스를 찾을 수 있다(소스 코드는 https://manning.com/books/kafka-streams-in-action에서 찾을 수 있다).

예제 3.4 Hello World: Yelling App

```java
public class KafkaStreamsYellingApp {

    public static void main(String[] args) {

        Properties props = new Properties();

        props.put(StreamsConfig.APPLICATION_ID_CONFIG, "yelling_app_id");
        props.put(StreamsConfig.BOOTSTRAP_SERVERS_CONFIG, "localhost:9092");

        StreamsConfig streamingConfig = new StreamsConfig(props);

        Serde<String> stringSerde = Serdes.String();

        StreamsBuilder builder = new StreamsBuilder();

        KStream<String, String> simpleFirstStream = builder.stream("src-topic",
        Consumed.with(stringSerde, stringSerde));

        KStream<String, String> upperCasedStream =
        simpleFirstStream.mapValues(String::toUpperCase);

        upperCasedStream.to( "out-topic",
        Produced.with(stringSerde, stringSerde));

        KafkaStreams kafkaStreams = new KafkaStreams(builder.build(),streamsConfig);

        kafkaStreams.start();
        Thread.sleep(35000);
```

주어진 속성으로 StreamsConfig 생성

카프카 스트림즈 프로그램을 설정하기 위한 속성

키와 값을 직렬화/역직렬화 하는 데 사용하는 Serdes 생성

프로세서 토폴로지를 구성하는 데 사용하는 StreamsBuilder 인스턴스를 생성

자바 8 메소드 핸들(그래프의 첫 번째 자식 노드)을 사용한 프로세서

변환된 결과를 다른 토픽(그래프의 싱크 노드)에 쓴다.

카프카 스트림즈 스레드를 시작

그래프의 부모 노드에서 읽을 소스 토픽으로 실제 스트림 생성

```
        LOG.info("Shutting down the Yelling APP now");
        kafkaStreams.close();
    }
}
```

이제 첫 번째 카프카 스트림즈 애플리케이션을 만들었다. 카프카 스트림즈 애플리케이션의 대부분에서 볼 수 있는 일반적인 패턴이므로 관련 단계를 빠르게 확인해보자.

1. StreamsConfig 인스턴스를 생성한다.

2. Serde 객체를 생성한다.

3. 처리 토폴로지를 구성한다.

4. 카프카 스트림즈 프로그램을 시작한다.

카프카 스트림즈 애플리케이션의 일반적인 구성과는 별도로, 여기서 중요한 점은 가능할 때마다 람다 식을 사용해 프로그램을 좀 더 간결하게 만드는 것이다.

이제 스트림 프로세서 API를 더 많이 탐색할 수 있는 더 복잡한 예제로 넘어갈 것이다. 예제는 새롭겠지만, 시나리오는 이미 익숙한 지마트 데이터 처리가 목표다.

3.3 사용자 데이터로 작업하기

1장에서는 고객 데이터를 처리하기 위한 지마트의 새로운 요구사항에 대해 논의하여 지마트가 좀 더 효율적으로 비즈니스를 수행할 수 있게 도왔다. 지마트 매장에서 발생하는 거래로부터 유입되는 구매 기록을 처리하는 프로세서 토폴로지의 구축 방법을 설명했다. 그림 3.5는 완전한 그래프를 다시 보여준다.

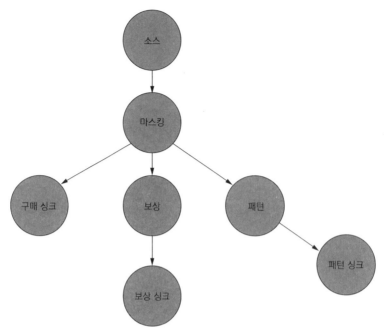

▲ **그림 3.5** 지마트 카프카 스트림즈 프로그램의 토폴로지

스트리밍 프로그램의 요구사항을 간략하게 살펴보자. 프로그램이 수행할 작업에 필요한 설명을 제공할 것이다.

- 모든 기록은 보호된 신용카드번호를 가져야 하며, 이 경우 처음 12자리를 마스킹해야 한다.
- 구매 패턴을 결정하려면 구입한 품목과 우편번호를 추출해야 한다. 이 데이터는 토픽에 기록할 것이다.
- 고객의 지마트 회원 번호와 지출한 금액을 캡처해 이 정보를 토픽에 기록해야 한다. 토픽의 컨슈머는 이 데이터를 사용해 보상을 결정한다.
- 전체 트랜잭션을 토픽에 기록해야 하며, 임의 분석을 위해 스토리지 엔진에서 사용한다.

Yelling App에서와 같이, 애플리케이션을 만들 때 플루언트 인터페이스 접근법을 자바 8 람다와 결합할 것이다. 메소드 호출의 반환 타입이 대부분 KStream 객체이겠지만, 때로는 그렇지 않을 수도 있다. KStream API의 메소드 대부분은 새 KStream 인스턴스를 반환한다는 것을 명심하자. 이제 지마트의 비즈니스 요구사항을 만족시키는 스트리밍 애플리케이션을 작성해보자.

3.3.1 토폴로지 구성하기

처리 토폴로지 구축에 대해 살펴보자. 여기서 생성할 코드와 1장의 처리 토폴로지 그래프 사이의 연결을 돕기 위해 현재 작업 중인 그래프 부분은 하이라이트할 것이다.

소스 노드 만들기

먼저 KStream API에 2개의 호출을 함께 연결해 토폴로지의 소스 노드와 첫 번째 프로세서 만들기를 시작한다(그림 3.6에 강조 표시됨). 지금까지 오리지널 노드의 역할이 무엇인지는 상당히 명백하다. 토폴로지의 첫 번째 프로세서는 고객의 개인 정보를 보호하기 위해 신용카드번호를 마스킹하는 책임이 있다.

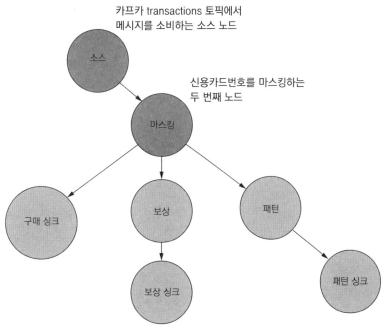

▲ **그림 3.6** 소스 프로세서는 카프카 토픽을 소비하고 마스킹 프로세서에 단독으로 공급해서 나머지 토폴로지의 소스로 만든다.

```
KStream<String,Purchase> purchaseKStream =
➡ streamsBuilder.stream("transactions",
➡ Consumed.with(stringSerde, purchaseSerde))
➡ .mapValues(p -> Purchase.builder(p).maskCreditCard().build());
```

소스 노드를 생성하기 위해 기본 String serde와 Purchase 객체를 위한 사용자 정의 serde 그리고 스트림에 대한 메시지의 소스인 토픽 이름을 사용해서 StreamsBuilder. stream 메소드를 호출한다. 예제에서는 하나의 토픽만 지정하지만 쉼표로 구분된 이름 목록 또는 토픽 이름과 일치하는 정규 표현식을 대신 제공할 수도 있다.

예제 3.5에서는 Serdes에 Consumed 인스턴스를 제공하지만, 이를 제외하고 토픽 이름만 제공하면 설정 매개변수를 통해 제공된 기본 Serdes를 사용할 수 있다.

바로 다음에 있는 호출은 ValueMapper<V, V1> 인스턴스를 매개변수로 사용한 KStream. mapValues 메소드에 대한 호출이다. 값 매퍼는 하나의 타입(이 경우 Purchase 객체) 매개변수를 취해 해당 객체를 다른 타입일 수도 있는 새로운 값으로 매핑한다. 이 예에서 KStream. mapValues는 동일한 타입(Purchase)이지만 마스킹한 신용카드번호가 있는 객체를 반환한다.

KStream.mapValues 메소드를 사용할 때 원본 키는 변경되지 않고 새 값을 매핑하는 데 고려되지도 않는다는 점을 주의하자. 새 값을 만드는 데 새 키/값 쌍을 생성하거나 키를 포함하려면 KeyValueMapper<K, V, KeyValue<K1, V1>> 인스턴스를 사용하는 KStream.map 메소드를 사용한다.

함수형 프로그래밍에 대한 힌트

map 및 mapValues 함수에서 기억해야 할 중요한 개념은 부작용 없이 작동하리라 기대된다는 것이다. 즉, 함수가 매개변수로 표시된 객체나 값을 변경하지 않는다는 뜻이다. 이것은 KStream API의 함수형 프로그래밍 측면 때문이다. 함수형 프로그래밍은 심도 깊은 주제이며, 전체적인 논의는 이 책의 범위를 벗어나지만 여기서는 함수형 프로그래밍의 두 가지 핵심 원칙을 간단히 살펴볼 것이다.

첫 번째 원칙은 상태 수정을 피하는 것이다. 객체를 변경하거나 업데이트할 필요가 있을 경우 해당 객체를 함수에 전달하고 복사 또는 완전히 새로운 인스턴스를 만들고 원하는 변경을 한다. 예제 3.5에서, KStream.mapValues에 전달된 람다는 마스킹한 신용카드번호와 함께 Purchase 객체를 변경하는 데 사용한다. 원본 Purchase 객체의 신용카드 필드는 변경하지 않는다.

두 번째 원칙은 여러 개의 작은 단일 용도의 함수를 함께 합성해 복잡한 작업을 구축하는 것이다. 함수의 합성은 KStream API로 작업할 때 자주 볼 수 있는 패턴이다.

> |정의| 이 책의 목적을 위해 함수가 일급 객체인 프로그래밍 방식으로 **함수형 프로그래밍**(functional programming)을 정의한다. 또한 함수는 상태나 변경 가능한 객체를 수정하는 것과 같은 부작용을 피할 것으로 기대한다.

두 번째 프로세서 만들기

이제 지마트가 지역별 구매 패턴 결정을 위해 사용할 토픽에서 패턴 데이터를 추출하는 두 번째 프로세서를 만들 것이다. 카프카 토픽에 패턴 데이터를 쓰는 싱크 노드도 추가할 것이다. 그림 3.7에서 그 구성을 설명한다.

예제 3.6에서는 새로운 KStream 인스턴스를 생성하기 위해 익숙한 mapValues 호출을 사용하는 purchaseKStream 프로세서를 볼 수 있다. 이 새로운 KStream은 mapValues 호출의 결과로 생성된 PurchasePattern 객체를 받기 시작한다.

예제 3.6 두 번째 프로세서와 카프카에 쓰는 싱크 노드

```
KStream<String, PurchasePattern> patternKStream =
➡ purchaseKStream.mapValues(purchase ->
➡ PurchasePattern.builder(purchase).build());

patternKStream.to("patterns",
➡ Produced.with(stringSerde,purchasePatternSerde));
```

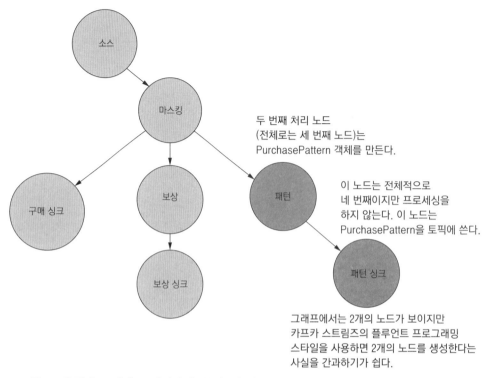

두 번째 처리 노드
(전체로는 세 번째 노드)는
PurchasePattern 객체를 만든다.

이 노드는 전체적으로
네 번째이지만 프로세싱을
하지 않는다. 이 노드는
PurchasePattern을 토픽에 쓴다.

그래프에서는 2개의 노드가 보이지만
카프카 스트림즈의 플루언트 프로그래밍
스타일을 사용하면 2개의 노드를 생성한다는
사실을 간과하기가 쉽다.

▲ **그림 3.7** 두 번째 프로세서는 구매 패턴 정보를 만든다. 싱크 노드는 PurchasePattern 객체를 카프카 토픽에 쓴다.

여기서 새로운 KStream 인스턴스의 참조를 갖고 있을 변수[1]를 선언한다. 이를 사용해 스트림의 결과를 print 호출[2]로 콘솔에 인쇄하기 때문인데, 개발 및 디버깅에 매우 유용하다. 구매 패턴 프로세서는 수신한 레코드를 KStream.to 메소드 호출에 의해 정의된 자신의 자식 노드에 전달해서 patterns 토픽에 쓴다. 이전에 만든 Serde를 제공하기 위해 Produced 객체를 사용한다는 점을 주의하자.

KStream.to 메소드는 KStream.source 메소드의 미러 이미지[mirror image]다. 토폴로지가 읽을 소스를 설정하는 대신 KStream.to 메소드는 KStream 인스턴스의 데이터를 카프카 토픽에 쓰는 데 사용하는 싱크 노드를 정의한다. KStream.to 메소드는 Produced 매개변수를 생략하고 설정에 정의한 기본 Serdes를 사용할 수 있는 오버로드된 버전도 제공한다.

---

1   patternKStream을 의미한다. – 옮긴이

2   3.4절 '대화형 개발'에서 purchaseKStream.print() 사용 예제를 볼 수 있다. – 옮긴이

Produced 클래스로 설정할 수 있는 선택 매개변수 중 하나는 StreamPartitioner이며, 나중에 다시 설명한다.

세 번째 프로세서 만들기

토폴로지의 세 번째 프로세서는 그림 3.8에 표시된 고객 보상 누산기[accumulator] 노드다. 이 노드는 지마트가 우수 고객 클럽 회원의 구매를 추적할 수 있게 한다. 보상 누산기는 고객이 구매를 완료했을 때 보상을 결정하기 위해 지마트 본사의 애플리케이션이 소비하는 토픽에 데이터를 전송한다.

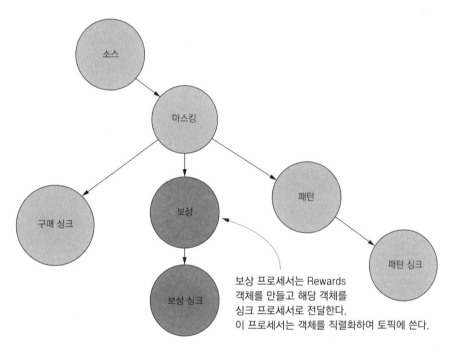

보상 프로세서는 Rewards 객체를 만들고 해당 객체를 싱크 프로세서로 전달한다. 이 프로세서는 객체를 직렬화하여 토픽에 쓴다.

▲ **그림 3.8** 세 번째 프로세서는 구매 데이터에서 RewardAccumulator 객체를 생성한다. 터미널 노드는 카프카 토픽에 결과를 쓴다.

예제 3.7 세 번째 프로세서와 카프카에 쓰는 터미널 노드

```
KStream<String, RewardAccumulator> rewardsKStream =
➥ purchaseKStream.mapValues(purchase ->
➥ RewardAccumulator.builder(purchase).build());
rewardsKStream.to("rewards",
➥ Produced.with(stringSerde,rewardAccumulatorSerde));
```

지금까지 익숙한 패턴을 사용해 보상 누산기 프로세서를 만들었다. 즉, 레코드에 포함된 원시 구매 데이터를 새로운 객체 타입으로 매핑하는 KStream 인스턴스를 생성하는 패턴이다. 또한 보상 누산기에 싱크 노드를 붙여서 보상 KStream의 결과를 토픽에 기록하고 고객 보상 수준을 결정하는 데 사용할 수 있다.

마지막 프로세서 만들기

마지막으로, 생성한 첫 번째 KStream인 purchaseKStream을 가져와서 싱크 노드를 붙여 원시 구매 레코드를(물론 마스킹한 신용카드와 함께) purchases라는 토픽에 기록한다. purchases 토픽은 카산드라^{Cassandra}(http://cassandra.apache.org/), 프레스토^{Presto}(https://prestodb.io/) 또는 일래스틱서치^{Elasticsearch}(www.elastic.co/webinars/getting-started-elasticsearch) 같은 NoSQL 저장소에 데이터를 공급해 즉석 분석을 수행하는 데 사용한다. 그림 3.9는 최종 프로세서를 보여준다.

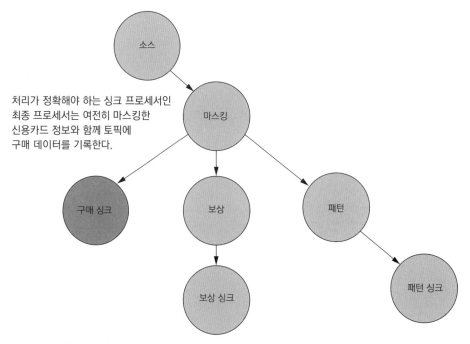

처리가 정확해야 하는 싱크 프로세서인 최종 프로세서는 여전히 마스킹한 신용카드 정보와 함께 토픽에 구매 데이터를 기록한다.

▲ **그림 3.9** 마지막 노드는 전체 구매 거래를 NoSQL 데이터 저장소가 컨슈머인 토픽에 기록한다.

```
purchaseKStream.to("purchases", Produced.with(stringSerde, purchaseSerde));
```

지금까지 애플리케이션을 한 조각씩 만들었으니 전체 애플리케이션(src/main/java/ bbejeck/chapter_3/ZMartKafkaStreamsApp.java)을 살펴보자. 이전 Hello World(Yelling App) 예제보다 복잡하다는 사실을 바로 알 수 있다.

```
public class ZMartKafkaStreamsApp {

    public static void main(String[] args) {
        // 가독성을 위해 상세한 내용은 생략한다.

        StreamsConfig streamsConfig = new StreamsConfig(getProperties());

        JsonSerializer<Purchase> purchaseJsonSerializer = new
  JsonSerializer<>();
        JsonDeserializer<Purchase> purchaseJsonDeserializer =
  new JsonDeserializer<>(Purchase.class);
        Serde<Purchase> purchaseSerde =
  Serdes.serdeFrom(purchaseJsonSerializer, purchaseJsonDeserializer);
        // 가독성을 위해 다른 Serdes는 생략한다.

        Serde<String> stringSerde = Serdes.String();

        StreamsBuilder streamsBuilder = new StreamsBuilder();

        KStream<String,Purchase> purchaseKStream =
  streamsBuilder.stream("transactions",
  Consumed.with(stringSerde, purchaseSerde))
  .mapValues(p -> Purchase.builder(p).maskCreditCard().build());

        KStream<String, PurchasePattern> patternKStream =
  purchaseKStream.mapValues(purchase ->
  PurchasePattern.builder(purchase).build());

        patternKStream.to("patterns",
```

> Serde를 생성한다.
> 데이터 포맷은
> JSON이다.

> 소스와 첫 번째
> 프로세서를 만든다.

> PurchasePattern
> 프로세서를 만든다.

```
Produced.with(stringSerde,purchasePatternSerde));

    KStream<String, RewardAccumulator> rewardsKStream =
purchaseKStream.mapValues(purchase ->
RewardAccumulator.builder(purchase).build());
```
RewardAccumulator
프로세서를 만든다.

```
    rewardsKStream.to("rewards",
Produced.with(stringSerde,rewardAccumulatorSerde));

    purchaseKStream.to("purchases",
Produced.with(stringSerde,purchaseSerde));
```
스토리지 싱크를 만든다.
토픽은 스토리지 컨슈머가 사용한다.

```
    KafkaStreams kafkaStreams =
new KafkaStreams(streamsBuilder.build(),streamsConfig);
    kafkaStreams.start();
  }
```

|**참고**| 가독성을 위해 예제 3.9에서 세부사항을 생략했다. 책에 실린 코드 예제가 반드시 독자적으로 실행 가능함을 의미하진 않으며, 이 책의 소스 코드에서 전체 예제를 제공한다.

보다시피 이 예는 Yelling App보다 좀 더 복잡하지만 비슷한 흐름이 있다. 특히 여전히 다음 단계를 수행했다.

- StreamsConfig 인스턴스를 생성한다.
- 하나 이상의 Serde 인스턴스를 작성한다.
- 처리 토폴로지를 구성한다.
- 모든 구성요소를 조립하고 카프카 스트림즈 프로그램을 시작한다.

이 애플리케이션에서는 Serde 사용을 언급했지만, 생성하는 이유와 방법은 아직 설명하지 않았다. 카프카 스트림즈 애플리케이션에서 Serde의 역할에 대해 잠시 알아보자.

3.3.2 사용자 정의 Serde 생성하기

카프카는 데이터를 바이트 배열 형식으로 전송한다. 데이터 형식이 JSON이기 때문에, 토픽에 데이터를 보낼 때 먼저 객체를 JSON으로 변환하고 바이트 배열로 변환하는 방법을 카프카에 알려줘야 한다. 반대로 소비한 바이트 배열을 JSON으로 변환한 다음 프로세서에서 사용할 객체 타입으로 변환하는 방법을 명시해야 한다. 즉, Serde는 데이터를 다른 형식으로 변환하기 위해 필요하다. 일부 Serde는 카프카 클라이언트 의존성만으로 함께 제공되지만(String, Long, Integer 등), 그 밖의 객체들은 사용자 정의 Serde를 생성해야 한다.

첫 번째 예제인 Yelling App에서는 문자열에 대한 직렬화기/역직렬화기만 있으면 되고 구현은 Serdes.String() 팩토리 메소드에 의해 제공된다. 그러나 지마트 예제에서는 객체의 타입이 임의적이기 때문에 사용자 정의 Serde 인스턴스를 만들어야 한다. Purchase 클래스의 Serde를 만드는 과정을 살펴볼 것이다. 타입만 다르고 같은 패턴을 따르기 때문에 다른 Serde 인스턴스는 다루지 않을 것이다.

Serde를 만들려면 Deserializer<T>와 Serializer<T> 인터페이스를 구현해야 한다. 예제를 통해 예제 3.10과 예제 3.11의 구현을 사용한다. 또한 구글의 Gson 라이브러리를 사용해 객체를 JSON으로, 그리고 JSON을 객체로 변환할 수 있다. 다음은 src/main/java/bbejeck/util/serializer/JsonSerializer.java에서 찾을 수 있는 직렬화기다.

예제 3.10 제네릭 직렬화기

```
public class JsonSerializer<T> implements Serializer<T> {

    private Gson gson = new Gson();    ◀── Gson 객체를 생성한다.

    @Override
    public void configure(Map<String, ?> map, boolean b) {

    }

    @Override
    public byte[] serialize(String topic, T t) {
        return gson.toJson(t).getBytes(Charset.forName("UTF-8"));    ◀── 객체를 바이트로
    }                                                                     직렬화한다.
```

```java
    @Override
    public void close() {

    }
}
```

직렬화의 경우 먼저 객체를 JSON으로 변환한 다음 문자열에서 바이트를 가져온다. 이 예제에서는 JSON의 변환을 처리하기 위해 Gson(https://github.com/google/gson)을 사용한다.

역직렬화의 경우 다른 과정을 거친다. 바이트 배열에서 새 문자열을 생성한 다음 Gson을 사용해 JSON 문자열을 자바 객체로 변환한다. 이 제네릭 역직렬화기는 src/main/java/bbejeck/util/serializer/Json-Deserializer.java에서 찾을 수 있다.

예제 3.11 제네릭 역직렬화기

```java
public class JsonDeserializer<T> implements Deserializer<T> {

    private Gson gson = new Gson();          ◀──── Gson 객체 생성
    private Class<T> deserializedClass;      ◀──── 역직렬화할 클래스의 인스턴스 변수

    public JsonDeserializer(Class<T> deserializedClass) {
        this.deserializedClass = deserializedClass;
    }

    public JsonDeserializer() {
    }

    @Override
    @SuppressWarnings("unchecked")
    public void configure(Map<String, ?> map, boolean b) {
        if(deserializedClass == null) {
            deserializedClass = (Class<T>) map.get("serializedClass");
        }
    }

    @Override
    public T deserialize(String s, byte[] bytes) {
        if(bytes == null){
```

```
            return null;
        }

        return gson.fromJson(new String(bytes),deserializedClass); ◄────
    }                                                                      │
                                                    바이트 배열을 기대하는 클래스의
                                                        인스턴스로 역직렬화
    @Override
    public void close() {

        }
    }
```

이제 예제 3.9의 다음 행으로 돌아가 보자.

```
JsonDeserializer<Purchase> purchaseJsonDeserializer =    │ Purchase 클래스를 위한
➥ new JsonDeserializer<>(Purchase.class);                │ 역직렬화기 생성
JsonSerializer<Purchase> purchaseJsonSerializer =        │ Purchase 클래스를 위한
➥ new JsonSerializer<>();                                │ 직렬화기 생성
Serde<Purchase> purchaseSerde =
➥ Serdes.serdeFrom(purchaseJsonSerializer,purchaseJsonDeserializer); ◄────
                                                    Purchase 객체를 위한 Serde 생성
```

보다시피 Serde 객체는 주어진 객체에 대한 직렬화기와 역직렬화기의 컨테이너 역할을
하기 때문에 유용하다.

지금까지 카프카 스트림즈 애플리케이션 개발에 관한 많은 영역을 다뤘다. 아직 다룰
내용이 훨씬 더 많지만, 잠시 멈추고 카프카 스트림즈 애플리케이션을 개발하는 동안 개발
과정과 편하게 개발하는 방법에 대해 알아보자.

3.4 대화형 개발

스트리밍 방식으로 지마트의 구매 기록을 처리하기 위해 그래프를 작성했으며, 개별 토픽
에 기록하는 프로세서가 3개 있다. 개발하는 동안 결과를 보기 위해 콘솔 컨슈머를 실행할
수도 있지만, 그림 3.10에서 보듯이 콘솔에서 토폴로지를 통해 흐르는 데이터를 보는 기능
처럼, 더 편리한 해결 방법이 있으면 좋을 것이다.

▲ **그림 3.10** 개발하는 동안 훌륭한 도구는 각 노드에서 콘솔로 출력되는 데이터를 인쇄하는 기능이다. 콘솔에 인쇄를 사용하려면 to 메소드를 print 호출로 바꾼다.

KStream 인터페이스에는 개발 중에 유용할 수 있는 메소드가 있는데, Printed<K, V> 클래스의 인스턴스를 사용하는 KStream.print 메소드다. Printed는 stdout에 출력하는 Printed.toSysOut() 혹은 파일에 결과를 기록하는 Printed.toFile(filePath) 두 가지 정적 메소드를 제공한다.

또한 withLabel() 메소드를 연결하여 인쇄 결과에 레이블을 지정해 레코드와 함께 초기 헤더를 인쇄할 수 있다. 이 방법은 다른 프로세서의 결과를 처리할 때 유용하다. 스트림을 콘솔이나 파일에 인쇄할 때 유용한 결과를 만들기 위해서는 객체가 의미 있는 toString 구현을 제공해야 한다.

마지막으로, toString을 사용하고 싶지 않거나 카프카 스트림즈에서 레코드를 인쇄하는 방법을 사용자 정의하려는 경우를 위해 Printed.withKeyValueMapper 메소드가 있다. 이 메소드는 KeyValueMapper 인스턴스를 사용해 원하는 방식으로 레코드를 포맷할 수 있다. 앞에서 언급한 것과 동일한 내용(원본 레코드를 수정해서는 안 됨)이 여기서도 적용된다.

이 책의 모든 예제는 레코드를 콘솔에 인쇄하는 것에 중점을 둔다. 다음은 예제 3.11에서 KStream.print를 사용하는 몇 가지 예다.

```
patternKStream.print(Printed.<String, PurchasePattern>toSysOut()
➡ .withLabel("patterns"));
```
PurchasePattern 변환을 콘솔에 인쇄하도록 설정한다.

```
rewardsKStream.print(Printed.<String, RewardAccumulator>toSysOut( )    RewardAccumulator 변환을
➡ .withLabel("rewards"));                                              콘솔에 인쇄하도록 설정한다.

purchaseKStream.print(Printed.<String, Purchase>toSysOut( )            구매 데이터를
➡ .withLabel("purchases"));                                           콘솔에 인쇄한다.
```

화면(그림 3.11)에서 볼 수 있는 결과물과 개발 과정에서 어떻게 도움이 될지 살펴보자. 인쇄 기능을 사용하면, 변경사항을 적용하고 애플리케이션을 중지 및 시작하며 예상한 결과를 확인할 때 IDE에서 직접 카프카 스트림즈 애플리케이션을 실행할 수 있다. 이것이 단위 및 통합 테스트를 대신할 수는 없지만, 개발 과정에서 직접 스트리밍 결과를 볼 수 있는 훌륭한 도구는 될 수 있다.

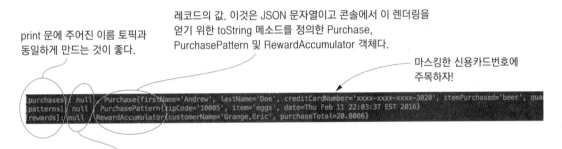

print 문에 주어진 이름 토픽과 동일하게 만드는 것이 좋다.

레코드의 값. 이것은 JSON 문자열이고 콘솔에서 이 렌더링을 얻기 위한 toString 메소드를 정의한 Purchase, PurchasePattern 및 RewardAccumulator 객체다.

마스킹한 신용카드번호에 주목하자!

```
purchases] null  Purchase{firstName='Andrew', lastName='Doe', creditCardNumber='xxxx-xxxx-xxxx-3020', itemPurchased='beer', qua
patterns] null  PurchasePattern{zipCode='10005', item='eggs', date=Thu Feb 11 22:03:37 EST 2016}
rewards]: null  RewardAccumulator{customerName='Grange,Eric', purchaseTotal=20.8086}
```

이 경우 레코드 키는 null

▲ 그림 3.11 스크린의 데이터에 대한 상세 뷰. 콘솔에 인쇄하는 것을 켜면, 여러분의 프로세서가 올바르게 작동한다는 것을 빠르게 알 수 있다.

print( ) 메소드를 사용할 때의 한 가지 단점은 터미널 노드를 생성한다는 것이다. 노드를 프로세서 체인에 끼워 넣을 수 없다는 뜻으로, 별도의 구문이 있어야 한다. ForeachAction 인스턴스를 매개변수로 사용해 새 KStream 인스턴스를 반환하는 KStream.peek 메소드도 있다. ForeachAction 인터페이스는 void 타입을 반환하는 apply( ) 메소드가 하나 있어서 KStream.peek에서 다운스트림으로 전달되는 것이 없으므로 인쇄 같은 작업에 이상적이다. 별도의 인쇄문 없이 프로세서 체인에 끼워 넣을 수 있다. 이 책의 다른 예제에서 이 방식을 사용한 KStream.peek 메소드를 볼 수 있다.

3.5 다음 단계

이 시점에서는 카프카 스트림즈 구매 분석 프로그램이 잘 운영되고 있다. patterns, rewards 및 purchases 토픽에 쓰여진 메시지를 사용하기 위해 다른 애플리케이션도 개발됐으며 지마트의 결과는 훌륭했다. 하지만 이것으로 끝난 건 아니다. 이제 지마트 경영진은 스트리밍 프로그램이 제공하는 것을 볼 수 있게 됐고, 많은 새로운 요구사항이 찾아왔다.

3.5.1 새로운 요구사항

이제 생성한 세 가지 범주의 결과에 대해 새로운 요구사항이 있다. 다행인 것은 동일한 소스 데이터를 계속 사용한다는 것이다. 제공하는 데이터를 구체화하고 경우에 따라 더 세분화하라는 요청을 받고 있다. 새로운 요구사항은 현재 토픽에 적용될 수도 있고 완전히 새로운 토픽을 생성해야 할 수도 있다.

- 특정 액수 미만의 구매는 걸러낼 필요가 있다. 상위 관리자는 일반적인 소량의 일일 물품 구매에는 별로 관심이 없다.
- 지마트가 확장되어 전자제품 체인과 인기 있는 커피 하우스 체인을 샀다. 새 상점에서 구입한 모든 항목은 구축한 스트리밍 애플리케이션을 통해 전달된다. 이 새로운 자회사의 구매 항목을 해당 토픽으로 보내야 한다.
- 선택한 NoSQL 솔루션은 항목을 키/값 형식으로 저장한다. 카프카도 키/값 쌍을 사용하긴 하지만, 카프카 클러스터에 들어오는 레코드에는 키가 정의되어 있지 않다.

더 많은 요구사항이 필연적으로 찾아왔지만 지금은 현재의 새로운 요구사항 세트로 작업을 시작할 수 있다. KStream API를 살펴보면 이러한 새로운 요구사항을 쉽게 충족시킬 수 있는 몇 가지 메소드가 이미 정의되어 있음을 알고 안도하게 될 것이다.

> |**참고**| 이 시점부터 모든 코드 예제는 가독성을 극대화하기 위해 필수 요소로 줄인다. 소개할 새로운 내용이 없으면 설정과 구축 코드가 동일하게 유지된다고 가정할 수 있다. 이러한 생략된 예제는 독립적으로 사용되지 않으며, 이 예제의 전체 코드는 src/main/java/bbejeck/chapter_3/ZMartKafka StreamsAdvancedReqsApp.java에서 찾을 수 있다.

구매 필터링

최소 임곗값에 도달하지 못하는 구매를 걸러내는 것으로 시작하자. 낮은 금액의 구매를 제거하려면 KStream 인스턴스와 싱크 노드 사이에 필터 처리 노드를 삽입해야 한다. 그림 3.12와 같이 프로세서 토폴로지 그래프를 업데이트한다.

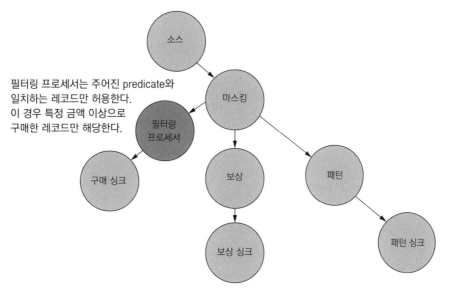

▲ **그림 3.12** 마스킹 프로세서와 카프카에 쓰는 터미널 노드 사이에 프로세서를 배치하고 있다. 이 필터링 프로세서는 주어진 금액에 미달하는 레코드는 버린다.

Predicate<K, V> 인스턴스를 매개변수로 사용하는 KStream 메소드를 사용할 수 있다. 여기서는 메소드 호출을 연결하는 경우에도 토폴로지에 새로운 처리 노드를 생성한다.

예제 3.12 KStream 필터링

```
KStream<Long, Purchase> filteredKStream =
➥ purchaseKStream((key, purchase) ->
➥ purchase.getPrice() > 5.00).selectKey(purchaseDateAsKey);
```

이 코드는 $5.00 미만인 구매를 필터링하고 Long 값의 구매 날짜를 키로 선택한다.

Predicate 인터페이스에는 test( )라는 하나의 메소드가 정의되어 있다. 이 메소드는 키와 값이라는 2개의 매개변수를 사용하지만 이 시점에서는 값만 사용하면 된다. 다시 말하지만, KStream API에 정의된 구체 타입 대신 자바 8 람다를 사용할 수 있다.

> |**정의**| 함수형 프로그래밍에 익숙하다면, Predicate 인터페이스에 대해 친숙함을 느낄 것이다.
> 'predicate'라는 용어가 새롭다면, x < 100과 같은 주어진 구문에 불과하다고 이해하면 된다. 즉, 처리
> 할 값이 이 predicate 문과 일치하거나 일치하지 않음을 판단한다.

또한 구매 타임스탬프를 키로 사용하길 원해서, selectKey 프로세서를 사용한다. 이 프로세서는 3.4절에서 언급한 KeyValueMapper를 사용해 구매 날짜를 Long 값으로 추출한다. '키 생성하기' 절에서 키 선택에 대한 세부사항을 다룬다.

미러 이미지 함수인 KStreamNot은 동일한 필터링 기능을 반대로 수행한다. 지정된 predicate와 일치하지 않는 레코드만 토폴로지에서 추가로 처리한다.

스트림 나누기

이제 구매 흐름을 다른 토픽에 쓸 수 있는 별도의 스트림으로 나누어야 한다. 다행히도 KStream.branch 메소드가 있다. KStream.branch 메소드는 임의의 수의 Predicate 인스턴스를 가져와서 KStream 인스턴스의 배열을 반환한다. 반환된 배열의 크기는 호출에 제공된 predicate의 수와 일치한다.

이전 변경에서 처리 토폴로지의 기존 리프[leaf]를 수정했다. 스트림을 나눠야 한다는 요구 조건에 따라 그림 3.13과 같이 처리 노드의 그래프에 전혀 새로운 리프 노드를 생성하게 된다.

원본 스트림의 레코드가 브랜치 프로세서를 통과하는 동안 각 레코드는 제공된 순서대로 predicate와 매치시킨다. 프로세서는 첫 번째 일치 항목에서 레코드를 스트림에 할당하면, 추가적으로 predicate와 일치시키려는 시도는 없다.

브랜치 프로세서는 주어진 predicate와 일치하지 않으면 레코드를 삭제한다. 반환된 배열 내의 스트림 순서는 branch() 메소드에 제공되는 predicate의 순서와 일치한다. 각 부서별로 토픽을 분리하는 것이 유일한 접근 방법은 아닐지 모르지만 지금은 이를 적용할 것이다. 이는 요구사항을 충족하며 나중에 다시 논의할 수 있다.

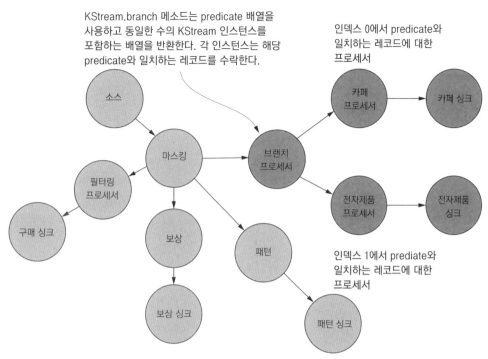

KStream.branch 메소드는 predicate 배열을
사용하고 동일한 수의 KStream 인스턴스를
포함하는 배열을 반환한다. 각 인스턴스는 해당
predicate와 일치하는 레코드를 수락한다.

인덱스 0에서 predicate와
일치하는 레코드에 대한
프로세서

인덱스 1에서 prediate와
일치하는 레코드에 대한
프로세서

▲ **그림 3.13** 브랜치 프로세서는 스트림을 2개로 나눈다. 하나의 스트림은 카페로부터의 구매로 구성되고, 다른
스트림은 전자제품 상점에서의 구매를 포함한다.

예제 3.13 스트림 나누기

```
Predicate<String, Purchase> isCoffee =
  (key, purchase) ->
  purchase.getDepartment().equalsIgnoreCase("coffee");

Predicate<String, Purchase> isElectronics =
  (key, purchase) ->
  purchase.getDepartment().equalsIgnoreCase("electronics");

int coffee = 0;
int electronics = 1;

KStream<String, Purchase>[] kstreamByDept =
  purchaseKStream.branch(isCoffee, isElectronics);
```

자바 8 람다로 predicate 생성

반환된 배열의 예상되는 인덱스에 라벨을 붙인다.

branch를 호출해 2개의
스트림으로 나눈다.

```
kstreamByDept[coffee].to("coffee",
➡  Produced.with(stringSerde, purchaseSerde));
kstreamByDept[electronics].to("electronics",
➡  Produced.with(stringSerde, purchaseSerde));
```
각 스트림의 결과를 토픽에 쓴다.

> **|경고|** 예제 3.13은 레코드를 여러 다른 토픽에 보낸다. 카프카는 존재하지 않는 토픽에 처음 메시지
> 를 보내거나 읽으려고 시도할 때 토픽을 자동으로 작성하도록 설정할 수 있지만 이 메커니즘에 의존
> 하지 않는 것이 좋다. 자동 토픽 생성에 의존하면 토픽은 server.config 속성 파일의 기본값으로 설정
> 되며, 이 설정이 필요한 설정일 수도 있고 아닐 수도 있다. 항상 사전에 필요한 토픽, 파티션 수준 및
> 복제수를 미리 고려해 카프카 스트림즈 애플리케이션을 실행하기 전에 생성해야 한다.

예제 3.13에서는 4개의 람다 표현식 매개변수를 전달하기가 약간 어렵기 때문에 미리
predicate를 정의한다. 가독성을 최대화하기 위해 반환된 배열의 인덱스도 레이블을 붙
였다.

이 예는 카프카 스트림즈의 강력함과 유연성을 보여준다. 원래의 구매 거래 스트림을
가져와서 매우 적은 코드를 써서 4개의 스트림으로 나눌 수 있었다. 또한 동일한 소스 프로
세서를 재사용하면서 좀 더 복잡한 처리 토폴로지를 구축하기 시작했다.

스트림 분할 대 파티션

분할과 파티션은 비슷한 아이디어처럼 보일 수 있지만 카프카와 카프카 스트림즈에서는 관련이 없다.
스트림을 KStream.branch 메소드로 분할하면 궁극적으로 다른 토픽으로 레코드를 보낼 수 있는 하나
이상의 스트림이 생성된다. 파티션은 카프카가 서버에 걸쳐 한 토픽에 대한 메시지를 분산하는 방법
이며, 설정 튜닝을 제외하고는 카프카에서 높은 처리량을 달성하는 주요 수단이다.

지금까지는 순조롭다. 세 가지 새로운 요구사항 중 두 가지를 쉽게 만족시켰다. 이제 저
장할 구매 레코드의 키를 생성하는 마지막 추가 요구사항을 구현할 시간이다.

키 생성하기

카프카 메시지는 키/값 쌍으로 있으므로 카프카 스트림즈 애플리케이션을 통해 흐르는 모든 레코드도 키/값 쌍이다. 그러나 키가 널^{null}이 될 수 없다는 요구사항은 없다. 실제로 특정 키가 필요하지 않은 경우 널 키를 사용하면 네트워크를 이동하는 전체 데이터양이 줄어든다. 지마트 카프카 스트림즈 애플리케이션에 흐르는 모든 레코드에는 널 키가 있다.

이는 NoSQL 스토리지 솔루션이 데이터를 키/값 형식으로 저장한다는 사실을 알기 전까지는 괜찮았다. 이제는 purchases 토픽으로 저장되기 전에 Purchase 데이터에서 키를 생성하는 방법이 필요하다. KStream.map을 사용해 키를 생성하고 새 키/값 쌍(키만 새로운 경우)을 반환할 수 있지만, 새로운 키 스트림을 생성하는 인스턴스인 새 KStream 인스턴스를 반환하는 좀 더 간결한 KStream.selectKey 메소드가 있다. 이 메소드는 새로운 키(가능하면 다른 타입)와 동일한 값을 갖는 레코드를 만드는 KStream 인스턴스를 반환한다. 프로세서 토폴로지에 대한 이러한 변경은 그림 3.14와 같이 필터와 싱크 프로세서 사이에 처리 노드를 추가한다는 점에서 필터링과 유사하다.

예제 3.14 새로운 키 생성

```
KeyValueMapper<String, Purchase, Long> purchaseDateAsKey =
    (key, purchase) -> purchase.getPurchaseDate().getTime();
```
> KeyValueMapper는 구매 날짜를 추출하고 Long으로 변환한다.

```
KStream<Long, Purchase> filteredKStream =
    purchaseKStream((key, purchase) ->
    purchase.getPrice() > 5.00).selectKey(purchaseDateAsKey);
```
> 하나의 구문으로 구매를 필터링하고 키를 선택한다.

```
filteredKStream.print(Printed.<Long, Purchase>
    toSysOut().withLabel("purchases"));
```
> 결과를 콘솔에 인쇄한다.

```
filteredKStream.to("purchases",
    Produced.with(Serdes.Long(),purchaseSerde));
```
> 결과를 카프카 토픽에 기록한다.

새 키를 만들려면 구입 날짜를 사용해 Long 키로 변환한다. 람다 표현식을 전달할 수 있지만 가독성을 높이기 위해 여기서는 변수에 할당했다. 키 타입을 변경했기 때문에 KStream.to 메소드에서 사용된 serde 타입도 변경해야 한다.

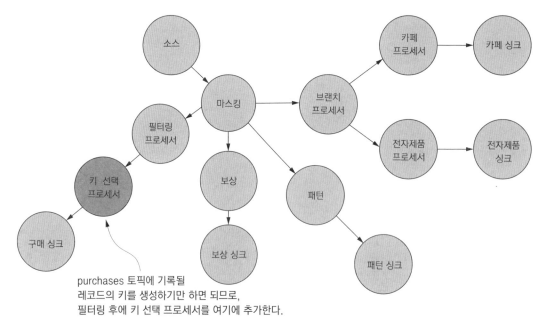

purchases 토픽에 기록될
레코드의 키를 생성하기만 하면 되므로,
필터링 후에 키 선택 프로세서를 여기에 추가한다.

▲ **그림 3.14** NoSQL 데이터 저장소는 구매 날짜를 저장하는 데이터의 키로 사용한다. 새로운 키 선택 프로세서는 카프카에
데이터를 쓰기 바로 전에 키로 사용할 구매 날짜를 추출한다.

이것은 새로운 키에 매핑하는 간단한 예다. 나중에 다른 예에서 별도의 스트림을 결합
할 수 있도록 키를 선택한다. 또한 이 시점까지의 모든 예제에는 상태가 없었지만 상태 변
환에 대한 몇 가지 옵션도 있는데 나중에 보게 될 것이다.

3.5.2 카프카 외부에 레코드 기록하기

지마트의 보안 부서에서 여러분에게 접근했다. 매장 중 한 곳에 명백한 사기 혐의가 있다.
점장이 구매에 대해 유효하지 않은 할인 코드를 입력하고 있다는 보고가 있다. 보안 부서는
무슨 일이 일어나고 있는지 확신하진 못하지만 여러분의 도움을 요청하고 있다.

보안 전문가는 이 정보가 토픽으로 전달되는 것을 원하지 않는다. 카프카의 보안 유지,
액세스 제어 그리고 토픽에 대한 접근을 잠그는 방법에 대해 이야기했지만 보안 담당자는
확고하다. 이 레코드를 완전한 제어 권한이 있는 관계형 데이터베이스로 이동시켜야 한다.

이것은 이길 수 없는 싸움이라고 느낀 여러분은 요청대로 이 일을 끝내기 위해 동의하고 해결한다.

Foreach 액션

가장 먼저 해야 할 일은 결과를 단일 직원 ID로 필터링하는 새로운 KStream을 만드는 것이다. 토폴로지를 통해 흐르는 많은 양의 데이터가 있더라도 이 필터는 볼륨을 매우 적은 양으로 줄인다.

여기서는 특정 직원 ID와 일치하는지 보는 predicate와 함께 KStream을 사용할 것이다. 이 필터는 이전 필터와 완전히 분리하여 소스 KStream 인스턴스에 연결할 것이다. 필터와 필터를 연결^{chain}할 수 있지만, 여기서는 사용하지 않을 것이다. 이 필터는 스트림 데이터에 대한 완전한 접근을 원하기 때문이다.

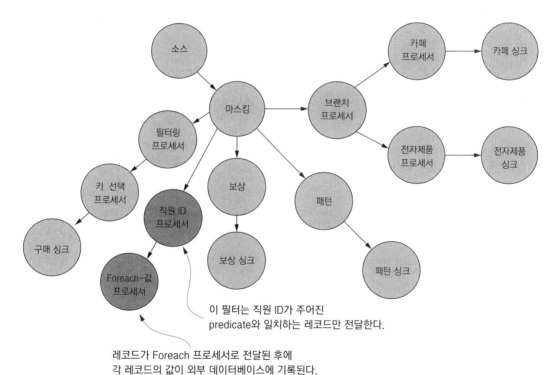

이 필터는 직원 ID가 주어진
predicate와 일치하는 레코드만 전달한다.

레코드가 Foreach 프로세서로 전달된 후에
각 레코드의 값이 외부 데이터베이스에 기록된다.

▲ **그림 3.15** 카프카 스트림즈 애플리케이션 외부에서 특정 직원이 참여하는 구매를 작성하려면 먼저 직원 ID로 구매 항목을 추출하는 filter 프로세서를 추가한 다음 foreach 오퍼레이터를 사용해 각 레코드를 외부 관계형 데이터베이스에 기록한다.

다음에는 그림 3.15와 같이 KStream.foreach 메소드를 사용한다. KStream.foreach는 ForeachAction<K, V> 인스턴스를 사용하며, 터미널 노드의 또 다른 예다. 제공된 ForeachAction 인스턴스를 사용해 받는 각 레코드에 대해 작업을 수행하는 간단한 프로세서다.

```
ForeachAction<String, Purchase> purchaseForeachAction = (key, purchase) ->
    SecurityDBService.saveRecord(purchase.getPurchaseDate(),
    purchase.getEmployeeId(), purchase.getItemPurchased());

purchaseKStream.filter((key, purchase) ->
    purchase.getEmployeeId()
    .equals("source code has 000000"))
    .foreach(purchaseForeachAction);
```

ForeachAction은 자바 8 람다를 사용하고 변수 purchaseForeachAction에 저장된다. 이렇게 하려면 추가적인 코드가 필요하지만, 가독성은 더 높일 수 있다. 다음 줄에서 또 다른 KStream 인스턴스는 필터링된 결과를 바로 위에 정의된 ForeachAction으로 보낸다.

KStream.foreach는 상태가 없다는 점에 주의하자. 각 레코드에 대해 어떤 액션을 수행하기 위한 상태가 필요한 경우 KStream.process 메소드를 사용할 수 있다. KStream.process 메소드는 다음 장에서 카프카 스트림즈 애플리케이션에 상태를 추가할 때 설명한다.

한 발 뒤로 물러서서 지금까지 성취한 것을 살펴본다면 작성된 코드의 양을 고려할 때 꽤 인상적일 것이다. 지마트의 상급 관리자가 여러분의 생산성에 주의를 기울이고 있기 때문에 너무 안일하게 있어서는 안 된다. 구매 스트리밍 분석 프로그램에 대한 더 많은 변경과 개선이 다가오고 있다.

요약

- KStream.mapValues 함수를 사용하면 들어오는 레코드값을 가능한 다른 타입의 새로운 값으로 매핑할 수 있다. 이러한 매핑 변경으로 인해 원래 개체가 수정돼서는 안 된다는 사실도 배웠다. 또 다른 메소드인 KStream.map은 동일한 작업을 수행하지만 키와 값을 모두 새로운 것으로 매핑하는 데 사용할 수 있다.

- predicate는 매개변수로 객체를 받아들이고 해당 객체가 주어진 조건과 일치하는지 여부에 따라 true 또는 false를 반환하는 구문이다. 지정된 predicate와 일치하지 않는 레코드가 토폴로지에 전달되지 않도록 방지하는 필터 함수에서 predicate를 사용했다.

- KStream.branch 메소드는 레코드가 주어진 predicate와 일치할 때 레코드를 새로운 스트림으로 레코드를 분할하기 위해 predicate를 사용한다. 프로세서는 첫 번째 일치 항목에서 스트림에 레코드를 할당하고 일치하지 않는 레코드는 버린다.

- KStream.selectKey 메소드를 사용하면 기존 키를 수정하거나 새 키를 생성할 수 있다.

다음 장에서는 상태, 스트리밍 애플리케이션과 상태를 사용하는 데 필요한 속성과 상태를 추가해야 하는 이유에 대해 살펴본다. 그런 다음 우선 이 장에서 보았던 KStream 메소드의 상태 저장 버전을 사용해(KStream.mapValues()) KStream 애플리케이션에 상태를 추가한다. 지마트가 고객 서비스를 향상하는 데 도움이 되는 두 가지 구매 스트림 사이에 조인을 수행하는 좀 더 향상된 예제를 만들어볼 것이다.

4

스트림과 상태

4장에서 다루는 내용

- 카프카 스트림즈에 상태를 가진 작업 적용하기
- 조회를 위해 상태 저장소를 사용하고 이전에 본 데이터 기억하기
- 추가적인 통찰을 위해 스트림 조인하기
- 카프카 스트림즈에서 시간과 타임스탬프의 역할

3장에서는 카프카 스트림즈 DSL을 시작으로 지마트의 구매에서 스트리밍 요구사항을 처리하기 위한 처리 토폴로지를 구축했다. 중요한 처리 토폴로지를 만들었지만 변환과 작업모두 상태가 없는 1차원이었다. 트랜잭션 전후에 동시 또는 특정 시간 범위 내에서 발생하는 이벤트를 고려하지 않고 각 트랜잭션을 별개로 생각했다. 또한 개별 스트림만 다루어, 스트림을 조인함으로써 추가적인 통찰을 얻을 수 있는 가능성을 고려하지 않았다.

4장에서는 카프카 스트림즈 애플리케이션에서 최대한의 정보를 추출한다. 이 수준의정보를 얻으려면 상태를 사용해야 한다. **상태**state는 이전에 봤던 정보를 다시 불러와서 현재 정보에 연결할 수 있는 것에 불과하다. 서로 다른 방법으로 상태를 활용할 수 있다. 카프카 스트림즈 DSL에서 제공하는 값의 누적과 같은 상태가 있는 작업을 탐색할 때 한 가지

예를 살펴볼 것이다.

논의하게 될 상태의 또 다른 예는 스트림의 조인이다. 스트림을 조인하는 것은 직원과 부서 테이블의 레코드를 조인하여 회사의 어떤 부서 직원에 대한 보고서를 생성하는 것처럼 데이터베이스 작업에서 수행하는 조인과 밀접하게 관련이 있다.

카프카 스트림즈에서 상태 저장소에 대해 논의할 때 상태를 사용하기 위해 상태가 어떤 형태이고 요구사항이 무엇인지도 정의한다. 마지막으로 타임스탬프의 중요성에 대해 알아보고, 주어진 시간 내에 발생하는 이벤트만 작업하도록 보장하거나 순서가 잘못된 데이터를 작업하도록 돕는 것처럼 상태를 가진 작업을 다루는 방법을 살펴본다.

4.1 이벤트

이벤트 처리와 관련하여 이벤트는 때로는 추가 정보나 문맥이 필요하지 않다. 어떤 경우에는 이벤트 자체가 문자 그대로 이해될 수 있지만 추가 문맥 없이는 발생하는 이벤트의 중요성을 놓칠 수도 있다. 추가 정보가 주어지면 완전히 새로운 이벤트가 될 수도 있다.

추가 정보가 필요하지 않은 이벤트의 예는 도난당한 신용카드를 사용하려고 시도하는 경우다. 도난당한 카드의 사용이 감지되면 즉시 거래가 취소된다. 해당 결정을 내리기 위해서 추가 정보가 필요하지는 않다.

그러나 때로는 단 하나의 이벤트는 결정을 내리기에 충분한 정보를 주지 않는다. 짧은 기간 내에 세 명의 개인 투자자가 일련의 주식을 구입하는 경우를 생각해보자. 표면적으로는 그림 4.1에서 보듯이 XYZ 제약 주식의 구매를 멈출 만한 정보가 아무것도 없다. 같은 주식의 지분을 사는 투자자들은 월 스트리트에서 매일 볼 수 있다.

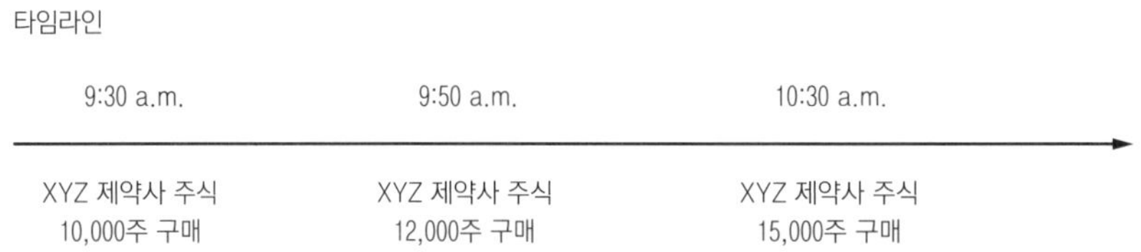

타임라인

9:30 a.m.	9:50 a.m.	10:30 a.m.
XYZ 제약사 주식 10,000주 구매	XYZ 제약사 주식 12,000주 구매	XYZ 제약사 주식 15,000주 구매

▲ **그림 4.1** 추가 정보가 없는 주식 거래는 특이해 보이지 않는다.

이제 문맥을 추가해보자. 개인이 주식을 구매한 단기간 안에 XYZ 제약사는 신약에 대한 정부의 승인을 발표했다. 이로 인해 주가가 역사적인 고점에 다달았고, 이 투자자 3명은 XYZ 제약회사와 밀접한 관계가 있었다. 이제 그림 4.2와 같이 이 트랜잭션을 전혀 새로운 시각에서 볼 수 있다.

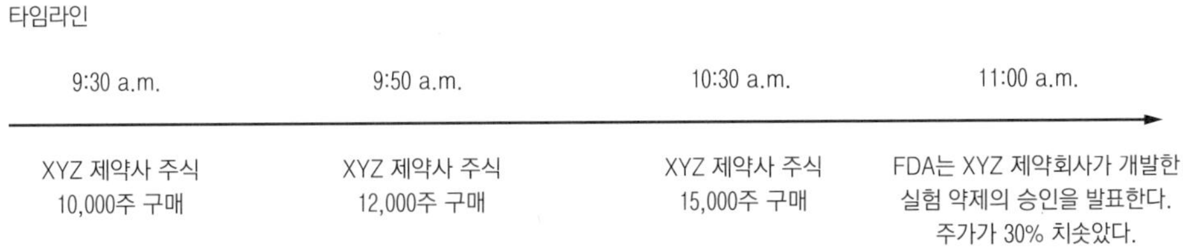

타임라인

9:30 a.m.	9:50 a.m.	10:30 a.m.	11:00 a.m.
XYZ 제약사 주식 10,000주 구매	XYZ 제약사 주식 12,000주 구매	XYZ 제약사 주식 15,000주 구매	FDA는 XYZ 제약회사가 개발한 실험 약제의 승인을 발표한다. 주가가 30% 치솟았다.

▲ **그림 4.2** 주식 매입 시기에 대한 문맥을 추가하면 완전히 새로운 관점으로 보일 것이다.

이러한 구매 시기와 정보 공개는 몇 가지 질문을 제기한다. 정보가 이 투자자들에게 미리 유출됐는가? 혹은 이 거래는 내부 정보를 가진 한 명의 투자자가 그들의 흔적을 감추려고 했다는 것을 보여주는가?

4.1.1 스트림은 상태가 필요하다

위의 가상 시나리오는 우리 대부분이 이미 본능적으로 알고 있는 것을 보여준다. 때로는 진행 상황을 쉽게 추론할 수 있지만, 보통은 좋은 결정을 내리는 데 어떤 문맥이 필요하다. 스트림 처리에서는 추가된 문맥, **상태**state 라고 부른다.

언뜻 보면 상태와 스트림 처리의 개념이 서로 상충되는 것처럼 보일 수 있다. 스트림 처리는 서로 관련이 없으며 발생했을 때 처리될 필요가 있는 개별 이벤트의 지속적인 흐름을 의미한다. 상태의 개념은 데이터베이스 테이블 같은 정적 리소스의 이미지를 떠올릴 수 있다.

실제로는 이들을 하나의 같은 것으로 볼 수 있다. 그러나 스트림의 변화 비율은 데이터베이스 테이블보다 잠재적으로 훨씬 빠르고 빈번하다.[1]

---

1   4장의 모든 주석은 176페이지에서 확인할 수 있다.

스트리밍 데이터로 작업할 때 항상 상태가 필요하진 않다. 어떤 경우에는 자체적으로 가치 있는 정보를 충분히 전달하는 개별 이벤트나 기록이 있을 수 있다. 그러나 종종 들어오는 데이터 스트림은 전에 도착한 이벤트의 정보를 사용하거나 관련 이벤트를 다른 스트림의 이벤트와 조인하여 일종의 저장소에서 보강할 필요가 있다.

4.2 카프카 스트림즈에 상태를 가진 작업 적용하기

이 절에서는 기존 상태가 없는 작업에 상태를 가진 작업을 추가해 애플리케이션에서 수집한 정보를 개선하는 방법을 살펴본다. 3장에 있는 기존 토폴로지를 변경할 텐데, 기억을 되살리기 위해 그림 4.3을 보자.

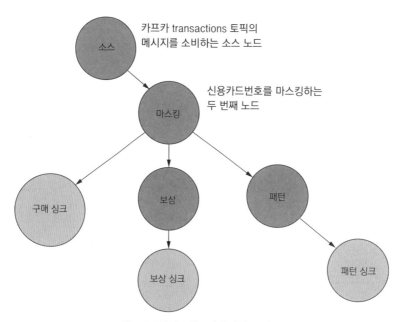

▲ **그림 4.3** 3장의 토폴로지에 대한 또 다른 모습

이 토폴로지에서는 구매 트랜잭션 이벤트의 스트림을 생성했다. 토폴로지의 처리 노드 중 하나는 판매액을 기준으로 고객에 대한 보상 포인트를 계산했다. 그러나 해당 프로세서는 단일 트랜잭션에 대한 총 포인트 수만 계산하고 결과를 전달했다.

프로세서에 상태를 추가한 경우 보상 포인트의 누적 수를 추적할 수 있다. 그런 다음, 지마트의 컨슈밍[consuming] 애플리케이션은 합계를 확인하고 필요한 경우 보상을 보내야 한다.

카프카 스트림즈(또는 다른 스트리밍 애플리케이션)에서 상태가 어떻게 유용할 수 있는지에 대한 기본 아이디어를 얻었으므로 구체적인 예를 살펴보자. transformValues를 사용해 상태가 없는 보상 프로세서를 상태가 있는 프로세서로 변환하는 것으로 시작하겠다. 다운스트림 컨슈머에게 더 많은 정보를 제공하기 위해 지금까지 달성한 총 보너스 포인트와 구매 간 걸린 시간을 추적한다.

4.2.1 transformValues 프로세서

가장 기본적인 상태 유지[stateful] 함수는 KStream.transformValues이다. 그림 4.4는 KStream. transformValues() 메소드가 어떻게 작동하는지 보여준다.

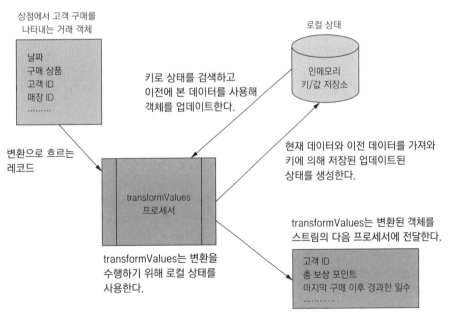

▲ **그림 4.4** transformValues 프로세서는 로컬 상태에 저장된 정보를 사용하여 들어오는 레코드를 업데이트한다. 이 경우 고객 ID는 주어진 레코드의 상태를 검색하고 저장하는 데 사용하는 키다.

이 메소드는 의미상으로 KStream.mapValues()와 동일하지만 몇 가지 예외가 있다. 한 가지 차이점은 transformValues가 StateStore 인스턴스에 접근해서 작업을 완료한다는 것이다. 그 밖의 차이점은 punctuate() 메소드를 통해 정기적인 간격으로 작업이 수행되도록 예약하는 기능이다. punctuate() 메소드는 6장에서 프로세서 API를 다룰 때 자세히 설명할 것이다.

4.2.2 고객 보상의 상태 유지

지마트에 대한 3장 토폴로지(그림 4.3 참조)의 보상 프로세서는 지마트 보상 프로그램에 속한 고객의 정보를 추출한다. 처음에는 보상 프로세서가 KStream.mapValues() 메소드를 사용해 들어오는 Purchase 객체를 RewardAccumulator 객체로 매핑했다.

RewardAccumulator 객체는 원래 트랜잭션의 고객 ID와 구매 총계라는 2개의 필드로 구성됐다. 이제 요구사항이 일부 변경됐으며 포인트는 지마트 보상 프로그램과 연관된다.

```
public class RewardAccumulator {

    private String customerId;          ◀── 고객 ID
    private double purchaseTotal;       ◀── 총 구매 금액
    private int currentRewardPoints;    ◀── 현재 보상 포인트

    // 가독성을 위해 상세한 내용은 생략한다.
}
```

이전에는 애플리케이션이 rewards 토픽에서 고객 성과를 읽었지만, 이제 경영진은 포인트 시스템을 스트리밍 애플리케이션으로 유지보수하길 원한다. 또한 고객의 현재 구매와 마지막 구매 사이의 시간을 캡처해야 한다.

애플리케이션이 보상 토픽에서 레코드를 읽으면 컨슈머 애플리케이션은 보상을 분배하기 위해 총 포인트가 임곗값을 초과하는지 여부만 확인하면 된다. 이 새로운 목표를 달성하기 위해 RewardAccumulator 객체에 totalRewardPoints와 daysFromLastPurchase 필드를 추가하고 로컬 상태를 사용해 누적 포인트와 마지막 구매 날짜를 추적할 수 있다. 이러한 변경사항을 지원하는 리팩토링된 RewardAccumulator 코드가 여기 있다(소스 코드는 이 책의

웹사이트인 https://manning.com/books/kafka-streams-in-action에서 찾을 수 있고, src/main/java/bbejeck/model/RewardAccumulator.java 파일에 있다).

예제 4.1 리팩토링된 RewardAccumulator 객체

```java
public class RewardAccumulator {

    private String customerId;
    private double purchaseTotal;
    private int currentRewardPoints;
    private int daysFromLastPurchase;
    private long totalRewardPoints;   ◀── 총점을 추적하기 위해 추가된 필드

    // 가독성을 위해 상세한 내용은 생략한다.
}
```

구매 프로그램에 업데이트된 규칙은 간단하다. 고객은 달러당 포인트를 얻고 거래 총액은 가장 근접한 달러로 내림한다. 토폴로지의 전체 구조는 변경되지 않지만 보상 처리 노드는 KStream.mapValues( ) 메소드 대신 KStream.transformValues( ) 메소드를 사용하도록 변경한다. 의미상으로 이 두 메소드는 Purchase 객체를 RewardAccumulator 객체에 매핑한다는 점에서 같은 방식으로 작동한다. 차이점은 로컬 상태를 사용해 변환을 수행하는 기능에 있다.

특히 두 가지 주요 단계를 수행한다.

- 값 변환기를 초기화한다.
- 상태를 사용해 Purchase 객체를 RewardAccumulator로 매핑한다.

KStream.transformValues( ) 메소드는 ValueTransformer<V, R> 인터페이스를 제공하는 ValueTransformerSupplier<V, R> 객체를 사용한다. ValueTransformer 구현은 Purchase RewardTransformer<Purchase, RewardAccumulator>이다. 가독성을 위해 본문에서 전체 클래스를 재현하지는 않을 것이다. 대신 예제 애플리케이션의 중요한 메소드를 살펴본다. 또한 이러한 코드 스니펫은 독립적으로 실행이 안 되며 일부 세부 정보는 가독성을 위해 생략

한다. 전체 코드는 각 장의 소스 코드에서 찾을 수 있다(책의 웹사이트 https://manning.com/
books/kafka-streams-in-action에서 찾을 수 있다). 계속해서 프로세서를 초기화해보자.

4.2.3 값 변환기 초기화

첫 번째 단계는 변환기의 init( ) 메소드에서 인스턴스 변수를 설정하거나 생성하는 것이
다. init( ) 메소드에서 처리 토폴로지를 만들 때 생성된 상태 저장소를 찾는다(4.3.3절에서
상태 저장소를 추가하는 방법을 다룰 것이다).

예제 4.2 init() 메소드

```
private KeyValueStore<String, Integer> stateStore;   ◀──── 인스턴스 변수

private final String storeName;
private ProcessorContext context;

public void init(ProcessorContext context) {
    this.context = context;   ◀──── ProcessorContext에 로컬 참조 설정
    stateStore = (KeyValueStore)                        storeName 변수로 StateStore 인스턴스를 찾는다.
➡   this.context.getStateStore(storeName);            storeName은 생성자에서 설정한다.
}
```

변환기 클래스에서 KeyValueStore 타입으로 형변환한다. 이 시점에서는 그저 키로 값
을 찾을 수 있는 형변환기 내부의 구현에는 관심이 없다(다음 절에서 상태 저장소 구현 타입에
대해 더 알아본다).

여기에 설명하지는 않았지만 ValueTransformer 인터페이스가 제공하는 punctuate( )와
close( ) 같은 메소드도 있다. 6장에서 프로세서 API를 설명할 때 punctuate( )와 close( )
에 대해 설명할 것이다.

4.2.4 상태를 사용해 Purchase 객체를 RewardAccumulator에 매핑하기

이제 프로세서를 초기화했으므로 상태를 사용해 Purchase 객체를 변환할 수 있다. 변환을
수행하는 단계를 간단하게 정리하면 다음과 같다.

1. 고객 ID별로 누적된 포인트가 있는지 확인한다.

2. 현재 거래에 대한 포인트를 합산하고 합계를 표시한다.

3. RewardAccumulator의 보상 포인트를 새로운 총 보상 포인트로 설정한다.

4. 고객 ID별로 새 총점을 로컬 상태 저장소에 저장한다.

예제 4.3 상태를 사용해 Purchase 변환하기

```
public RewardAccumulator transform(Purchase value) {
    RewardAccumulator rewardAccumulator =
    RewardAccumulator.builder(value).build();              ◀── Purchase에서 RewardAccumulator 객체 만들기
    Integer accumulatedSoFar =
    stateStore.get(rewardAccumulator.getCustomerId());     ◀── 고객 ID로 최신 누적 보상 포인트
                                                              가져오기
    if (accumulatedSoFar != null) {
        rewardAccumulator.addRewardPoints(accumulatedSoFar);  ◀── 누적된 숫자가 있으면
    }                                                           현재 합계에 추가한다.

    stateStore.put(rewardAccumulator.getCustomerId(),
                rewardAccumulator.getTotalRewardPoints());   ◀── 새로운 누적 보상 포인트를
                                                                stateStore에 저장한다.
    return rewardAccumulator;    ◀── 새로운 누적 보상 포인트를 반환한다.
}
```

transform() 메소드에서 먼저 Purchase 객체를 RewardAccumulator로 매핑한다. 이는 mapValues() 메소드에서 사용하는 것과 동일한 작업이다. 다음 몇 줄에서는 변환 과정에서 상태가 관여하게 된다. 키(고객 ID)로 조회를 수행하고 지금까지 누적된 포인트를 현재 구매 포인트로부터 얻은 포인트에 추가한다. 그런 다음 다시 필요할 때까지 새로운 합계를 상태 저장소에 저장한다.

남은 것은 보상 프로세서를 업데이트하는 것이다. 그러나 시작하기 전에 고객 ID로 모든 판매에 접근하고 있다는 사실을 고려해야 한다. 주어진 고객에 대한 판매별 정보를 수집한다는 것은 해당 고객에 대한 모든 트랜잭션이 동일한 파티션에 있음을 의미한다. 그러나 트랜잭션이 키 없이 애플리케이션에 들어가기 때문에 프로듀서는 라운드 로빈 방식으로 트랜잭션을 파티션에 할당한다. 2장에서 라운드 로빈 파티션 할당을 다뤘지만, 그림 4.5에서 다시 검토할 필요가 있다.

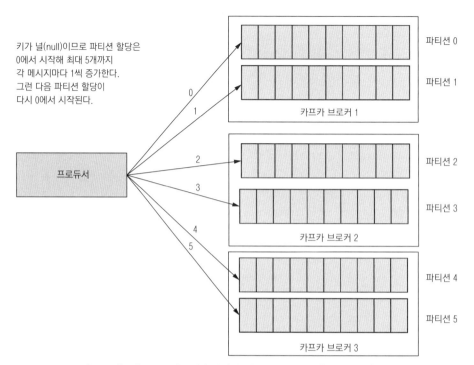

키가 널(null)이므로 파티션 할당은 0에서 시작해 최대 5개까지 각 메시지마다 1씩 증가한다. 그런 다음 파티션 할당이 다시 0에서 시작된다.

프로듀서

0
1
2
3
4
5

파티션 0
파티션 1
카프카 브로커 1

파티션 2
파티션 3
카프카 브로커 2

파티션 4
파티션 5
카프카 브로커 3

▲ **그림 4.5** 카프카 프로듀서는 키가 널일 때 레코드를 균등하게(라운드 로빈) 분배한다.

하나의 파티션만 가진 토픽을 사용하지 않는 한 여기에 한 가지 문제가 있다. 키가 채워지지 않으므로 라운드 로빈 할당은 주어진 고객에 대한 트랜잭션이 동일한 파티션에 들어가지 않음을 의미한다.

상태 저장소의 ID로 레코드를 조회해야 하기 때문에 동일한 파티션에 동일한 ID로 고객 거래를 배치해야 한다. 그렇지 않으면 여러 파티션에 동일한 ID를 가진 고객이 분산되므로 동일한 고객을 여러 상태 저장소에서 조회해야 한다(이 문장에서 각 파티션에 자체 상태 저장소가 있는 것으로 해석될 수 있지만 그렇지는 않다. 파티션은 StreamTask에 할당되고 각 StreamTask가 자신의 상태 저장소를 갖고 있다).

이 문제를 해결하는 방법은 고객 ID로 데이터를 다시 분할하는 것이다. 다음 절에서 이 작업을 수행하는 방법에 대해 알아볼 것이다.

데이터 리파티셔닝

먼저, 일반적으로 리파티셔닝^{repartitioning}(파티션 재할당)이 어떻게 작동하는지 살펴보자(그림 4.6 참조). 레코드를 리파티셔닝하려면 먼저 원본 레코드의 키를 변경하거나 바꾼 다음 레코드를 새로운 토픽에 쓴다. 다음으로, 해당 레코드를 다시 소비한다. 하지만 리파티셔닝의 결과로 해당 레코드가 원래 있던 곳과 다른 파티션에서 올 수도 있다.

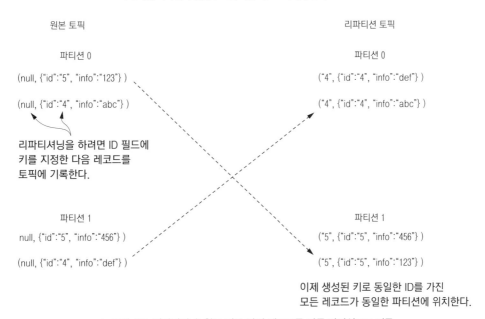

키가 원래 널이므로 분산이 라운드 로빈으로 수행되어
각기 다른 파티션에 동일한 ID를 가진 레코드가 생성된다.

원본 토픽

파티션 0

(null, {"id":"5", "info":"123"})

(null, {"id":"4", "info":"abc"})

리파티셔닝을 하려면 ID 필드에
키를 지정한 다음 레코드를
토픽에 기록한다.

파티션 1

null, {"id":"5", "info":"456"})

(null, {"id":"4", "info":"def"})

리파티션 토픽

파티션 0

("4", {"id":"4", "info":"def"})

("4", {"id":"4", "info":"abc"})

파티션 1

("5", {"id":"5", "info":"456"})

("5", {"id":"5", "info":"123"})

이제 생성된 키로 동일한 ID를 가진
모든 레코드가 동일한 파티션에 위치한다.

▲ **그림 4.6** 리파티셔닝: 원본 키를 바꿔 레코드를 다른 파티션으로 이동

이 간단한 예제에서는 널 키를 구체적인 값으로 대체했지만 리파티셔닝이 항상 키를 변경해야 하는 것은 아니다. StreamPartitioner(http://mng.bz/9Z8A)를 사용하면 키 대신 값 또는 값의 일부를 이용해서 분할하는 다른 파티션 전략을 적용할 수 있다. 다음 절에서는 카프카 스트림즈에서 StreamPartitioner를 사용해 시연한다.

카프카 스트림즈의 리파티셔닝

카프카 스트림즈에서 리파티셔닝은 그림 4.7에 설명한 것처럼 KStream.through()를 사용해 쉽게 수행할 수 있다. KStream.through() 메소드는 중간 토픽을 생성하고 현재 KStream 인스턴스는 해당 토픽에 레코드를 기록한다. 새로운 KStream 인스턴스는 해당 소스에 대해 동일한 중간 토픽을 사용해 through() 메소드 호출로 반환된다. 이런 방식으로 데이터는 매끄럽게 리파티셔닝된다.

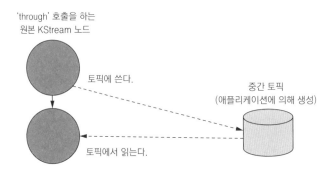

반환된 KStream 인스턴스는 중간 토픽을
즉시 소비하기 시작한다.

▲ **그림 4.7** 중간 토픽에 기록하고 나서 새로운 KStream 인스턴스에서 이를 읽는다.

중간 토픽을 사용하기 위해 내부적으로 싱크 노드와 소스 노드를 만든다. 싱크 노드는 기존 KStream 인스턴스가 호출하는 자식 프로세서이고, 새로운 KStream 인스턴스는 레코드의 소스로 새로운 소스 노드를 사용한다.[2] DSL을 사용해 같은 유형의 하위 토폴로지를 작성할 수 있지만 KStream.through() 메소드를 사용하는 것이 더 편하다.

키를 수정하거나 바꾸었고 사용자 정의 파티션 전략이 필요하지 않은 경우, 내부 카프카 스트림즈의 KafkaProducer에 의존해서 파티셔닝을 처리할 수 있다. 그러나 자신만의 파티셔닝 방식을 적용하고 싶다면, StreamPartitioner를 사용할 수 있는데, 다음 절에 있는 예제에서 사용해볼 것이다.

KStream.through 메소드를 사용하는 코드는 다음 예제에 있다. 이 예제에서 KStream.through()는 매개변수 2개가 필요하다. 즉, 토픽 이름과 Produced 인스턴스(Serde 키와 값,

StreamPartitioner를 제공하는)다. 기본 키와 Serde 키 인스턴스를 사용하길 원하고 사용자 정
의 파티셔닝 전략이 필요하지 않다면, 토픽 이름만 제공하는 KStream.through 버전도 있다.

예제 4.4 KStream.through 메소드 사용하기

```
RewardsStreamPartitioner streamPartitioner =
   new RewardsStreamPartitioner( );  ◀────── StreamPartitioner를 구현한 인스턴스를 초기화한다.


KStream<String, Purchase> transByCustomerStream =
   purchaseKStream.through("customer_transactions",
                        Produced.with(stringSerde,
                                     purchaseSerde,              KStream.through로
                                     streamPartitioner));  ◀──┐ KStream을 생성한다.
```

여기서는 RewardsStreamPartitioner를 생성했다. StreamPartitioner를 생성하는 방법
뿐만 아니라 작동 방법도 간단히 살펴보자.

StreamPartitioner 사용하기

일반적으로 파티션 할당은 객체의 해시값을 구한 후 파티션 수로 모듈러 연산해 계산한다.
이 경우 Purchase 객체에 있는 고객 ID를 사용해 특정 고객의 모든 데이터가 동일한 상태
저장소에 저장되게 하려고 한다. 다음 예제는 StreamPartitioner[3]의 구현(src/main/java/
bbejeck/chapter_4/partitioner/RewardsStreamPartitioner.java에 있음)을 보여준다.

예제 4.5 RewardsStreamPartitioner

```
public class RewardsStreamPartitioner implements
   StreamPartitioner<String, Purchase> {

   @Override
   public Integer partition(String key,
                         Purchase value,
                         int numPartitions) {
                                                          고객 ID로 파티션을
      return value.getCustomerId( ).hashCode( ) % numPartitions;  ◀──┐ 결정한다.
   }
}
```

새로운 키를 생성하지 않았음에 주목하자. 올바른 파티션을 결정하기 위해 값의 속성을

사용하고 있다. 여기서 알아야 할 핵심은 상태를 사용해 레코드를 업데이트하고 수정할 때 해당 레코드가 같은 파티션에 있어야 한다는 것이다.

> **|경고|** 이러한 간단한 데모를 보고 리파티셔닝을 남용하지는 말자. 리파티셔닝이 가끔 필요하긴 하지만, 데이터가 중복되거나 프로세싱 오버헤드가 발생한다. 가능하면 mapValues(), transformValues() 또는 flatMapValues()의 사용을 권장한다. map(), transform(), flatMap()은 자동으로 리파티셔닝을 유발할 수 있기 때문이다. 리파티셔닝 로직은 꼭 필요할 때만 사용하는 것이 가장 좋다.

이제 상태 변환을 지원하기 위해 보상 프로세서 노드를 변경하는 작업으로 돌아가자.

4.2.5 보상 프로세서 업데이트

지금까지 구매 객체를 고객 ID별로 분할된 토픽에 기록하는 새로운 처리 노드를 생성했다. 이 새로운 토픽은 곧 업데이트되는 보상 프로세서의 소스가 될 것이다. 주어진 고객의 모든 구매가 같은 파티션에 기록되도록 보장하기 위해 이렇게 했다. 따라서 특정 고객의 모든 구매에 대해 동일한 상태 저장소를 사용하게 될 것이다. 그림 4.8은 신용카드 마스킹 노드(모든 구매 트랜잭션의 소스)와 보상 프로세서 사이에 새로운 쓰루[through] 프로세서가 있는 업데이트된 처리 토폴로지를 보여준다.

이제 KStream.through() 메소드로 생성된 새로운 Stream 인스턴스를 사용해 다음 코드로 보상 프로세서를 업데이트하고 상태를 가진 변환 접근법을 사용한다.

예제 4.6 상태를 가진 변환을 사용하기 위해 보상 프로세서 변경하기

```
KStream<String, RewardAccumulator> statefulRewardAccumulator =
  transByCustomerStream.transformValues(() ->
  new PurchaseRewardTransformer⁴(rewardsStateStoreName),
                    rewardsStateStoreName);  ◀── 상태를 가진 변환 사용하기
statefulRewardAccumulator.to("rewards",
                    Produced.with(stringSerde,
                              rewardAccumulatorSerde));  ◀──┐ 결과를 토픽에
                                                           │ 기록한다.
```

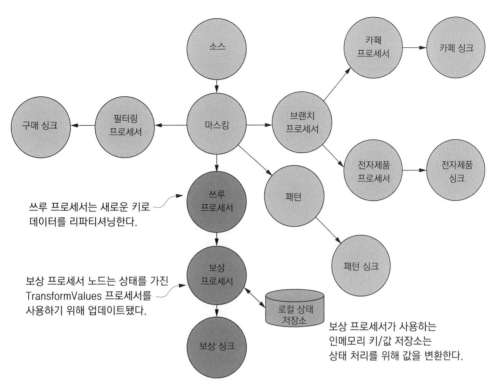

쓰루 프로세서는 새로운 키로
데이터를 리파티셔닝한다.

보상 프로세서 노드는 상태를 가진
TransformValues 프로세서를
사용하기 위해 업데이트됐다.

보상 프로세서가 사용하는
인메모리 키/값 저장소는
상태 처리를 위해 값을 변환한다.

▲ **그림 4.8** 새로운 쓰루(through) 프로세서는 구매를 고객 ID에 해당하는 파티션으로 전달되도록 보장하므로 보상 프로세서가 로컬 상태를 사용해 정확히 업데이트할 수 있다.

KStream.transformValues 메소드는 자바 8 람다 표현식으로 제공되는 ValueTransformerSupplier<V, R> 인스턴스를 사용한다.

이 절에서는 상태가 없는 노드에 상태를 가진 프로세싱을 추가했다. 프로세서에 상태를 추가해서, 지마트는 고객이 보상이 있는 구매를 한 후 더 빨리 조치를 취할 수 있게 됐다. 상태 저장소를 사용하는 방법과 상태 저장소 사용이 제공하는 이점을 살펴봤지만, 상태가 애플리케이션에 미치는 영향에 대해 이해해야 하는 중요한 세부사항을 대충 넘어갔다. 이를 염두에 두고 다음 절에서는 사용할 상태 저장소의 타입, 상태를 효율적으로 만드는 데 필요한 요구사항 및 상태 저장소를 카프카 스트림즈 프로그램에 추가하는 방법에 대해 설명한다.

4.3 조회와 이전에 본 데이터에 상태 저장소 사용하기

이 절에서는 카프카 스트림즈에서 상태 저장소를 사용하기 위한 핵심사항과 일반적으로 스트리밍 애플리케이션에서 상태 사용과 관련된 주요 요소를 살펴본다. 이렇게 하면 카프카 스트림즈 애플리케이션에서 상태를 사용할 때 현실적인 선택을 할 수 있다.

지금까지 스트림과 함께 상태의 필요성에 대해 살펴봤고, 카프카 스트림즈에서 사용할 수 있는 좀 더 기본적인 상태를 가진 작업의 예제를 보았다. 카프카 스트림즈에서 상태 저장소를 사용하는 방법에 대해 더 자세히 설명하기 전에, 상태의 두 가지 중요한 속성인 데이터 지역성^{data locality}과 실패 복구^{failure recovery}를 간단히 살펴보자.

4.3.1 데이터 지역성

데이터 지역성은 성능에 매우 중요하다. 키 조회는 일반적으로 매우 빠르지만 원격 저장소를 사용하면서 발생하는 대기 시간^{latency}은 처리 규모가 커지면 병목이 된다.

그림 4.9는 데이터 지역성의 기본 원리를 보여준다. 점선은 원격 데이터베이스에서 데이터를 검색하는 네트워크 호출을 나타낸다. 실선은 동일한 서버에 있는 인메모리 데이터 저장소에서 데이터를 얻기 위한 호출을 나타낸다. 보다시피 네트워크를 통해 원격 데이터베이스를 호출하는 것보다 로컬에서 데이터를 가져오기 위한 호출이 더 효율적이다.

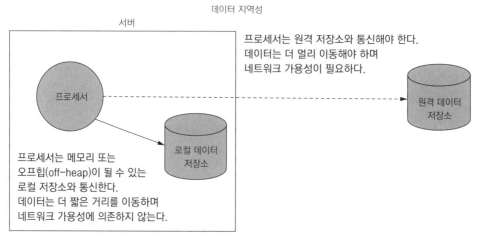

▲ **그림 4.9** 데이터 지역성은 스트림 처리에 필요하다.

여기서 중요한 점은 조회당 대기 시간의 최소화만이 중요한 문제가 아니라는 것이다. 중요한 요소는 스트리밍 애플리케이션을 통해 잠재적으로 수백만 또는 수십억 개의 레코드를 처리한다는 것이다. 이렇게 큰 요인을 곱했을 때, 작은 네트워크 지연조차도 큰 영향을 미칠 수 있다.

데이터 지역성은 또한 저장소가 각 처리 노드에 대해 지역적이고 프로세스나 스레드에 공유하지 않음을 의미한다. 이렇게 하면 프로세스가 실패한 경우 다른 스트림 처리 프로세스나 스레드에 영향을 주지 않는다.

여기서 중요한 점은 스트리밍 애플리케이션이 때로 상태를 필요로 하지만 처리가 이뤄지는 곳은 로컬이어야 한다는 것이다. 애플리케이션의 각 서버나 노드는 개별 데이터 저장소가 있어야 한다.

4.3.2 실패 복구와 내결함성

애플리케이션의 장애는 불가피하다. 특히 분산 애플리케이션의 경우 더 그렇다. 실패를 예방하는 대신 실패나 재시작에서조차 신속하게 복구하는 데 중점을 둘 필요가 있다.

그림 4.10은 데이터 지역성과 내결함성의 원칙을 보여준다. 각 프로세서에는 로컬 데이터 저장소가 있으며, 변경로그 토픽은 상태 저장소를 백업하는 데 사용한다.

토픽과 함께 상태 저장소를 백업하는 비용이 많이 드는 것처럼 보일 수 있지만 이 비용을 완화할 몇 가지 요소가 있다. KafkaProducer는 레코드를 배치로 보내며 기본적으로 레코드는 캐시된다. 캐시를 플러시할 때만 카프카 스트림즈가 레코드를 저장소에 기록하므로 주어진 키에 대한 최신 레코드만 유지된다. 이 캐싱 메커니즘과 상태 저장소에 대해서는 5장에서 자세히 설명한다.

카프카 스트림이 제공하는 상태 저장소는 지역성과 내결함성 요구사항을 모두 충족한다. 이 상태 저장소가 정의된 프로세서는 로컬에 있으면서 프로세스나 스레드 간 접근도 공유하지 않는다. 상태 저장소는 또한 백업과 빠른 복구를 위해 토픽을 사용한다.

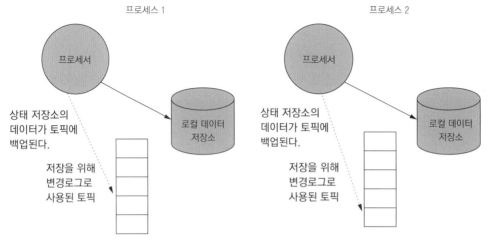

내결함성과 오류 복구:
2개의 카프카 스트림즈 프로세스가 같은 서버에서 실행되고 있다.

프로세스 1

프로세서

상태 저장소의
데이터가 토픽에
백업된다.

로컬 데이터
저장소

저장을 위해
변경로그로
사용된 토픽

프로세스 2

프로세서

상태 저장소의
데이터가 토픽에
백업된다.

로컬 데이터
저장소

저장을 위해
변경로그로
사용된 토픽

프로세스는 자체 로컬 상태 저장소와 비공유 아키텍처가 있기 때문에
두 프로세스 중 하나가 실패하면 다른 프로세스는 영향을 받지 않을 것이다.
또한 각 저장소는 토픽에 복제된 키/값을 가지며, 프로세스가 실패하거나
다시 시작할 때 잃어버린 값을 복구하는 데 사용한다.

▲ **그림 4.10** 오류를 복구하는 기능은 스트림 처리 애플리케이션에서 중요하다. 카프카 스트림즈는 로컬 인메모리 저장소의 데이터를 내부 토픽으로 유지하므로 실패 또는 재시작 후 작업을 다시 시작할 때 데이터가 다시 채워진다.

지금까지 스트리밍 애플리케이션과 상태를 사용하기 위한 요구사항을 살펴봤다. 다음 단계는 카프카 스트림즈 애플리케이션에서 상태 사용을 활성화하는 방법을 살펴보는 것이다.

4.3.3 카프카 스트림즈에서 상태 저장소 사용하기

상태 저장소를 추가하는 것은 Stores 클래스에서 정적 팩토리 메소드 중 하나를 사용해 StoreSupplier 인스턴스를 생성하는 간단한 작업이다. 상태 저장소를 사용자 정의하기 위한 두 가지 추가적인 클래스가 있다. Materialized와 StoreBuilder 클래스다. 어떤 것을 사용할지는 토폴로지에 저장소를 추가하는 방법에 달렸다. 고수준 DSL을 사용하는 경우 보통 Materialized 클래스를 사용한다. 저수준 프로세서 API로 작업할 때는 StoreBuilder 를 사용한다.

지금 예제는 고수준 DSL을 사용하지만 프로세서 API 시맨틱^{semantics}을 제공하는 Transformer에 상태 저장소를 추가한다. 따라서 상태 저장소 사용자 정의를 위해 StoreBuilder를 사용할 것이다.

예제 4.7 상태 저장소 추가하기

```
String rewardsStateStoreName = "rewardsPointsStore";
KeyValueBytesStoreSupplier storeSupplier =
➡ Stores.inMemoryKeyValueStore(rewardsStateStoreName);  ◀── StateStore 공급자를 생성한다.


StoreBuilder<KeyValueStore<String, Integer>> storeBuilder =
➡ Stores.keyValueStoreBuilder(storeSupplier,
                              Serdes.String(),       StoreBuilder를 생성하고
                              Serdes.Integer());  ◀── 키와 값의 타입을 명시한다.


builder.addStateStore(storeBuilder);  ◀── 상태 저장소를 토폴로지에 추가한다.
```

먼저 인메모리 키/값 저장소를 제공하는 StoreSupplier를 생성한다. 그런 다음 StoreBuilder를 생성하기 위한 매개변수로 StoreSupplier를 제공하고 추가로 String 키와 Integer 값을 명시한다. 마지막으로, StoreBuilder를 StreamsBuilder에 제공해 토폴로지에 StateStore를 추가한다.

여기서는 String 키와 Integer 값을 가진 인메모리 키/값 저장소를 생성했고, StremsBuilder.addStateStore 메소드로 애플리케이션에 저장소를 추가했다. 결과적으로 이제 상태 저장소에 대해 위에 생성한 rewardsStateStoreName이라는 이름을 사용해 프로세서에서 상태를 사용할 수 있게 됐다.

지금까지 인메모리 상태 저장소를 작성하는 예를 살펴봤지만 다른 유형의 StateStore 인스턴스를 생성하는 옵션이 있다. 이러한 옵션을 살펴보자.

4.3.4 추가적인 키/값 저장소 공급자

Stores.inMemoryKeyValueStore 메소드 외에도 다음과 같은 정적 팩토리 메소드를 사용해 저장소 공급자를 생성할 수 있다.

- Stores.persistentKeyValueStore
- Stores.lruMap
- Stores.persistentWindowStore
- Stores.persistentSessionStore

모든 영구 StateStore 인스턴스가 록스DB^{RocksDB}(http://rocksdb.org)를 사용해 로컬 스토리지를 제공한다는 점은 주목할 만한 가치가 있다.

상태 저장소에 대해 더 알아보기 전에, 카프카 스트림 상태 저장소의 두 가지 중요한 측면을 먼저 다루려고 한다. 변경로그 토픽으로 내결함성을 제공하는 방법과 변경로그 토픽을 설정하는 방법을 다룬다.

4.3.5 상태 저장소의 내결함성

모든 StateStoreSupplier 타입은 기본적으로 로깅이 활성화되어 있다. 이 문맥에서 로깅은 저장소의 값을 백업하고 내결함성을 제공하기 위한 변경로그로 사용되는 카프카 토픽을 의미한다.

예를 들어, 카프카 스트림즈를 실행하는 머신이 실패했다고 가정한다. 서버를 복구하고 카프카 스트림즈 애플리케이션을 다시 시작하면 해당 인스턴스의 상태 저장소가 원래 내용(크래시 전 변경로그에 마지막 커밋된 오프셋)으로 복원된다.

이 로깅은 disableLogging() 메소드를 가진 Stores 팩토리를 사용해 비활성화할 수 있다. 그러나 진지한 고민 없이 로깅을 비활성화하면 안 된다. 그렇게 하면 상태 저장소에서 내결함성을 제거하고 크래시 후에 복구할 수 있는 기능도 제거하기 때문이다.

4.3.6 변경로그 토픽 설정하기

상태 저장소에 대한 변경로그는 withLoggingEnabled(Map<String, String> config) 메소드를 통해 설정할 수 있다. 맵 안에서 토픽에 대해 가능한 모든 설정 매개변수를 사용할 수 있다. 상태 저장소에 대한 변경로그의 설정은 카프카 스트림즈 애플리케이션을 만들 때 중요하다. 그러나 변경로그 토픽을 생성할 필요가 전혀 없다는 사실을 명심하자. 카프카 스트림즈는 변경로그 토픽 생성을 자동으로 처리한다.

카프카 토픽을 사용하면 로그 세그먼트의 데이터 보존에 대한 기본 설정은 일주일이고 크기는 무제한이다. 데이터양에 따라 괜찮을지도 모르지만, 그런 설정을 조정하길 원할 가능성이 크다. 또한 기본 클린업^{cleanup} 정책은 delete이다.

먼저 변경로그 토픽이 10GB의 보존 크기와 2일의 보존 기간을 갖도록 설정하는 방법을 살펴보자.

예제 4.8 변경로그 속성 설정하기

```java
Map<String, String> changeLogConfigs = new HashMap<>();
changeLogConfigs.put("retention.ms","172800000" );
changeLogConfigs.put("retention.bytes", "10000000000");

// StoreBuilder를 사용할 때
storeBuilder.withLoggingEnabled(changeLogConfigs);

// Materialized를 사용할 때
Materialized.as(Stores.inMemoryKeyValueStore("foo")
 .withLoggingEnabled(changeLogConfigs));
```

2장에서는 카프카가 제공하는 압축 토픽에 대해 논의했다. 기억을 되살려보면 압축 토픽은 토픽을 정리하는 데 다른 방법을 사용한다. 로그 세그먼트를 크기나 시간별로 삭제하는 대신 로그 세그먼트를 각 키별로 최신 레코드만 유지하는 방식으로 **압축**한다. 동일한 키를 가진 이전 레코드는 삭제한다. 기본적으로 카프카 스트림즈는 삭제 정책이 compact인 변경로그 토픽을 만든다.

그러나 많은 고유 키를 가진 변경로그 토픽이 있다면 로그 세그먼트의 크기가 계속 커지면서 압축으로 충분치 않을 수 있다. 이 경우 솔루션은 간단하다. delete와 compact 클린업 정책을 명시한다.

```
Map<String, String> changeLogConfigs = new HashMap<>();
changeLogConfigs.put("retention.ms","172800000" );
changeLogConfigs.put("retention.bytes", "10000000000");
changeLogConfigs.put("cleanup.policy", "compact,delete");
```

이제 변경로그 토픽은 고유한 키를 가지고도 적당한 크기로 유지될 것이다. 이 절에서는 간단한 토픽 설정을 다루고 있다. 부록 A는 변경로그 토픽과 내부 토픽 설정에 대한 자세한 정보를 제공한다.

상태를 가진 작업과 상태 저장소의 기본 사항을 소개받았다. 카프카 스트림즈가 제공하는 인메모리와 영구 상태 저장소, 그리고 스트리밍 애플리케이션에 저장소를 포함시키는 방법에 대해 배웠다. 스트리밍 애플리케이션에서 상태를 사용할 때 데이터 지역성과 내결함성의 중요성에 대해서도 배웠다. 이제 스트림 조인으로 넘어가자.

4.4 추가적인 통찰을 위해 스트림 조인하기

이 장의 앞부분에서 논의했듯이 스트림은 스트림의 이벤트가 독립적이지 않을 때 상태가 필요하다. 때로는 필요한 상태나 문맥^{context}이 또 하나의 스트림이다. 이 절에서는 새로운 이벤트를 만들기 위해 동일한 키를 이용해 스트림 2개에서 각기 다른 이벤트를 가져와서 결합한다.

스트림 조인을 배우는 가장 좋은 방법은 구체적인 예를 살펴보는 것이므로 지마트 시나리오로 돌아간다. 기억하겠지만 지마트는 전자제품과 관련 상품(CD, DVD, 스마트폰 등)을 취급하는 새로운 매장을 열었다. 새로운 접근법을 시도하면서 지마트는 전국의 커피 하우스와 제휴해 각 매장에 카페를 설치했다.

3장에서는 해당 상점의 구매 트랜잭션을 각기 다른 스트림 2개로 분리하라는 요청을 받았다. 그림 4.11은 이 요구사항에 대한 토폴로지를 보여준다.

카페를 포함하는 이러한 방식으로 지마트는 큰 성공을 거뒀으며, 회사는 이러한 추세가 계속되는지 보길 원해서 새로운 프로그램을 시작하기로 결정했다. 지마트는 카페 쿠폰을 제공해 전자제품 상점에서의 트래픽을 높게 유지하려고 한다(트래픽 증가로 인해 추가 구매가 발생하기를 바란다).

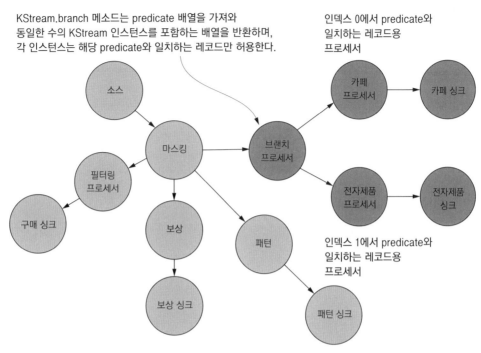

KStream.branch 메소드는 predicate 배열을 가져와 동일한 수의 KStream 인스턴스를 포함하는 배열을 반환하며, 각 인스턴스는 해당 predicate와 일치하는 레코드만 허용한다.

인덱스 0에서 predicate와 일치하는 레코드용 프로세서

인덱스 1에서 predicate와 일치하는 레코드용 프로세서

▲ **그림 4.11** 브랜치 프로세서와 전체 토폴로지에서 브랜치 프로세서의 위치

지마트는 커피를 사고 전자제품 상점에서 구매한 고객을 확인해서 두 번째 거래 직후 쿠폰을 지급하길 원한다(그림 4.12 참조). 지마트는 고객이 일종의 조건반사적인 반응을 하는지 확인하려고 한다.

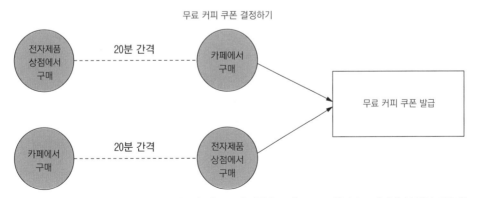

▲ **그림 4.12** 서로 20분 이내의 타임스탬프가 있는 구매 기록은 고객 ID로 조인되어 고객에게 보상(이 경우에는 무료 커피)을 발행하는 데 사용한다.

쿠폰 발행 시기를 결정하려면 전자제품 상점의 판매와 카페의 판매를 조인해야 한다. 스트림 조인은 작성해야 하는 코드 측면에서 비교적 간단하다. 조인하기 위해 처리해야 할 데이터를 설정하는 것으로 시작하자.

4.4.1 데이터 설정

먼저 스트림을 분기할 책임이 있는 토폴로지 부분을 다시 한번 살펴보자(그림 4.13). 또한 분기 요구사항(src/main/java/bbejeck/chapter_3/ZMartKafkaStreamsAdvancedReqsApp.java)을 구현하는 데 사용된 코드를 검토하자.

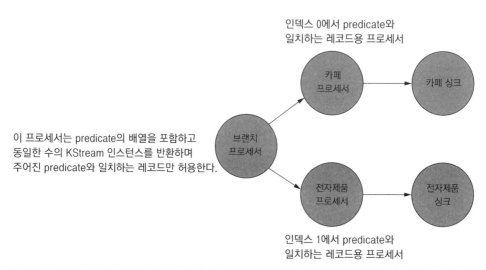

인덱스 0에서 predicate와
일치하는 레코드용 프로세서

카페
프로세서

카페 싱크

이 프로세서는 predicate의 배열을 포함하고
동일한 수의 KStream 인스턴스를 반환하며
주어진 predicate와 일치하는 레코드만 허용한다.

브랜치
프로세서

전자제품
프로세서

전자제품
싱크

인덱스 1에서 predicate와
일치하는 레코드용 프로세서

▲ **그림 4.13** 조인을 수행하려면 하나 이상의 스트림이 필요하다. 브랜치 프로세서는 두 가지 스트림을 생성해 이를 처리한다. 하나는 카페 구매를 포함하고, 다른 하나는 전자제품 구매를 포함한다.

예제 4.10 2개의 스트림

```
Predicate<String, Purchase> coffeePurchase = (key, purchase) ->
   purchase.getDepartment().equalsIgnoreCase("coffee");

Predicate<String, Purchase> electronicPurchase = (key, purchase) ->        레코드 매치를 위한
   purchase.getDepartment().equalsIgnoreCase("electronics");              predicate 정의하기

final int COFFEE_PURCHASE = 0;
```

```
final int ELECTRONICS_PURCHASE = 1;    ◀── 일치하는 배열에 접근할 때 명확히 하기
                                           위해 라벨이 있는 정수를 사용한다.
KStream<String, Purchase>[] branchedTransactions =                        분기된 스트림
➡ transactionStream.branch(coffeePurchase, electronicPurchase);  ◀──     생성하기
```

이 코드는 분기를 수행하는 방법을 보여준다. predicate를 사용해 유입하는 레코드를
KStream 인스턴스의 배열로 매치한다. 매치하는 순서는 배열에 있는 KStream 객체의 위치
와 같다. 브랜치 프로세스는 어느 predicate와도 매치하지 않는 레코드를 제거한다.

조인할 스트림이 2개 있지만 수행할 추가 단계가 있다. 구매 레코드는 키 없이 카프카
스트림즈 애플리케이션으로 유입됐다는 사실을 기억하자. 결과적으로 고객 ID를 포함하는
키를 생성하기 위해 다른 프로세서를 추가해야 한다. 레코드를 함께 조인하는 데 사용할 것
이기 때문에 키를 채워야 한다.

4.4.2 조인을 수행하기 위해 고객 ID를 포함한 키 생성하기

키를 생성하려면 스트림의 구매 데이터에서 고객 ID를 선택한다. 이렇게 하려면 원본
KStream 인스턴스(transactionStream)를 업데이트하고 해당 노드와 분기 노드 사이에 다른 처
리 노드를 생성해야 한다. 다음 코드(src/main/java/bbejeck/chapter_4/KafkaStreamsJoinsApp.
java에서 찾을 수 있다)에 이 방법이 나와 있다.

예제 4.11 새로운 키 생성하기

```
KStream<String, Purchase>[] branchesStream =
➡ transactionStream.selectKey((k,v)->                              selectKey 처리
➡ v.getCustomerId()).branch(coffeePurchase, electronicPurchase);  ◀── 노드를 삽입한다.
```

그림 4.14는 예제 4.11을 바탕으로 업데이트한 처리 토폴로지를 보여준다. 키를 변경하
면 데이터를 다시 분할해야 할 수도 있음을 이전에 보았다. 이 예제에서도 마찬가지다. 그
렇다면 왜 리파티셔닝 단계가 없는가?

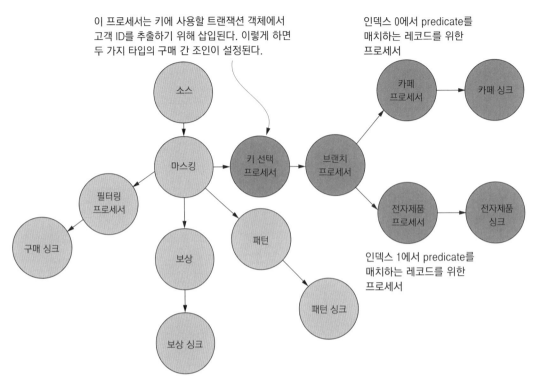

이 프로세서는 키에 사용할 트랜잭션 객체에서 고객 ID를 추출하기 위해 삽입된다. 이렇게 하면 두 가지 타입의 구매 간 조인이 설정된다.

인덱스 0에서 predicate를 매치하는 레코드를 위한 프로세서

인덱스 1에서 predicate를 매치하는 레코드를 위한 프로세서

소스

마스킹

필터링 프로세서

구매 싱크

보상

보상 싱크

키 선택 프로세서

패턴

패턴 싱크

브랜치 프로세서

카페 프로세서

카페 싱크

전자제품 프로세서

전자제품 싱크

▲ **그림 4.14** 키에 고객 ID가 포함된 레코드로 키/값 구매 레코드를 다시 매핑해야 한다. 다행히도 Purchase 객체에서 고객 ID를 추출할 수 있다.

카프카 스트림즈에서 새로운 키를 생성하게 하는 메소드(selectKey, map 또는 transform)를 호출할 때마다 내부 부울Boolean 플래그가 true로 설정된다. 새로운 KStream 인스턴스가 리파티셔닝을 필요로 한다는 것을 나타낸다. 이 부울 플래그 설정을 사용해 조인, 리듀스 또는 집계 연산을 수행하면 자동으로 리파티셔닝을 처리한다.

이 예제에서는 transactionStream에 대해 selectKey() 작업을 수행하므로 KStream 결과에 리파티셔닝 플래그가 지정된다. 또한 분기 작업을 즉시 수행해서 branch() 호출로 인한 각 KStream에도 리파티셔닝 플래그가 지정된다.

이제 키가 채워진 분리된 스트림 2개가 있으므로 다음 단계로 갈 준비가 됐다. 다음 단계는 스트림을 키로 조인하는 것이다.

4.4.3 조인 구성하기

다음 단계는 실제 조인을 수행하는 것이다. 분기된 스트림 2개를 가져와서 KStream.join() 메소드로 조인한다. 토폴로지는 그림 4.15에 나와 있다.

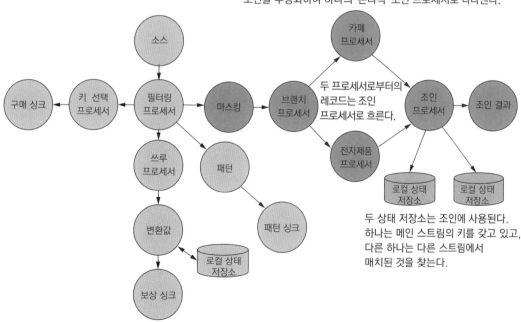

▲ **그림 4.15** 업데이트된 토폴로지에서 카페와 전자제품 프로세서 모두는 레코드를 조인 프로세서로 전달한다. 조인 프로세 서는 상태 저장소 2개를 사용해 다른 스트림의 레코드와 일치하는 항목을 검색한다.

구매 레코드 조인하기

조인된 레코드를 만들려면 ValueJoiner<V1, V2, R>의 인스턴스를 생성해야 한다. ValueJoiner는 동일한 타입이거나 아닐 수도 있는 객체 2개를 사용하며, 타입이 다를 수 있는 단일 객체를 반환한다. 이 경우 ValueJoiner는 Purchase 객체 2개를 가져와 Correlated Purchase 객체를 반환한다. 코드(src/main/java/bbejeck/chapter_4/joiner/PurchaseJoiner.java)를 살펴보자.

예제 4.12 ValueJoiner 구현

```
public class PurchaseJoiner
➡ implements ValueJoiner<Purchase, Purchase, CorrelatedPurchase> {

    @Override
    public CorrelatedPurchase apply(Purchase purchase, Purchase purchase2) {
        CorrelatedPurchase.Builder builder =
➡ CorrelatedPurchase.newBuilder();  ◀──── 빌더를 생성한다.

        Date purchaseDate =
➡ purchase != null ? purchase.getPurchaseDate() : null;

        Double price = purchase != null ? purchase.getPrice() : 0.0;

        String itemPurchased =
➡ purchase != null ? purchase.getItemPurchased() : null;  ◀──  외부(outer) 조인의 경우
                                                                 널 Purchase를 다룬다.

        Date otherPurchaseDate =
➡ otherPurchase != null ? otherPurchase.getPurchaseDate() : null;

        Double otherPrice =
➡ otherPurchase != null ? otherPurchase.getPrice() : 0.0;

                                                          왼쪽 외부(left outer) 조인의 경우
        String otherItemPurchased =                              널 Purchase를 다룬다.
➡ otherPurchase != null ? otherPurchase.getItemPurchased() : null;  ◀──

        List<String> purchasedItems = new ArrayList<>();

        if (itemPurchased != null) {
```

```
                purchasedItems.add(itemPurchased);
            }

            if (otherItemPurchased != null) {
                purchasedItems.add(otherItemPurchased);
            }

            String customerId =
➠  purchase != null ? purchase.getCustomerId() : null;

            String otherCustomerId =
➠  otherPurchase != null ? otherPurchase.getCustomerId() : null;

            builder.withCustomerId(customerId != null ? customerId : otherCustomerId)
                    .withFirstPurchaseDate(purchaseDate)
                    .withSecondPurchaseDate(otherPurchaseDate)
                    .withItemsPurchased(purchasedItems)
                    .withTotalAmount(price + otherPrice);

            return builder.build();  ◄──── 새로운 CorrelatedPurchase 객체를 반환한다.
        }
}
```

CorrelatedPurchase 객체를 생성하려면 각 Purchase 객체에서 일부 정보를 추출한다. 새 객체를 생성하는 데 필요한 항목 수가 많기 때문에 빌더 패턴을 사용한다. 빌더 패턴을 사용하면 코드가 명료해지고 잘못 배치된 매개변수로 인한 오류를 줄일 수 있다. 또한 PurchaseJoiner는 제공된 Purchase 객체 둘 다 널값을 확인하므로 내부[inner], 외부[outer], 왼쪽 외부[left inner] 조인에 사용할 수 있다. 4.4.4절에서 다른 조인 옵션에 대해 논의할 것이다. 지금은 스트림 간에 조인을 구현하는 단계로 넘어간다.

조인 구현하기

스트림 간에 조인으로 인한 레코드를 병합하는 방법을 살펴봤으므로 실제 KStream.join 메소드(src/main/java/bbejeck/chapter_4/KafkaStreamsJoinsApp.java에 있음) 호출로 넘어가 보자.

```
KStream<String, Purchase> coffeeStream =
➡ branchesStream[COFFEE_PURCHASE]; ◄─── 분기된 스트림 추출
KStream<String, Purchase> electronicsStream =
➡ branchesStream[ELECTRONICS_PURCHASE];

ValueJoiner<Purchase, Purchase, CorrelatedPurchase> purchaseJoiner =
➡ new PurchaseJoiner(); ◄─── 조인을 수행하는 데 사용하는 ValueJoiner 인스턴스

JoinWindows twentyMinuteWindow = JoinWindows.of(60 * 1000 * 20);

KStream<String, CorrelatedPurchase> joinedKStream =
➡ coffeeStream.join(electronicsStream,          join 메소드를 호출해
                    purchaseJoiner,             coffeeStream과 electronicsStream의
                    twentyMinuteWindow,         자동 리파티셔닝을 작동시킨다.
                    Joined.with(stringSerde,
                            purchaseSerde,
                            purchaseSerde)); ◄─── 조인을 구성한다.

joinedKStream.print("joinedStream"); ◄─── 조인 결과를 콘솔에 인쇄한다.
```

KStream.join 메소드에 4개의 매개변수를 제공한다.

- electronicsStream: 조인할 전자 구매 스트림

- purchaseJoiner: ValueJoiner<V1, V2, R> 인터페이스의 구현. ValueJoiner는 두 가지 값을 허용한다(동일한 타입이 아닐 수도 있음). ValueJoiner.apply 메소드는 구현에 종속적인 로직을 수행하고 R 타입의 객체(아마도 새로운 객체)를 반환한다. 이 예에서 purchaseJoiner는 두 Purchase 객체에서 관련 정보를 추가하고 CorrelatedPurchase 객체를 반환한다.

- twentyMinuteWindow: JoinWindows 인스턴스. JoinWindows.of 메소드는 조인에 포함될 두 값 사이의 최대 시간 차이를 지정한다. 이 경우, 타임스탬프는 서로 20분 이내에 있어야 한다.

- Joined 인스턴스: 조인을 수행하기 위한 선택적 매개변수를 제공한다. 이 경우 매개변수는 키와 스트림을 호출하기 위한 값 Serde 그리고 보조 스트림을 위한 값

Serde이다. 레코드를 조인할 때 키는 동일한 타입이어야 하기 때문에 하나의 키 Serde만 있다.

> |**참고**| 조인 참가자는 윈도 상태 저장소에서 구체화되기 때문에 조인에 Serde가 필요하다. 이 예제에서는 조인의 양쪽에 동일한 타입의 키가 있어야 하므로 키에 대해서는 하나의 Serde만 제공한다.

구매가 서로 20분 이내에 이뤄져야 한다고 지정했지만 순서는 포함되지 않는다. 타임스탬프가 서로 20분 이내이면 조인이 발생한다.

이벤트의 순서를 지정하는 데 사용할 수 있는 2개의 추가 JoinWindows() 메소드를 사용할 수 있다.

- JoinWindows.after: streamA.join(streamB, ..., twentyMinuteWindow. after(5000), ...) 이것은 streamB 레코드의 타임스탬프가 streamA 레코드의 타임스탬프 이후 최대 5초임을 명시한다. 윈도의 시작 시간 경계는 변경되지 않는다.
- JoinWindows.before: streamA.join(streamB, ..., twentyMinuteWindow. before(5000), ...) 이것은 streamB 레코드의 타임스탬프는 streamA 레코드의 타이스탬프 전 최대 5초임을 명시한다. 윈도의 종료 시간 경계는 변경되지 않는다.

before()와 after() 메소드 모두에서 시차는 밀리초 단위로 표현된다. 조인에 사용되는 시간 범위는 **슬라이딩 윈도**^{sliding window} 의 예다. 다음 장에서 윈도 작업을 자세히 살펴볼 것이다.

> |**참고**| 예제 4.13에서는 카프카가 설정한 타임스탬프가 아닌 실제 거래 타임스탬프가 필요하다. 거래에 포함된 타임스탬프를 사용하려면[5] StreamsConfig.DEFAULT_TIMESTAMP_EXTRACTOR_CLASS_CONFIG를 TransactionTimestampExtractor.class를 사용하도록 설정해 사용자 정의 타임스탬프 추출기를 지정한다.

이제 조인된 스트림을 구성했다. 커피 구매 20분 이내에 전자제품을 구입하면 고객이 다음에 지마트를 방문할 때 사용할 수 있는 무료 음료 쿠폰이 제공된다.

더 나아가기 전에 데이터 조인의 중요한 요구사항인 코파티셔닝을 잠시 설명하려고 한다.

코파티셔닝

카프카 스트림즈에서 조인을 수행하려면 모든 조인 참가자가 **코파티셔닝**^{co-partitioning} 되어 있음을 보장해야 한다. 이는 같은 수의 참가자가 있고 같은 타입의 키가 있음을 의미한다. 결과적으로, 예제 4.13의 join( ) 메소드를 호출하면 두 KStream 인스턴스 모두 리파티셔닝이 필요한지 점검할 것이다.

> |**참고**| GlobalKTable 인스턴스는 조인에 참여할 때 리파티셔닝이 필요하지 않다.

4.4.2절에서 transactionStream에 selectKey( ) 메소드를 사용하고 반환된 KStream을 즉시 분기했다. selectKey( ) 메소드는 키를 수정하기 때문에 coffeeStream과 electronicsStream을 모두 리파티셔닝해야 한다. 다시 반복하지만, 동일한 키가 동일한 파티션에 쓰이게 해야 하기 때문에 리파티셔닝이 필요하다. 이 리파티셔닝은 자동으로 처리된다. 또한 카프카 스트림즈 애플리케이션을 시작할 때 조인과 관련된 토픽이 동일한 수의 파티션을 갖는지 확인한다. 불일치가 발견되면 TopologyBuilderException이 발생한다. 조인과 관련된 키가 동일한 타입인지 확인하는 것은 개발자의 책임이다.

코파티셔닝은 카프카 스트림즈 소스 토픽에 기록할 때 모든 카프카 프로듀서가 동일한 파티셔닝 클래스를 사용하도록 요구한다. 마찬가지로 카프카 스트림즈 싱크 토픽에 기록하는 모든 작업에는 KStream.to( ) 메소드를 통해 동일한 StreamPartitioner를 사용해야 한다. 기본 파티셔닝 전략을 고수하면 파티셔닝 전략에 대해 걱정할 필요가 없다.

조인을 계속하면서 사용 가능한 그 밖의 옵션을 살펴보자.

4.4.4 그 밖의 조인 옵션

예제 4.13의 조인은 **내부 조인**^{inner join}이다. 내부 조인에서 두 레코드가 존재하지 않을 경우 조인이 발생하지 않고 CorrelatedPurchase 객체를 내보내지 않는다. 두 가지 레코드를 모두 필요로 하지 않는 다른 옵션이 있다. 조인을 위해 원하는 레코드를 사용할 수 없을 때도 정보가 필요하다면 유용하다.

외부 조인

외부 조인^{outer join}은 항상 레코드를 출력하며, 전달된 조인 레코드는 조인에서 명시한 두 이벤트 모두가 포함되지 않을 수 있다. 시간 윈도가 만료될 때 조인의 한쪽이 없으면 외부 조인은 다운스트림에서 사용 가능한 레코드를 보낸다. 물론, 두 이벤트 모두가 윈도 내에 존재하면 발행된 레코드는 두 이벤트를 모두 포함한다.

예를 들어, 예제 4.13에서 외부 조인을 사용하려면 다음과 같이 한다.

coffeeStream.outerJoin(electronicsStream,..)

그림 4.16은 외부 조인의 세 가지 가능한 결과를 보여준다.

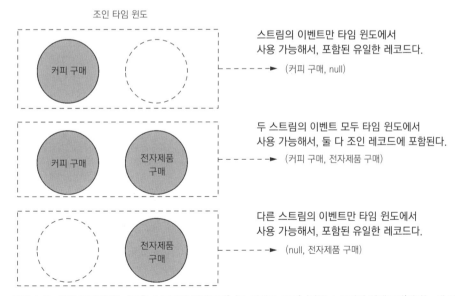

▲ **그림 4.16** 외부 조인에서는 '호출 스트림의 이벤트만', '두 이벤트 모두', '다른 스트림의 이벤트만'이라는 세 가지 결과가 가능하다.

왼쪽 외부 조인

왼쪽 외부 조인^{left outer join}에서 다운스트림에 전송한 레코드는 한 가지를 제외하고는 외부
조인과 유사하다. 조인 윈도에서 다른 스트림에서만 사용 가능한 이벤트가 발생하면 출력
이 전혀 없다. 예제 4.13에서 왼쪽 외부 조인을 사용하려면 다음과 같이 하면 된다.

```
coffeeStream.leftJoin(electronicsStream..)
```

그림 4.17은 왼쪽 외부 조인의 결과를 보여준다.

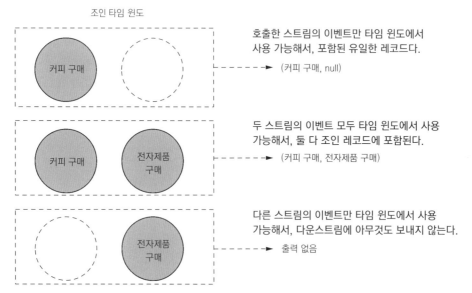

▲ **그림 4.17** 왼쪽 외부 조인에서는 세 가지 결과가 가능하지만, 다른 스트림의 레코드만 사용할 수 있는 경우 출력
이 없다.

지금까지 스트림의 조인을 살펴봤지만 더 상세히 논의할 가치가 있는 개념이 하나 있는
데, 바로 타임스탬프와 이 타임스탬프가 카프카 스트림즈 애플리케이션에 미치는 영향이
다. 조인 예제에서는 이벤트 간의 최대 시간 차이를 20분으로 지정했다. 이 경우에는 구매
간 시간이지만, 이러한 타임스탬프를 설정하거나 추출하는 방법은 명시하지 않았다. 그것
을 자세히 살펴보자.

4.5 카프카 스트림즈의 타임스탬프

2.4.4절에서 카프카 레코드의 타임스탬프에 대해 논의했다. 이 절에서는 카프카 스트림즈에서 타임스탬프의 사용에 대해 설명한다. 타임스탬프는 카프카 스트림즈 기능의 핵심 영역에서 다음과 같은 역할을 담당한다.

- 스트림 조인
- 변경로그 업데이트(KTable API)
- Processor.punctuate( ) 메소드가 언제 작동할지 결정(프로세서 API)

아직 KTable이나 프로세서 API를 다루지는 않았지만 괜찮다. 이 절을 이해하기 위해 이것까지 알 필요는 없다.

스트림 처리에서 그림 4.18에서 보는 것과 같이 타임스탬프를 세 가지 범주로 나눌 수 있다.

- **이벤트 시간**event time : 이벤트가 발생했을 때 설정한 타임스탬프다. 보통 이벤트를 나타내는 데 사용된 객체에 포함된다. 예제에서 ProducerRecord를 생성할 때 타임스탬프는 이벤트 시간으로도 생각할 수 있다.
- **인제스트 시간**ingestion time : 데이터가 처음 데이터 처리 파이프라인에 들어갈 때 설정되는 타임스탬프다. 카프카 브로커가 설정한 타임스탬프(LogAppendTime의 구성 설정이 있다고 가정)를 인제스트 시간으로 생각할 수 있다.
- **처리 시간**processing time : 데이터나 이벤트 레코드가 처음 처리 파이프라인을 통과하기 시작할 때 설정된 타임스탬프다.

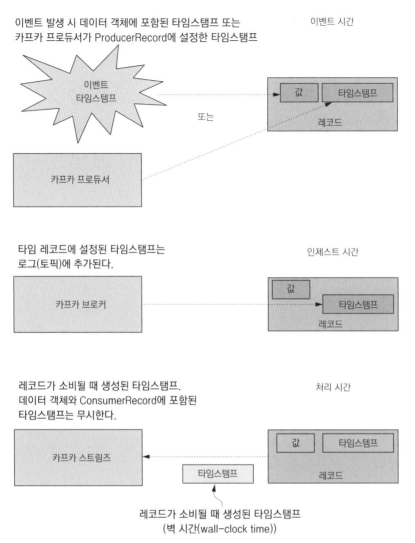

이벤트 발생 시 데이터 객체에 포함된 타임스탬프 또는
카프카 프로듀서가 ProducerRecord에 설정한 타임스탬프

이벤트 시간

타임 레코드에 설정된 타임스탬프는
로그(토픽)에 추가된다.

인제스트 시간

레코드가 소비될 때 생성된 타임스탬프.
데이터 객체와 ConsumerRecord에 포함된
타임스탬프는 무시한다.

처리 시간

레코드가 소비될 때 생성된 타임스탬프
(벽 시간(wall-clock time))

▲ **그림 4.18** 카프카 스트림즈에는 이벤트 시간, 인제스트 시간, 처리 시간이라는 세 가지 범주의 타임스탬프가 있다.

이 절에서는 카프카 스트림즈 API가 타임스탬프 세 가지 타입을 모두 지원하는 방법을
살펴볼 것이다.

| **참고** | 지금까지 클라이언트와 브로커가 동일한 시간대에 있다고 암묵적으로 가정했으나 항상 그렇다고 볼 수는 없다. 타임스탬프를 사용하는 경우 UTC 표준 시간대를 사용해 시간을 표준화하는 것이 가장 안전하다. 브로커와 클라이언트가 어떤 표준 시간대를 사용하고 있는지 혼동을 제거하기 때문이다.

타임스탬프 처리 시맨틱의 세 가지 경우를 고려해보자.

- 실제 이벤트나 메시지 객체에 포함된 타임스탬프(이벤트 시간 시맨틱)
- ProducerRecord(이벤트 시간 시맨틱)를 생성할 때 레코드 메타데이터에 설정된 타임스탬프 사용
- 카프카 스트림즈 애플리케이션이 레코드를 인제스트할 때 현재 타임스탬프(현재 로컬 시간)를 사용(처리 시간 시맨틱)

이벤트 시간 시맨틱은 ProducerRecord에 의해 메타데이터에 배치된 타임스탬프를 사용하는 것으로 충분하다. 그러나 다른 요구가 있을 수 있다. 다음 예제를 생각해보자.

- 메시지 객체에 타임스탬프가 기록된 이벤트로 카프카에 메시지를 보내고 있다. 카프카 프로듀서가 이러한 이벤트 객체를 사용할 수 있게 되는 데 약간의 시간이 소요되므로 메시지 객체에 내장된 타임스탬프만 고려해야 할 수 있다.
- 카프카 스트림즈 애플리케이션이 레코드의 타임스탬프를 사용하는 대신 레코드를 소비하는 시간을 고려하고 싶다.

다양한 처리 시맨틱을 가능하게 하기 위해 카프카 스트림즈는 하나의 추상abstract 구현과 네 가지 구현체가 있는 TimestampExtractor 인터페이스를 제공한다. 레코드값에 내장된 타임스탬프로 작업해야 하는 경우 사용자 정의 TimestampExtractor 구현을 만들어야 한다. 포함된 구현을 간략하게 살펴보면서 사용자 정의 TimestampExtractor를 구현해보자.

4.5.1 제공된 TimestampExtractor 구현

제공된 `TimestampExtractor` 구현의 거의 모든 부분은 메시지 메타데이터에 있는 프로듀서나 브로커가 설정한 타임스탬프를 다룬다. 그러므로 이벤트 시간 처리 시맨틱(프로듀서가 설정한 타임스탬프)이나 로그 추가 시간 처리 시맨틱(브로커가 설정한 타임스탬프)을 사용할 수 있다. 그림 4.19는 `ConsumerRecord` 객체에서 타임스탬프를 가져오는 것을 보여준다.

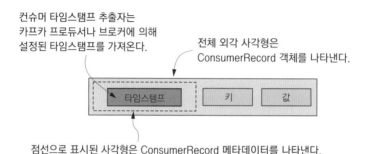

컨슈머 타임스탬프 추출자는
카프카 프로듀서나 브로커에 의해
설정된 타임스탬프를 가져온다.

전체 외각 사각형은
ConsumerRecord 객체를 나타낸다.

점선으로 표시된 사각형은 ConsumerRecord 메타데이터를 나타낸다.

▲ **그림 4.19** ConsumerRecord 객체의 타임스탬프. 설정에 따라 프로듀서나 브로커가 이 타임스탬프를 설정한다.

타임스탬프에 대해 기본 설정인 `CreateTime` 사용을 가정하고 있지만, `LogAppendTime`을 사용한다면 카프카 브로커가 로그에 레코드를 추가할 시점의 타임스탬프 값을 반환한다는 것을 명심하자. `ExtractRecordMetadataTimestamp`는 `ConsumerRecord`에서 메타데이터 타임스탬프를 추출하는 핵심 기능을 제공하는 추상 클래스다. 대부분 이 클래스를 확장해서 구현한다. 구현체는 유효하지 않은 타임스탬프(타임스탬프가 0보다 작을 때)를 처리하기 위해 추상 메소드인 `ExtractRecordMetadataTimestamp.onInvalidTimestamp`를 오버라이드한다.

다음은 `ExtractRecordMetadataTimestamp` 클래스를 확장한 클래스 목록이다.

- `FailOnInvalidTimestamp`: 유효하지 않은 타임스탬프의 경우 예외를 발생시킨다.
- `LogAndSkipOnInvalidTimestamp`: 유효하지 않은 타임스탬프를 반환하고 유효하지 않은 타임스탬프로 인해 레코드가 삭제된다는 경고 메시지를 남긴다.
- `UsePreviousTimeOnInvalidTimestamp`: 유효하지 않은 타임스탬프의 경우 마지막으로 추출한 유효한 타임스탬프를 반환한다.

이벤트 시간의 타임스탬프 추출기를 설명했지만, 다뤄야 할 제공된 타임스탬프 추출기가 하나 더 있다.

4.5.2 WallclockTimestampExtractor

WallclockTimestampExtractor는 처리 시간 시맨틱process-time semantics을 제공하며 어떤 타임스탬프도 추출하지 않는다. 대신 System.currentTimeMillis( ) 메소드를 호출해 밀리초 단위의 시간을 반환한다.

그것은 제공된 타임스탬프 추출기를 위한 것이다. 다음으로 사용자 정의 버전을 만드는 방법을 살펴볼 것이다.

4.5.3 사용자 정의 TimestampExtractor

ConsumerRecord의 값 객체에서 타임스탬프(또는 계산 값)로 작업하려면 TimestampExtractor 인터페이스를 구현하는 사용자 정의 추출기가 필요하다. 그림 4.20은 값 객체에 내장된 타임스탬프와 카프카(생산자나 브로커)가 설정한 값을 사용하는 방법을 설명한다.

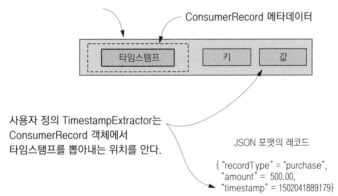

▲ **그림 4.20** 사용자 정의 TimestampExtractor는 ConsumerRecord에 포함된 값을 기반으로 타임스탬프를 제공한다. 이 타임스탬프는 기존 값이거나 값 개체에 포함된 속성에서 계산된 타임스탬프다.

다음은 TimestampExtractor 구현(src/main/java/bbejeck/chapter_4/timestamp_extractor/ TransactionTimestampExtractor.java에 있음)의 예이고, '조인 구현하기' 절의 예제 4.12에 있는 조인 예제에서도 사용됐다(구성 매개변수이기 때문에 여기서는 볼 수 없다).

예제 4.14 사용자 정의 TimestampExtractor

```java
public class TransactionTimestampExtractor implements TimestampExtractor {

    @Override
    public long extract(ConsumerRecord<Object, Object> record,
            long previousTimestamp) {
        Purchase purchaseTransaction = (Purchase) record.value();
        return purchaseTransaction.getPurchaseDate().getTime();
    }
}
```

카프카에 보내진 키/값 쌍에서 Purchase 객체를 찾는다.

구매 시점에 기록된 타임스탬프를 반환한다.

조인 예제에서는 실제 구매 시간의 타임스탬프가 필요하기 때문에 사용자 정의 TimestampExtractor를 사용했다. 이 방법을 사용하면 배달이 지연되거나 도착 순서가 잘못됐더라도 레코드를 조인할 수 있다.

> |**경고**| 로그 보존 및 로그 롤링은 타임스탬프를 기반으로 하며 추출기가 제공한 타임스탬프는 변경로그와 결과 토픽 다운스트림에 사용되는 메시지 타임스탬프가 될 수 있기 때문에 사용자 정의 TimestampExtractor를 만들 때 주의하자.

4.5.4 TimestampExtractor 명시하기

타임스탬프 추출기가 작동하는 방식에 대해 살펴봤으므로 이제 사용할 타임스탬프 추출기를 애플리케이션에게 알려주자. 타임스탬프 추출기를 지정하는 방법에는 두 가지가 있다.

첫 번째 방법은 카프카 스트림즈 애플리케이션을 설정할 때 속성에 전역 타임스탬프 추출기를 설정하는 것이다. 속성을 설정하지 않았다면 기본 설정은 FailOnInvalid Timestamp.class이다. 예를 들어, 다음 코드는 애플리케이션 설정 시 속성을 통해 TransactionTimestampExtractor를 설정한다.

```
props.put(StreamsConfig.DEFAULT_TIMESTAMP_EXTRACTOR_CLASS_CONFIG,
➡ TransactionTimestampExtractor.class);
```

두 번째 방법은 Consumed 객체를 통해 TimestampExtractor 인스턴스를 제공하는 것이다.

```
Consumed.with(Serdes.String(), purchaseSerde)
        .withTimestampExtractor(new TransactionTimestampExtractor()))
```

이 방식의 장점은 입력 소스마다 하나의 TimestampExtractor를 둘 수 있다는 점이다. 하지만 하나의 TimestampExtractor 인스턴스로 각기 다른 토픽의 레코드를 처리해야 할 수 도 있다.

타임스탬프 사용에 대한 설명이 끝났다. 다음 장에서는 타임스탬프 간의 차이로 인해 KTable의 캐시를 비우는 것처럼 몇 가지 작업을 수행하는 상황을 겪게 될 것이다. 세 가지 유형의 타임스탬프 추출기를 모두 기억하지 않더라도, 카프카와 카프카 스트림즈가 작동하 는 데 있어 타임스탬프가 중요한 이유는 이해하고 넘어가야 한다.

요약

- 스트림 처리는 상태가 필요하다. 때로는 이벤트가 독자적으로 진행될 수 있지만, 보통 좋은 결정을 내리기 위해서는 추가 정보가 필요하다.
- 카프카 스트림즈는 조인을 포함해 상태 변환에 유용한 추상화를 제공한다.
- 카프카 스트림즈의 상태 저장소는 데이터 지역성과 내결함성 같은 스트림 처리에 필요한 상태 유형을 제공한다.
- 타임스탬프는 카프카 스트림즈에서 데이터 흐름을 제어한다. 타임스탬프 소스의 선택은 신중하게 고려해야 한다.

다음 장에서는 집계와 그룹화 같은 중요한 작업으로 스트림에서의 상태를 계속 살펴볼 것이다. 또한 KTable API도 살펴본다. KStream API는 개별적으로 분리된 레코드와 관련되 지만, KTable은 동일한 키를 가진 레코드가 업데이트로 간주되는 변경로그의 구현체다.

KStream과 KTable 인스턴스 간의 조인에 대해서도 설명한다. 마지막으로, 카프카 스트림즈에서 가장 흥미로운 기능 중 하나를 살펴볼 것이다. 즉, 쿼리 가능한 상태$^{\text{queryable state}}$다. 쿼리 가능한 상태를 사용하면 외부 애플리케이션의 토픽에서 데이터를 읽어서 정보를 구체화^{materialize}하지 않고도 스트림의 상태를 직접 관찰할 수 있다.

1. [p.137] 제이 크렙스(Jay Kreps), '왜 로컬 상태는 스트림 처리에서 기본 요소인가'(http://mng.bz/sf ol)

2. [p.146] 기존 KStream 인스턴스 → 새 싱크 노드 → 새 소스 노드 → 새 KStream 인스턴스와 같이 연결된다. - 옮긴이

3. [p.147] 최신 API에서 partition 메서드 매개 변수로 topic이 추가됐다.
   Integer partition(String topic, K key, V value, int numPartitions) - 옮긴이

4. [p.148] KIP-138에서 펑추에이터 시맨틱이 변경된 이후 Processor나 Transformer에서 deprecation 선언됐으며 최신 API에서는 완전히 제거됐다. Punctuator 인터페이스를 이용해 구현해야 한다.
   참고로 깃허브에 있는 StockPerformanceMultipleValuesTransformer 자바 파일은 최신 카프카 스트림즈 버전에서 작동하지 않으므로, 펑추에이터를 구현하고 punctuate 메서드 내에서 context.forward()를 이용해 결과를 하위 스트림으로 전달해야 한다. - 옮긴이

5. [p.165] 4.5절 '카프카 스트림즈의 타임스탬프'에서 거래에 포함된 타임스탬프를 추출하는 방법을 소개한다. - 옮긴이

5
KTable API

지금까지 KStream API와 카프카 스트림즈 애플리케이션에 상태를 추가하는 방법을 살펴봤다. 5장에서는 상태 추가에 관해 더 깊이 살펴보면서 KTable이라는 새로운 개념도 소개할 것이다.

KStream API를 살펴보면서 개별 이벤트나 이벤트 스트림에 관해 이야기했다. 원래의 지마트 예제에서는 제인 도우가 구매할 때 개별 이벤트로서의 구매만 고려했다. 제인이 얼마나 많이 그리고 자주 구매했는지 추적하지는 않았다. 데이터베이스에서는 구매 이벤트 스트림을 일련의 삽입^{insert}으로 간주할 수 있다. 개별 레코드는 신규이며 다른 레코드와 연관되지 않아서 테이블에 연속으로 입력할 수 있다.

이제 개별 구매 이벤트에 프라이머리 키$^{primary\ key}$(고객 ID)를 추가해보자. 제인 도우와 관련된 일련의 구매 이벤트나 그 업데이트가 있는데, 프라이머리 키를 사용하기 때문에 개별 구매는 제인의 구매 활동에 업데이트된다. 스트림과 테이블 간 관계는 이벤트 스트림을 삽입으로, 키를 가진 이벤트를 업데이트로 처리하는 것 정도가 될 것이다.

이 장에서는 KTable이 동작하는 방식을 이해하는 데 도움이 되는 스트림과 테이블 사이의 관계를 좀 더 깊이 살펴볼 것이다.

두 번째로, KTable에 대해 알아볼 것이다. KTable API는 레코드 업데이트 작업을 위해 설계됐다. 집계와 카운트 같은 기능을 위해 업데이트 작업은 필요하다. 4장에서 상태 유지 변환$^{stateful\ transformation}$에 관해 소개할 때 업데이트를 다뤘는데, 4.2.5절에서 고객 구매를 추적하는 보상 프로세서를 변경했다.

세 번째로, 윈도 연산으로 들어가 볼 것이다. 윈도는 주어진 기간에 대해 버킷 데이터를 처리한다. 예를 들어, 10분마다 최근 1시간 동안의 구매량을 집계할 경우다. 무제한으로 수집하는 대신 윈도는 데이터를 청크^{chunk} 단위로 모을 수 있다.

> |참고| **윈도**(windowing)와 **버킷**(bucketing)은 동의어라 할 수 있다. 둘 다 정보를 작은 청크(chunk)나 분류(category)에 배치하는데, 윈도는 시간에 의한 분류일 뿐 작업 결과는 동일하다.

이 장의 마지막 주제는 쿼리 가능한 상태 저장소다. 상태 저장소에 직접 쿼리를 실행할 수 있기 때문에 카프카 스트림즈에 있어서 쿼리 가능한 상태 저장소는 흥미진진한 기능이다. 다시 말하면, 카프카 토픽을 소비^{consume}하지도 데이터베이스를 읽지 않고도 상태 유지 데이터를 조회할 수 있다. 이제 첫 번째 주제로 넘어가 보자.

5.1 스트림과 테이블의 관계

1장에서 스트림을 무한히 연속된 이벤트라 정의했다. 이 표현은 매우 일반적이기 때문에 구체적인 예를 들어 설명하겠다.

5.1.1 레코드 스트림

일련의 주가 업데이트를 보려고 한다. 1장에 있던 마블 다이어그램을 그림 5.1처럼 다시 작성할 수 있다. 각각의 주가 시세는 개별 이벤트이고 서로 관련이 없다는 사실을 알 수 있다. 같은 회사의 시세 정보가 다수 차지하더라도, 한 번에 하나씩만 보고 있다. 이 이벤트 뷰는 KStream이 작동하는 방식인 레코드의 스트림이다.

화살표 선에 있는 원의 주가는 공개적으로 거래되는 주가를 시장 상황에 맞게 조정한 것이다.

업데이트된 주가를 실시간으로 표시하는 주식 시세표를 보고 있다고 가정해보자.

▲ **그림 5.1** 끝없이 연속된 주식 시세 스트림에 관한 마블 다이어그램

이제 이 개념이 데이터베이스 테이블과 어떤 관련이 있는지 살펴보겠다. 그림 5.2의 단순 주가 시세 테이블을 보자.

Stock_ID	타임스탬프	주가
ABVF	32225544289	105.36
APPL	32225544254	333.66

표에서 행은 키/값 쌍으로 재구성할 수 있다.
예를 들어, 표의 첫 행은 다음처럼 키/값 쌍으로 변환할 수 있다.

{key:{stockid:1235588}, value:{ts:32225544289, price:105.36}}

▲ **그림 5.2** 단순 데이터베이스 테이블은 회사의 주식 가격을 표현하고 있다. 키 열과 값을 담고 있는 또 다른 열이 있다. 다른 열들을 value 컨테이너에 한 덩어리로 만들어 넣을 수 있다면, 키/값 쌍을 고려해볼 수 있다.

> |**참고**| 간단하게 만들기 위해 키는 단일 값이라 가정한다.

다음으로 레코드 스트림을 다시 한번 보자. 각 레코드는 독립적으로 있기 때문에 테이블에 삽입하는 것으로 스트림을 표현한다. 그림 5.3은 이를 설명하기 위해 두 관점을 함께 보여준다.

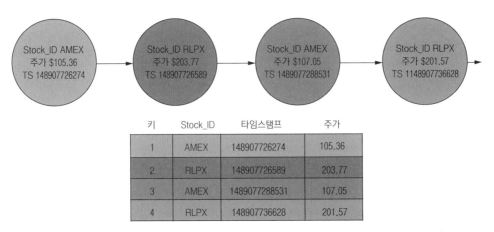

이벤트와 데이터베이스 입력 사이의 관계를 보여준다. 두 회사의 주가이기는 하지만,
이 스트림의 각 항목을 하나의 이벤트로 생각하기 때문에 4개의 이벤트로 취급한다.

이로 인해, 각 이벤트는 삽입하고 테이블에 입력할 때마다 키값이 증가한다.

이를 고려해서, 각 이벤트는 새로운 독립된 레코드 또는 새로운 데이터베이스 테이블에 입력된다.

▲ **그림 5.3** 개별 이벤트 스트림을 데이터베이스 테이블 입력과 비교한다. 이 테이블에서 개별 행은 스트리밍 (streaming)과 유사하게 볼 수 있다.

여기서 중요한 건 테이블 삽입과 이벤트 스트림을 같은 색상으로 함께 볼 수 있다는 것인데, 이벤트를 처리하는 스트림 사용에 대해 더 깊이 이해할 수 있다. 다음 단계는 이 스트림 이벤트가 다른 스트림 이벤트와 관련된 경우를 고려해보는 것이다.

5.1.2 레코드 및 변경로그 업데이트

여기에 동일한 고객 거래 스트림을 가져와 보자. 다만, 이제는 시간 흐름에 따른 활동을 추적한다. 고객 ID 키를 추가한다면 구매 이벤트는 각기 다른 이벤트와 연관시킬 수 있고, 이벤트 스트림과는 다른 업데이트 스트림을 갖게 될 것이다.

이 스트림을 로그처럼 간주한다면, 이 이벤트 스트림은 변경로그 같은 업데이트 스트림으로 취급할 수 있다. 그림 5.4는 이 개념을 보여준다.

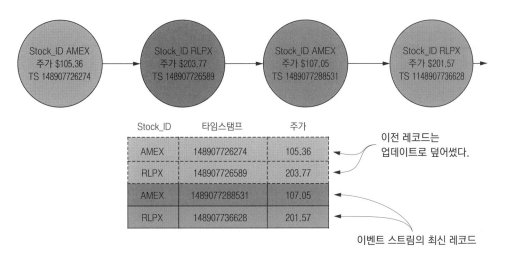

Stock_ID를 프라이머리 키로 사용한다면, 이후 이벤트는 같은 키로 변경로그를 업데이트한다.
이 경우, 한 회사마다 1개, 즉 레코드 2개만 남는다.
같은 회사에 더 많은 레코드가 유입될 수 있지만, 레코드에 누적되지는 않을 것이다.

▲ **그림 5.4** 변경로그에서 유입 레코드(incoming record)는 같은 키를 가진 이전의 레코드를 덮어쓴다. 이 레코드 스트림은 총 4개의 이벤트가 있었지만, 업데이트나 변경로그의 경우에는 2개만 남는다.

여기서 업데이트 스트림과 데이터베이스 테이블 사이의 관계를 알 수 있다. 로그와 변경로그 둘 다 파일의 끝에 추가된 유입 레코드를 의미한다. 로그의 경우 모든 레코드를 볼 수 있지만, 변경로그의 경우에는 주어진 어떤 키에 대한 최신 레코드만 유지한다.

> |**참고**| 로그와 변경로그에서 레코드는 입력되는 파일의 끝에 추가된다. 로그에서는 모든 로그가 필요하고, 변경로그에서는 각 키에 대한 최신 레코드만 필요하다는 점이 다를 뿐이다.

키별로 최신 레코드를 유지하는 동안 로그를 잘라내기 위해, 2장에서 살펴본 로그 압축을 사용할 수 있다. 그림 5.5에서 로그 압축의 영향을 볼 수 있다. 마지막 값만 고려하기 때문에 오래된 키/값 쌍을 제거할 수 있다.[1]

---

1 이 절은 제이 크렙스(Jay Kreps)의 '카프카 스트림즈 소개: 단순화한 스트림 처리'(http://mng.bz/49HO) 문서와 '로그: 실시간 데이터의 통합된 추상화에 관해 모든 소프트웨어 엔지니어가 알아야 할 것'(http://mng.bz/eE3w) 문서를 참고했다.

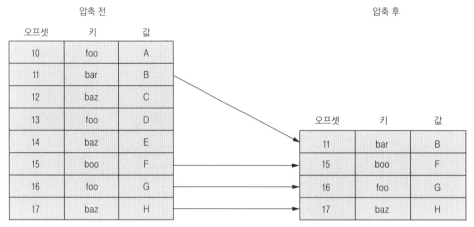

압축 전				압축 후		
오프셋	키	값		오프셋	키	값
10	foo	A				
11	bar	B		11	bar	B
12	baz	C				
13	foo	D				
14	baz	E		15	boo	F
15	boo	F		16	foo	G
16	foo	G		17	baz	H
17	baz	H				

▲ **그림 5.5** 왼쪽은 압축 전 로그인데, 같은 키와 서로 다른 값을 가진 업데이트를 볼 수 있다. 오른쪽은 압축 후 로그인데, 각 키에 대한 최신 값만 유지해서 결과적으로 이 로그의 크기가 더 작다.

KStream을 사용한 이벤트 스트림 작업은 이미 익숙할 텐데, 변경로그나 업데이트 스트림을 처리하기 위해서는 KTable로 알려진 개념을 사용할 것이다. 이제 스트림과 테이블 사이의 관계를 알아봤으니, 다음 단계는 이벤트 스트림과 업데이트 스트림을 비교해보는 것이다.

5.1.3 이벤트 스트림과 업데이트 스트림 비교

이벤트 스트림과 업데이트 스트림을 비교하기 위해, KStream과 KTable을 사용해 세 회사(가상의 회사)의 현재 주가를 기록하는 단순 주가 알림 애플리케이션을 실행해볼 것이다. 세 차례에 걸쳐 총 9건의 주가 레코드를 생산할 것이다. KStream과 KTable은 이 레코드를 읽어 print( ) 메소드를 통해 콘솔에 출력할 것이다.

그림 5.6은 이 애플리케이션의 실행 결과를 보여준다. 보는 바와 같이, KStream은 총 9건의 레코드를 출력했다. KStream은 각 레코드를 개별적으로 다루기 때문에 이런 방식으로 동작할 것으로 충분히 예상할 수 있다. 반면에, KTable은 레코드를 이전 레코드에 대한 업데이트로 다루므로, 레코드 3건만 출력했다.

가상의 세 회사에 대한 데이터 생성기를 가진
단순 주가 알림 애플리케이션이 3건의 업데이트를 생산하고 있다.
KStream은 받은 모든 레코드를 출력했고, KTable은 주어진 주식 심볼에 대한
최신 업데이트인 레코드의 마지막 배치(batch)만 출력했다.

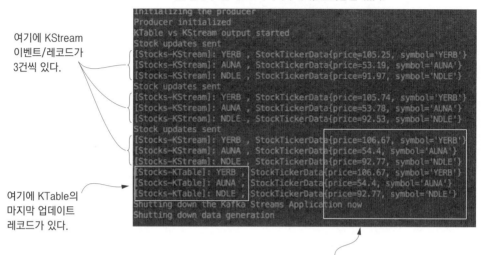

여기에 KStream
이벤트/레코드가
3건씩 있다.

여기에 KTable의
마지막 업데이트
레코드가 있다.

예상처럼 마지막 KStream
이벤트와 KTable 업데이트값은 같다.

▲ **그림 5.6** 같은 키가 있는 KTable과 KStream의 출력 메시지 비교

|참고| 그림 5.6은 KTable에서 업데이트가 작동하는 방식을 보여준다. 암묵적으로 추정했던 이 방식이 여기서 명료해졌다. KTable을 사용한다면 키/값 쌍에 있는 키를 레코드에 넣어야 한다. KTable이 작동하기 위해서는 이 키가 필수인데, 그렇지 않다면 테이블에 업데이트할 수 없다.

KTable 관점에서는 9개의 개별 레코드를 수신하지는 않았다. KTable은 원본 레코드 3건과 두 차례 업데이트를 받아 마지막 업데이트만 출력했다. KTable 레코드는 KStream이 발행한 마지막 3건의 레코드와 같다. 다음 절에서는 KTable이 업데이트만 내보내는 방법을 살펴볼 것이다.

다음은 콘솔에 결과를 출력하는 주식 알림 프로그램이다(소스 코드는 https://manning.com/books/kafka-streams-in-action 웹사이트에서 찾을 수 있고, src/main/java/bbejeck/chapter_5/KStreamVsKTableExample.java 파일에 있다).

```
KTable<String, StockTickerData> stockTickerTable =
⇒ builder.table(STOCK_TICKER_TABLE_TOPIC); ◀──── KTable 인스턴스 생성
KStream<String, StockTickerData> stockTickerStream =
⇒ builder.stream(STOCK_TICKER_STREAM_TOPIC); ◀──── KStream 인스턴스 생성

stockTickerTable.toStream()
⇒ .print(Printed.<String, StockTickerData>toSysOut()
⇒ .withLabel("Stocks-KTable")); ◀──── KTable이 콘솔에 결과 출력

stockTickerStream
⇒ .print(Printed.<String, StockTickerData>toSysOut()
⇒ .withLabel("Stocks-KStream")); ◀──── KStream이 콘솔에 결과 출력
```

기본 serdes 사용하기

KTable과 KStream을 만들 때, 사용할 어떠한 serdes도 지정하지 않았다. 둘 다 print() 메소드를 호출할 때도 마찬가지다. 설정에서 기본 serdes를 등록했기 때문에 가능했던 것이다.

```
props.put(StreamsConfig.DEFAULT_KEY_SERDE_CLASS_CONFIG,
⇒ Serdes.String().getClass().getName());
props.put(StreamsConfig.DEFAULT_VALUE_SERDE_CLASS_CONFIG,
⇒ StreamsSerdes.StockTickerSerde().getClass().getName());
```

다른 타입을 사용했다면 레코드를 읽거나 쓰는 오버로드된 메소드에 serdes를 제공해야 한다.

같은 키를 가진 스트림 레코드는 업데이트 레코드일 뿐, 새 레코드가 아니라는 점을 시사한다. 업데이트 스트림은 KTable의 주요 개념이다.

지금까지 실제 동작하는 KTable을 살펴봤으니 이제는 내부 구조를 살펴보자.

5.2 레코드 업데이트와 KTable 구성

KTable 기능을 이해하기 위해 다음과 같은 두 가지 질문을 할 수 있다.

- 레코드를 어디에 저장하는가?
- KTable은 레코드를 내보내는emit 결정을 어떻게 하는가?

이런 질문에 대한 답은 집계aggregation와 리듀스reducing 작업을 할 때 필요하다. 예를 들어, 집계를 수행할 때 카운트count를 갱신해야 하지만 카운트 증가를 매번 하나씩 하고 싶지는 않을 것이다.

첫 질문에 대한 답을 위해 KTable을 생성하는 다음 줄을 보자.

```
builder.table(STOCK_TICKER_TABLE_TOPIC);
```

이 단순한 구문으로 StreamsBuilder는 KTable 인스턴스를 만들고 동시에 그 내부에 스트림 상태를 추적하는 상태 저장소(StateStore)를 만들어 업데이트 스트림을 만든다. 이 방식으로 생성된 상태 저장소는 내부적인 이름을 갖기 때문에 대화형 쿼리에서는 사용할 수 없다.

StreamsBuilder.table의 오버로드된 버전에서는 스토어 유형을 사용자 정의하고 쿼리가 가능하도록 이름을 제공하기 위해 Materialized 인스턴스를 사용할 수 있다. 대화형 쿼리는 이 장의 마지막에서 살펴볼 것이다.

첫 질문에 대한 답은 KTable은 카프카 스트림즈와 통합된 로컬 상태 저장소를 저장 공간으로 사용한다는 것이다(4.3절에서 상태 저장소를 다뤘다).

이제 다음 질문인 KTable이 업데이트를 다운스트림 프로세서로 내보내는emit 시점에 관한 질문으로 옮겨보자. 이 질문에 답하기 위해서는 다음과 같은 사항들을 고려해봐야 한다.

- 애플리케이션에 유입되는 레코드 수. 높은 데이터 유입률은 업데이트된 레코드를 내보내는 비율을 높일 수 있다.
- 데이터에 구별되는 키distinct key가 얼마나 많은가? 구별되는 키 개수가 많다면 다운스트림에 더 많은 업데이트를 보내게 된다.
- cache.max.bytes.buffering과 commit.interval.ms 구성 매개변수

여기서 제어 가능한 것은 구성 매개변수뿐일 것이다. 먼저, cache.max.bytes.buffering 구성을 살펴보자.

5.2.1 캐시 버퍼 크기 설정하기

KTable 캐시는 같은 키가 있는 레코드의 중복을 의미한다. 이러한 중복 제거는 처리할 데이터의 총량을 줄이기 위해 모든 업데이트 대신 가장 최근 업데이트만 자식 노드에 제공한다. 게다가, 이 상태 저장소에는 가장 최근 업데이트만 저장하기 때문에, 영구 상태 저장소^{persistent state store}를 사용할 때 성능을 크게 향상할 수 있다.

그림 5.7은 이 캐시 작업을 보여준다. 보다시피, 캐시를 활성화하면 모든 레코드 업데이트가 다운스트림에 전달되지는 않는다. 이 캐시에는 주어진 키의 최근 레코드만 유지한다.

> |참고| 카프카 스트림즈 애플리케이션은 노드(프로세서)를 연결한 토폴로지 또는 그래프다. 어떤 노드라도 말단 프로세서(terminal processor)가 아니라면 1개 이상의 자식 노드를 가질 수 있다. 한 프로세서가 어떤 레코드 처리를 마쳤다면 '다운스트림'인 자식 노드로 그 레코드를 전달한다.

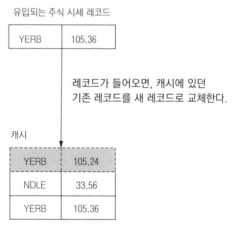

▲ **그림 5.7** KTable 캐시는 같은 키가 있는 레코드 업데이트의 중복을 제거해서, 토폴로지에 있는 KTable의 자식 노드에 연속적인 업데이트가 흐르는 것을 방지한다.

KTable은 스트림에서 이벤트 변경로그를 나타내기 때문에, 특정 시점에서 최근 업데이트만 처리하기를 기대할 것이다. 캐시를 사용하면 이 동작이 적용된다. 만약 스트림의 모든 레코드를 처리해야 한다면, 앞서 다뤘던 이벤트 스트림인 KStream을 사용하는 게 낫다.

큰 캐시는 내보낼 업데이트 수를 줄여줄 것이다. 게다가 캐시는 영구 저장소(록스 DB^{RocksDB})가 디스크에 쓰는 데이터 총량을 줄여주며, 로깅을 활성화한다면 특정 저장소의 변경로그 토픽에 전송하는 레코드 개수도 줄여준다.

캐시 크기는 `cache.max.bytes.buffering` 설정으로 레코드 캐시에 할당할 메모리 총량을 제어한다. 지정한 메모리 총량은 스트림 스레드 수로 균등하게 나눠진다(스트림 스레드 수는 `StreamsConfig.NUM_STREAM_THREADS_CONFIG` 설정으로 지정할 수 있고 기본값은 1이다).

> |경고| 캐시를 끄려면 cache.max.bytes.buffering에 0을 설정하면 된다. 그러나 이 설정은 변경로그를 이벤트 스트림으로 전환하게 되어, 사실상 모든 KTable 업데이트를 하위 스트림에 보내는 결과를 낳게 될 것이다. 또한 캐시를 사용하지 않는다는 것은 이제는 영구 저장소가 최근 업데이트만 쓰는 게 아니라 개별 업데이트를 쓴다는 의미가 된다.

5.2.2 커밋 주기 설정하기

또 다른 설정으로 `commit.interval.ms` 매개변수가 있는데, 프로세서 상태를 얼마나 자주(밀리초 단위) 저장할지 지정한다. 프로세서 상태를 저장(커밋)할 때, 캐시를 강제로 비우고 중복 제거된 마지막 업데이트 레코드를 다운스트림에 전송한다.

그림 5.8의 전체 캐시 워크플로를 보면, 레코드를 다운스트림에 보내는 두 가지 방법이 있음을 알 수 있다. 커밋하거나 캐시가 최대 크기에 도달하면 레코드를 다운스트림에 전송할 것이다. 반대로 캐시를 비활성화하면 중복된 키를 포함한 모든 레코드를 다운스트림에 전송할 것이다. 일반적으로, KTable을 사용할 때 캐시를 활성화하는 게 가장 좋다.

이와 같이, 캐시 크기와 커밋 시간 사이에 균형을 유지해야 한다. 커밋 시간이 짧은 캐시는 여전히 자주 업데이트된다. 커밋 간격이 길어지면 여유 공간 확보를 위해 캐시 축출^{cache eviction}이 발생하므로 (메모리 설정에 따라) 업데이트가 줄어들 수 있다. 여기에는 정해진 규칙이 없고, 시행착오를 통해서만 최적의 결과를 만들 수 있다. 기본값인 30초(커밋 시간)와 10MB(캐시 크기)로 시작하는 것이 좋다. 기억해야 할 핵심은 KTable이 전송하는 업데이트된 레코드 비율을 구성 가능^{configurable}하다는 것이다.

다음으로 애플리케이션에서 KTable을 사용하는 방법을 살펴보자.

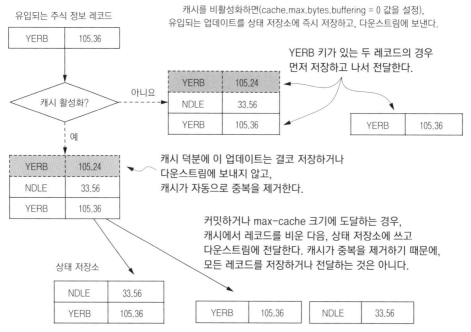

▲ **그림 5.8** 전체 캐시 워크플로: 캐시를 활성화하면 레코드 중복을 제거하고, 캐시를 비우거나 커밋할 때 다운스트림에 전송한다.

5.3 집계와 윈도 작업

이 절에서는 카프카 스트림즈의 가장 중요한 부분을 살펴볼 것이다. 지금까지 카프카 스트림즈에서 다음과 같은 측면을 살펴봤다.

- 처리 토폴로지를 구성하는 방법
- 스트리밍 애플리케이션에서 상태^{state}를 사용하는 방법
- 스트림 간 조인^{join}을 수행하는 방법
- 이벤트 스트림(KStream)과 업데이트 스트림(KTable)의 차이점

다음 예제에서 이런 모든 요소를 하나로 엮어볼 것이다. 스트리밍 애플리케이션에 있어 또 하나의 강력한 도구인 윈도^{windowing}를 소개할 것이다. 첫 예제는 간단한 집계다.

5.3.1 업계별 거래량 집계

스트리밍 데이터를 다룰 경우 집계와 그룹화는 필수 도구다. 스트리밍 데이터가 유입될 때 가끔은 단일 레코드를 처리하는 것만으로 충분하지 않으며, 통찰력을 얻기 위해서는 정렬과 그룹화가 필요할 것이다.

이 예제에서는 데이 트레이더$^{day\ trader}$ 역할을 맡아서 선택한 산업 목록 전체에 걸쳐 회사의 거래량을 추적할 것이다. 특히, 각 산업별로 거래량에 따라 상위 5개 회사에 관심이 있다고 하자.

이 집계를 하려면, 데이터를 올바른 형식으로 설정하기 위한 몇 가지 단계가 필요할 것이다. 개요 수준으로 본다면 다음과 같은 절차가 있다.

1. 원시^{raw} 주식 거래 정보가 입력된 토픽으로부터 소스^{source}를 만든다. StockTransaction 객체를 ShareVolume 객체에 매핑해야 할 것이다. 이 매핑을 수행하는 절차는 단순하다. StockTransaction 객체는 거래와 관련된 메타데이터를 갖고 있지만, 거래와 관련된 거래량(ShareVolume)만 필요하다.

2. 종목 코드로 ShareVolume 그룹을 만든다. 이 코드로 그룹을 만들면, 전체 주식 거래량에서 그룹별 거래량으로 데이터를 줄일 수 있다. 여기서 KStream.groupBy를 호출하면, KGroupedStream 인스턴스를 반환하는데, KGroupedStream.reduce를 호출하면 KTable 인스턴스를 얻을 것이다.

KGroupedStream은 무엇일까?

KStream.groupBy나 KStream.groupByKey를 사용할 때, 반환되는 인스턴스는 KGroupedStream이다. KGroupedStream은 키별로 그룹화한 이벤트 스트림의 중간 표현일 뿐, 직접 작업하기 위한 것은 아니다. 대신, KGroupedStream은 집계 작업을 수행하기 위해 필요하며 항상 KTable이 된다. 집계 작업은 KTable을 만들고 상태 저장소를 사용하기 때문에 모든 업데이트가 하위 스트림에 전달되지는 않는다.

이는 KTable.groupBy 메소드의 KGroupedTable 결과와 유사한데, 키를 사용해 다시 그룹화한 업데이트 스트림의 중간 표현이다.

지금까지의 설명을 도식화한 그림 5.9를 보자. 이 토폴로지는 이미 익숙할 것이다.

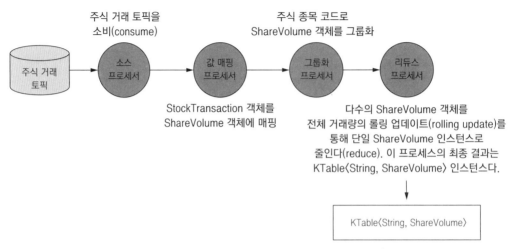

▲ **그림 5.9** StockTransaction 객체를 ShareVolume 객체로 매핑(mapping)과 리듀스(reducing) 작업을 한 다음, 롤링 합계(rolling total)로 데이터를 줄임

이제는 토폴로지 소스 코드를 살펴보자(소스 코드는 src/main/java/bbejeck/chapter_5/ AggregationsAndReducingExample.java에 있다).

예제 5.2 주식 거래 맵리듀스 소스 코드

```
KTable<String, ShareVolume> shareVolume =
    builder.stream(STOCK_TRANSACTIONS_TOPIC,
              Consumed.with(stringSerde, stockTransactionSerde)
    .withOffsetResetPolicy(EARLIEST))  ◀── 특정 토픽을 소비하는 소스 프로세서
    .mapValues(st -> ShareVolume.newBuilder(st).build())  ◀──  StockTransaction 객체를
                                                               ShareVolume 객체로 매핑
    .groupBy((k, v) -> v.getSymbol(),
              Serialized.with(stringSerde, shareVolumeSerde))  ◀──┐
    .reduce(ShareVolume::reduce);  ◀── 거래량을 롤링 집계하기 위한 ShareVolume 객체 리듀스
                                                      주식 종목 코드에 따른
                                                      ShareVolume 객체를 그룹화
```

이 몇 줄의 코드는 많은 것을 설명한다. 첫 번째 매개변수인 builder.stream 메소드를 보면, Consumed.withOffsetResetPolicy 메소드에 설정한 AutoOffsetReset.EARLIEST 열거형 상수(여기에 LATEST도 사용할 수 있다)를 볼 수 있다. 개별 KStream이나 KTable을 위한 오프

셋 초기화 전략은 이 열거형 상수를 통해 지정한다. 스트림 구성의 오프셋 초기화 설정은 이런 방식으로 다시 지정할 수 있다.

GroupByKey와 GroupBy의 차이점

KStream은 레코드 그룹화를 위해 GroupByKey와 GroupBy 메소드 두 가지를 제공한다. 둘 다 KGroupedTable을 반환하기 때문에, 어떻게 다른지 언제 사용해야 할지 궁금할 것이다.

GroupByKey 메소드는 KStream이 이미 null이 아닌 키를 갖고 있을 경우를 위해 사용한다. 더 중요한 건, '리파티셔닝 필요' 플래그가 절대 설정되지 않는다는 것이다.

GroupBy 메소드는 그룹화를 위한 키가 변경될 수 있다고 가정한다. GroupBy를 호출하면, 조인, 집계 등이 자동으로 리파티셔닝된다.

결론은 가능하면 GroupBy보다는 GroupByKey를 사용하는 편이 낫다는 것이다.

---

mapValues와 groupBy가 하는 역할을 알았으니, 이제는 ShareVolume의 sum( ) 메소드를 한번 살펴보자(소스 코드는 src/main/java/bbejeck/model/ShareVolume.java에 있다).

예제 5.3 ShareVolume.sum 메소드

```
public static ShareVolume sum(ShareVolume csv1, ShareVolume csv2) {
    Builder builder = newBuilder(csv1);  ◀── 복사 생성자(copy constructor)를 위한 빌더 사용
    builder.shares = csv1.shares + csv2.shares;  ◀── 두 ShareVolume 객체를 합산해서 주식 수를 설정
    return builder.build( );  ◀── build를 호출해 새 ShareVolume 객체를 반환
}
```

|참고| 이 책 앞부분에서 빌더 패턴을 봤지만, 여기서는 좀 다른 맥락으로 사용했다. 이 예제에서는 객체 사본을 만들어 원래 객체를 수정하지 않고 필드를 변경하기 위해 이 빌더를 사용하고 있다.

ShareVolume.sum 메소드는 전체 거래량 집계를 제공하고, 전체 프로세싱 체인^processing ^chain의 결과는 KTable<String, ShareVolume> 객체다. 이제는 이 KTable의 역할을 알 수 있다. ShareVolume 객체가 들어오면 연관된 KTable은 가장 최근 업데이트를 유지한다. 개별 업데이트를 다운스트림에 내보내는 것이 아니라, 모든 업데이트가 앞의 shareVolumeKTable에 반영됐음을 기억해야 한다.

|**참고**| 왜 집계 대신 리듀스(reduce)를 하는가? 비록 리듀스가 집계의 한 형태이긴 하지만, 이 리듀스 작업은 같은 유형의 객체를 생성한다. 집계도 결과를 합산하지만, 다른 유형의 객체를 반환할 수도 있다.

다음에는, 이 KTable을 가져와서 상위 5개 집계(점유율에 의한)의 요약을 수행하는 데 사용해볼 것이다.

1. 산업별로 ShareVolume 객체를 그룹화하는 또 다른 groupBy 작업을 수행하자.

2. ShareVolume 객체를 추가하자. 이때 집계 객체는 고정 크기의 우선순위 큐^{priority} ^{queue}다. 고정 크기 큐는 거래량에 의한 상위 5개 회사만 유지한다.

3. 이 큐를 문자열로 매핑하고, 거래량에 따른 산업별 상위 5개 주식만 결과에 포함한다.

4. 문자열 결과를 토픽에 쓴다.

그림 5.10은 데이터 흐름에 관한 토폴로지 그래프를 보여준다. 이 처리 단계는 보는 것처럼 간단하다.

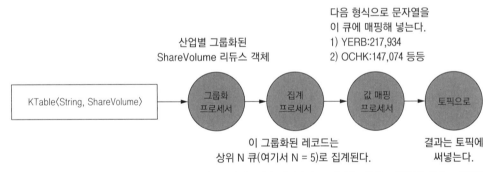

▲ **그림 5.10** 이 토폴로지는 산업별로 그룹화하고, 상위 5개만 집계하며, 큐에 있는 상위 5개를 문자열로 매핑한 다음, 토픽에 이 문자열을 쓴다.

```
Comparator<ShareVolume> comparator =
    (sv1, sv2) -> sv2.getShares() - sv1.getShares()

FixedSizePriorityQueue<ShareVolume> fixedQueue =
    new FixedSizePriorityQueue<>(comparator, 5);
```

이 집계 초기화는 FixedSizePriorityQueue 클래스의 인스턴스를 사용했다(데모 목적으로만!).

```
shareVolume.groupBy((k, v) -> KeyValue.pair(v.getIndustry(), v),
    Serialized.with(stringSerde, shareVolumeSerde))  ◀── 산업별 그룹화하고 필요한 serdes를 제공
    .aggregate(() -> fixedQueue, ◀──
            (k, v, agg) -> agg.add(v), ◀── 집계의 add 메소드가 새 업데이트를 추가
            (k, v, agg) -> agg.remove(v), ◀── 집계의 remove 메소드가 기존 업데이트를 제거
            Materialized.with(stringSerde, fixedSizePriorityQueueSerde)) ◀──
    .mapValues(valueMapper) ◀── ValueMapper 인스턴스는 집계를           집계(aggregator)를
    .toStream().peek((k, v) ->     리포팅에 사용되는 문자열로 변환         위한 serde
    LOG.info("Stock volume by industry {} {}", k, v)) ◀──
    .to("stock-volume-by-company", Produced.with(stringSerde,      (콘솔에) 결과를 남기기 위해 peek
    stringSerde)); ◀── stock-volume-by-company 토픽에 결과 쓰기         메소드를 이용해 toStream()을 호출
```

이 초기화 부분에는 fixedQueue 변수가 있다. java.util.TreeSet을 래핑하는 사용자 정의 객체인데, 거래량의 내림차순으로 상위 N개 결과를 유지하는 데 사용한다.

groupBy와 mapValues 호출을 앞에서 살펴봤으므로 다시 설명하지는 않겠다(KTable. print는 제거되어 더 이상 사용할 수 없으므로 KTable.toStream 메소드를 호출한다). 그러나 집계 버전의 KTable은 본 적이 없으므로 잠시 살펴보자.

KTable은 같은 키로 업데이트된 레코드를 유일하게 만들어준다는 사실이 기억날 것이다. KTable은 기존 레코드를 새 레코드로 교체한다. 집계도 이와 같은 방식으로 작동한다. 같은 키가 있는 가장 최근 레코드를 집계한다. 레코드가 도착하면 이 레코드를 FixedSizePriorityQueue에 add 메소드로 추가하지만(aggregate 호출에서 두 번째 매개변수), 같은 키의 다른 레코드가 있다면 remove 메소드로 기존 레코드를 제거한다(aggregate 호출에서 세 번째 매개변수).

FixedSizePriorityQueue인 이 집계는 같은 키가 있는 모든 값을 집계하는 것이 아니라, 가장 높은 값을 가진 상위 N개 주식 총계만 유지한다. 들어오는 개별 레코드에는 지금까지

거래된 주식 총량이 있다. KTable은 지금 어떤 회사가 상위 주식 거래량이 있는지 보여주는 데, 여러분은 개별 업데이트의 집계를 실행할 필요가 없다.

방금 두 가지 중요한 작업 방법을 배웠다.

- KTable에서 공통된 키로 값을 그룹화
- 이러한 그룹화한 값으로 리듀스와 집계 같은 유용한 연산을 수행

카프카 스트림즈 애플리케이션을 통해 데이터가 흐를 때 데이터를 이해해야 하거나 데이터가 나타내는 바를 알아내야 할 경우 이러한 연산을 실행하는 능력은 중요하다.

이 책 앞부분에서 살펴본 몇몇 주요 개념도 함께 정리했다. 4장에서 스트림 애플리케이션을 위한 내결함성과 로컬 상태의 중요성에 관해 배웠는데, 이 장의 첫 예제는 왜 로컬 상태가 그렇게 중요한지 보여줬다(이 로컬 상태는 이미 봤던 레코드를 추적할 수 있게 한다). 로컬 접근은 네트워크 대기 시간을 피할 수 있으므로 애플리케이션을 더 견고하고 효율성 있게 만든다.

리듀스나 집계 연산을 실행할 때마다, 상태 저장소 이름이 필요하다. 리듀스와 집계 연산은 KTable 인스턴스를 반환하고, 이 KTable은 기존 결과를 새 결과로 교체하기 위해 상태 저장소를 사용한다. 이미 앞에서 본 것처럼, 모든 업데이트가 다운스트림에 전달되는 것은 아니며, 집계 연산이 **요약**summary 정보를 모은다는 사실이 중요하다. 로컬 상태를 사용하지 않는다면, KTable은 모든 집계와 리듀스 결과를 전달할 수밖에 없을 것이다.

다음에는 **윈도**windowing 라 부르는, 특정 기간에 걸쳐 집계형 연산을 수행하는 방법을 살펴볼 것이다.

5.3.2 윈도 연산

이전 절에서 '롤링rolling' 리덕션reduction 과 집계aggregation 를 살펴봤다. 애플리케이션은 끊임없이 주식 거래량 리덕션을 수행해서 주식 시장에서 상위 5개의 거래된 주식을 집계한다.

어떨 때는 이처럼 계속되는 집계와 리덕션이 필요하기도 하지만, 또 어떨 때는 주어진 시간 범위에 대해서만 작업을 수행할 필요도 있다. 예를 들어, 최근 10분 동안 특정 회사와

관련된 주식 거래가 얼마나 발생했는가? 최근 15분 동안 새 광고를 클릭한 사용자는 얼마나 되는가? 애플리케이션은 이러한 연산을 여러 번 수행하지만, 그 결과는 정의된 기간 또는 시간 범위에 대해서만 있어야 한다.

고객별 주식 거래량 집계

다음 예제에서 소수 거래자의 주식 거래를 추적해볼 것이다. 이는 대규모 기관 거래자나 재정적으로 잘 아는 개인일 수 있다.

이러한 추적을 수행하는 데는 두 가지 이유가 있다. 한 가지 이유는 시장 리더가 어디에서 사고파는지 알고 싶을 수 있기 때문이다. 거물 또는 정통한 투자자가 시장에서 기회를 봤을 때 여러분도 아마 같은 전략을 따를 것이다. 또 다른 이유로, 내부 거래의 징후를 파악하기를 원할 수 있다. 거래에서 큰 스파이크 타이밍을 조사하고 최근 중요한 뉴스와 관련지어 보고 싶을 것이다.

다음은 이러한 추적을 위한 절차다.

1. 주식 거래 토픽을 읽어서 스트림을 만든다.

2. 고객 ID와 주식 종목 코드별 유입 레코드를 그룹화한다. groupBy 호출은 KGroupedStream 인스턴스를 반환한다.

3. 윈도 스트림을 반환하기 위해 KGroupedStream.windowedBy 메소드를 사용하면, 특정 유형의 윈도 집계를 수행할 수 있다. 제공한 윈도 타입에 따라 TimeWindowedKStream 또는 SessionWindowedKStream을 반환받을 것이다.

4. 집계 연산을 위해 계산을 수행한다. 윈도 스트림은 레코드를 이 계산에 포함할 것인지를 결정한다.

5. 이 결과를 특정 토픽에 쓰거나, 개발 중에는 콘솔에 결과를 출력한다.

이 애플리케이션의 토폴로지는 간단하지만, 구조를 머릿속에 그려보면 도움이 될 것이다. 그림 5.11을 보자.

이제, 윈도 기능과 관련 코드를 살펴보자.

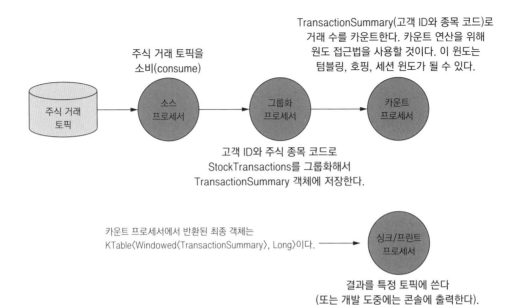

TransactionSummary(고객 ID와 종목 코드)로
거래 수를 카운트한다. 카운트 연산을 위해
원도 접근법을 사용할 것이다. 이 원도는
텀블링, 호핑, 세션 원도가 될 수 있다.

주식 거래 토픽을
소비(consume)

주식 거래
토픽

소스
프로세서

그룹화
프로세서

카운트
프로세서

고객 ID와 주식 종목 코드로
StockTransactions를 그룹화해서
TransactionSummary 객체에 저장한다.

카운트 프로세서에서 반환된 최종 객체는
KTable⟨Windowed⟨TransactionSummary⟩, Long⟩이다.

싱크/프린트
프로세서

결과를 특정 토픽에 쓴다
(또는 개발 도중에는 콘솔에 출력한다).

▲ **그림 5.11** 카운트 연산을 하는 원도 토폴로지

원도 유형

카프카 스트림즈에서는 세 가지 유형의 원도를 사용할 수 있다.

- 세션^{session} 원도
- 텀블링^{tumbling} 원도
- 슬라이딩^{sliding} 또는 호핑^{hopping} 원도

비즈니스 요구사항에 따라 어떤 유형을 선택할지는 달라질 수 있다. 텀블링과 호핑 원도는 시간 제한이 있는 반면, 세션 원도는 사용자 활동에 관련이 있다. 세션 길이는 사용자가 얼마나 활동적인지에 의해서만 결정된다. 모든 원도에 대해 염두에 둬야 할 사항은 벽시간$^{wall\ clock\ time}$이 아닌 레코드의 타임스탬프에 기반한다는 것이다.

다음에는 각각의 원도 유형으로 이 토폴로지를 구현할 것이다. 첫 예제에서만 전체 코드를 볼 텐데, 다른 원도 유형으로 바꿔도 원도 연산 유형을 변경하는 것 외에는 코드 차이가 크지 않을 것이기 때문이다.

세션 윈도

세션 윈도^{session window}는 여타 윈도와 많이 다른데, 시간에 엄격하게 제한받지 않고 사용자 활동(또는 추적하려는 어떤 활동)과 관련이 있다. 비활성화 기간으로 세션 윈도를 설명한다.

그림 5.12는 세션 윈도를 보는 방법을 보여준다. 더 작은 세션은 왼쪽에 있는 세션에 병합될 것이다. 그러나 오른쪽에 있는 세션은 넓은 비활성 간격^{inactivity gap}이 있으므로 새로운 세션이 된다.

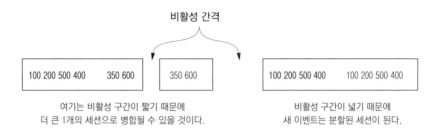

세션 윈도는 시간으로 제한되는 것이 아니라 활동 기간을 나타내므로 여타 윈도와 다르다.

▲ **그림 5.12** 작은 비활성 구간으로 분할된 세션 윈도를 결합해 더 큰 새로운 세션으로 만든다.

주식 거래 추적을 위한 세션 윈도 사용

주식 거래를 포착하기 위해 세션 윈도를 사용해보자. 다음 코드는 세션 윈도를 구현하는 방법을 보여준다(소스 코드는 src/main/java/bbejeck/chapter_5/CountingWindowingAndKTable JoinExample.java에 있다).

예제 5.5 세션 윈도로 주식 거래 추적하기

```
Serde<String> stringSerde = Serdes.String();
Serde<StockTransaction> transactionSerde =
➡ StreamsSerdes.StockTransactionSerde();

Serde<TransactionSummary> transactionKeySerde =
➡ StreamsSerdes.TransactionSummarySerde();

long twentySeconds = 1000 * 20;
long fifteenMinutes = 1000 * 60 * 15;
```

```
KTable<Windowed<TransactionSummary>, Long>
customerTransactionCounts =  ◀──  groupBy와 count 호출로 생성된 KTable
builder.stream(STOCK_TRANSACTIONS_TOPIC, Consumed.with(stringSerde,
transactionSerde)                    STOCK_TRANSACTIONS_TOPIC(문자열 상수)으로부터 스트림을
.withOffsetResetPolicy(LATEST)) ◀──  만든다. 이 스트림의 오프셋 초기화 전략은 LATEST를 사용한다.
.groupBy((noKey, transaction) ->      TransactionSummary 객체에 저장된
TransactionSummary.from(transaction), ◀── 고객 ID와 주식 종목으로 레코드를 그룹화한다.
Serialized.with(transactionKeySerde, transactionSerde))
.windowedBy(SessionWindows.with(twentySeconds).
until(fifteenMinutes)).count();  ◀── 비활성 시간 20초, 유지 시간 15분의 SessionWindow로
                                     그룹을 윈도 처리한 다음, count()와 같은 집계를 수행한다.
customerTransactionCounts.toStream()
.print(Printed.<Windowed<TransactionSummary>, Long>toSysOut()
.withLabel("Customer Transactions Counts")); ◀── KTable 출력을 KStream으로 변환하고
                                                콘솔에 결과를 출력한다.
```

이전에 이 토폴로지에서 기술한 대부분의 연산을 이미 봤기 때문에 다시 살펴볼 필요는 없고, 몇 가지 새로운 것만 살펴볼 것이다.

groupBy 연산을 할 때마다 일반적으로 일종의 집계 작업(집계, 리듀스, 카운트)을 수행한다. 이전 결과가 계속 축적되는 누적 집계를 수행하거나 지정된 시간 윈도 동안 레코드를 병합하는 윈도 집계를 수행할 수 있다.

예제 5.5의 코드는 세션 윈도를 카운트한다. 그림 5.13은 이를 정리한 것이다.

이 with 호출은 20초의
비활성 간격을 만든다.

이 until 메소드는 이 경우
15분의 유지 기간을 만든다.

SessionWindows.with(twentySeconds).until(fifteenMinutes)

▲ **그림 5.13** 비활성 기간과 유지 기간으로 세션 윈도 만들기

windowedBy(SessionWindows.with(twentySeconds).until(fifteenMinutes))를 호출해서 비활성 간격은 20초이고 유지 기간은 15분인 세션 윈도를 만든다. 20초의 비활성 시간은 현재 세션이 종료되거나 현재(활성) 세션 내의 시작 시간부터 20초 내에 도달하는 레코드를 애플리케이션이 포함한다는 뜻이다.

앞에서 본 예제의 경우, count( )를 수행하는 집계 연산을 정의했다. 만약 들어오는 레코드가 비활성화 간격(타임스탬프의 양쪽 어디서든)을 넘어선다면, 이 애플리케이션은 새 세션을 만든다. 유지 기간은 지정한 만큼의 시간 동안 유지하고, 세션의 비활성화 기간 밖에 있더라도 병합이 가능한 경우라면 늦게 도착한 데이터도 병합을 허용한다. 추가적으로, 세션이 병합될 때 새로 생성된 세션은 가장 이른 타임스탬프와 가장 최근 타임스탬프를 각각 새 세션의 시작과 끝으로 사용한다.

실행 중인 세션을 알아보기 위해 카운트 메소드를 사용해 소량의 레코드로 연습해보자. 표 5.1을 보자.

▼ **표 5.1** 20초 비활성 간격으로 테이블 세션 처리

도착 순서	키	타임스탬프
1	{123–345–654,FFBE}	00:00:00
2	{123–345–654,FFBE}	00:00:15
3	{123–345–654,FFBE}	00:00:50
4	{123–345–654,FFBE}	00:00:05

레코드가 들어올 때, 같은 키가 있는 기존 세션이면서 '현재 타임스탬프 – 비활성 간격'보다 작은 종료 시간을 갖고, '현재 타임스탬프 + 비활성 간격'보다 더 큰 시작 시간을 갖는 세션을 찾는다.

1. 레코드 1은 첫 레코드이며, 시작과 끝 시간은 00:00:00이다.

2. 레코드 2가 도착하면 가장 이른 종료 시간 23:59:55와 가장 늦은 시작 시간 00:00:35를 가진 세션을 찾는다.[2] 레코드 1을 찾았기 때문에 세션 1과 2는 병합한다. 세션 1 시작 시간(가장 이른 시간)과 세션 2 종료 시간(최근)을 유지하므로, 하나의 세션은 00:00:00으로 시작해서 00:00:15로 끝난다.

---

2   00:00:15 – 20s ≤ t ≤ 00:00:15 + 20s – 옮긴이

3. 레코드 3이 도착하면, 00:00:30부터 00:01:10 사이의 세션을 찾아봐도 해당하는 세션이 없다. 123-345-654 키로 두 번째 세션을 추가하는데, FFBE는 00:00:50에 끝난다.

4. 레코드 4가 도착하면, 23:59:45와 00:00:25 사이의 세션을 검색한다. 이번에는 세션 1과 2 둘 다 찾는다. 시작 시간이 00:00:00이고 종료 시간이 00:00:15인 3개의 세션 모두 한 세션으로 병합된다.

이 절에서 기억할 요점이 몇 가지 있다.

- 세션은 고정 크기 윈도가 아니다. 오히려, 세션의 크기는 주어진 시간 프레임 내의 총 활성화 시간에 의해 결정된다.
- 데이터에 있어서 타임스탬프는 이벤트가 기존 세션에 맞는지 또는 비활성화 간격으로 나뉘는지 결정한다.

이제, 다음 윈도 옵션인 텀블링 윈도를 살펴보자.

텀블링 윈도

고정^{fixed} 또는 **텀블링 윈도**$^{tumbling\ window}$는 지정한 기간 내의 이벤트를 추적한다. 특정 회사의 전체 주식 거래를 20초마다 추적해야 하고, 그 시간 동안 모든 이벤트를 수집한다고 하자. 20초가 경과하면 윈도는 다음 20초 감시 주기로 '텀블링'한다. 그림 5.14에서 이 상황을 볼 수 있다.

그림에서 보는 것처럼, 이 윈도에는 최근 20초 동안 들어온 개별 이벤트가 포함됐다. 새 윈도는 지정한 시간 후에 생성됐다.

20초마다 주식 거래를 추적하기 위한 텀블링 윈도 사용 방법을 여기에서 설명한다 (소스 코드는 src/main/java/bbejeck/chapter_5/CountingWindowingAndKtableJoinExample. java에 있다).

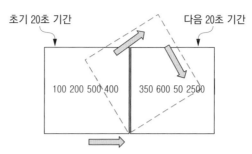

현재 기간이 다음번 기간으로 겹치지 않고 완전히 넘어간다
(텀블링은 점선으로 된 상자로 표현했다).

초기 20초 기간　　　　　　　　　　　다음 20초 기간

100 200 500 400　　　350 600 50 2500

왼쪽에 있는 상자는 첫 20초 윈도다. 20초 후에 새 20초 기간의
이벤트를 추적하기 위해 넘어가거나 업데이트한다.

이벤트는 겹치지 않는다. 첫 이벤트 윈도는 [100, 200, 500, 400]을 포함하고,
두 번째 이벤트 윈도는 [350, 600, 50, 2500]을 포함한다.

▲ **그림 5.14** 지정된 기간 후에 텀블링 윈도 초기화

예제 5.6 사용자 거래를 카운트하기 위해 텀블링 윈도 사용하기

```
KTable<Windowed<TransactionSummary>, Long> customerTransactionCounts =
⇒ builder.stream(STOCK_TRANSACTIONS_TOPIC, Consumed.with(stringSerde,
                                                          transactionSerde)
⇒ .withOffsetResetPolicy(LATEST))
   .groupBy((noKey, transaction) -> TransactionSummary.from(transaction),
⇒ Serialized.with(transactionKeySerde, transactionSerde))
   .windowedBy(TimeWindows.of(twentySeconds)).count();  ◀—— 20초 텀블링 윈도 지정
```

TimeWindows.of를 호출하는 변경만으로 텀블링 윈도를 사용할 수 있다. 이 예제는
until( ) 메소드를 포함하지 않는다. 이 윈도의 유지 기간을 정의하지 않았기 때문에 유지
기간은 기본 유지 기간인 24시간이 될 것이다.

마지막으로 소개할 윈도 옵션인 호핑 윈도로 넘어가 보자.

슬라이딩 또는 호핑 윈도

슬라이딩 ^{sliding} 또는 **호핑 윈도** $^{hopping\ window}$ 는 텀블링 윈도와 비슷하지만 작은 차이가 있다.
슬라이딩 윈도는 최근 이벤트를 처리할 새 윈도를 시작하기 전에 그 윈도 전체 시간을 기다

리지 않는다. 슬라이딩 윈도는 전체 윈도 유지 기간보다는 더 짧은 간격 동안 기다린 후 새 연산을 수행한다.

호핑 윈도가 텀블링 윈도와 어떻게 다른지 설명하기 위해 주식 거래 카운트 예제를 다시 가져오자. 거래 건수를 세고 싶지만, 카운트를 업데이트하기 전에 전체 기간을 기다리고 싶지는 않다. 대신, 짧은 간격 동안 카운트를 업데이트할 것이다. 예를 들어 그림 5.15에서 보는 것처럼, 여전히 20초마다 거래 건수를 카운트하지만 5초마다 카운트를 업데이트할 것이다. 이제 겹쳐진 데이터가 있는 3개의 결과 윈도가 생긴다.

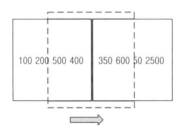

왼쪽 박스는 첫 20초 윈도인데, 이 윈도는 새 윈도를 시작하기 위해
5초 뒤에 슬라이드하거나 업데이트한다. 여기서는 겹쳐지는 이벤트를 보게 된다.
윈도 1은 [100, 200, 500, 400], 윈도 2는 [500, 400, 350, 600], 윈도 3은 [350, 600, 50, 2500]이다.

▲ **그림 5.15** 슬라이딩 윈도는 자주 업데이트하고 겹쳐진 데이터를 포함할 수 있다.

호핑 윈도 사용 코드는 여기에 있다(src/main/java/bbejeck/chapter_5/CountingWindowing AndKtableJoinExample.java 참고).

예제 5.7 거래 건수를 세는 호핑 윈도 예제

```
KTable<Windowed<TransactionSummary>, Long> customerTransactionCounts =
⇨ builder.stream(STOCK_TRANSACTIONS_TOPIC, Consumed.with(stringSerde,
⇨ transactionSerde)
⇨ .withOffsetResetPolicy(LATEST))
    .groupBy((noKey, transaction) -> TransactionSummary.from(transaction),
⇨ Serialized.with(transactionKeySerde, transactionSerde))
    .windowedBy(TimeWindows.of(twentySeconds)
⇨ .advanceBy(fiveSeconds).until(fifteenMinutes)).count();   ◄── 5초마다 이동하는 20초
                                                                 간격의 호핑 윈도 사용
```

advanceBy( ) 메소드로 텀블링 윈도를 호핑 윈도로 변환할 수 있다. 이 예제는 유지 시간을 15분으로 지정한다.

> |참고| 모든 윈도 예제에서 windowedBy 호출에만 변경이 있다는 사실을 알 것이다. 샘플 코드에 4개의 거의 동일한 예제 클래스가 있는 대신, src/main/java/bbejeck/chapter_5/CountingWindowing AndKtableJoinExample.java 파일에는 각기 다른 4개의 윈도 코드 라인을 포함했다. 실제로 각기 다른 윈도 작업을 보려면, 현재 윈도 작업에 주석을 달고 실행하려는 부분의 주석을 제거하자.

이제 시간 윈도에 집계 결과를 넣는 방법을 볼 것이다. 특히, 이 절에서는 다음 세 가지를 기억하기 바란다.

- 세션 윈도는 시간에 의해 고정되지 않고, 사용자 활동으로 유도된다.
- 텀블링 윈도는 지정된 시간 프레임 내에서 이벤트의 상황을 보게 한다.
- 호핑 윈도는 고정 길이이지만, 자주 업데이트되며, 개별 윈도에 겹치는 레코드가 들어 있을 수 있다.

다음에는 조인^{join}을 수행하기 위해 KTable을 KStream으로 다시 변환하는 방법을 살펴본다.

5.3.3 KStream과 KTable 조인하기

4장에서 KStream 2개를 조인하는 방법을 알아봤다. 이제 KTable과 KStream을 조인해보려 한다. KStream은 레코드 스트림이고 KTable은 레코드 업데이트 스트림인데, 가끔 KTable의 업데이트를 이용해 레코드 스트림에 부가적인 문맥을 추가해야 할 수도 있다.

주식 거래 카운트를 가져와서 관련 산업 분야의 금융 뉴스와 조인해보자. 다음은 기존 코드로 이를 만드는 절차다.

1. 주식 거래 카운트 KTable을 키가 주식 종목인 산업별 카운트로 변경한 KStream에 변환해 넣는다.

2. 금융 관련 토픽 뉴스를 읽어 KTable을 만든다. 새 KTable은 산업별로 분류될 것이다.

3. 이 뉴스 업데이트를 산업별 주식 거래 카운트와 조인한다.

나열한 이 절차대로 이러한 작업을 수행하는 방법을 살펴보자.

KTable을 KStream으로 변환하기

KTable을 KStream으로 변환하기 위해 다음 절차를 따라갈 것이다.

1. KTable.toStream( ) 메소드를 호출한다.

2. 키를 산업명으로 바꾸기 위해 KStream.map 호출을 이용하고 윈도 인스턴스로부터 TransactionSummary 객체를 추출한다.

이 단계는 다음과 같은 방식으로 서로 연결된다(소스 코드는 src/main/java/bbejeck/ chapter_5/CountingWindowingAndKtableJoinExample.java에 있다).

예제 5.8 KTable을 KStream으로 변환하기

```
KStream<String, TransactionSummary> countStream =
    customerTransactionCounts.toStream().map((window, count) -> {        toStream을 호출한 다음
                                                                          바로 맵 호출이 따라온다.
        TransactionSummary transactionSummary = window.key();
        String newKey = transactionSummary.getIndustry();        키를 주식 구매의 산업 분야로 설정한다.
        transactionSummary.setSummaryCount(count);               집계를 통해 카운트값을 가져와서
        return KeyValue.pair(newKey, transactionSummary);        TransactionSummary 객체에 둔다.
    });                                      KStream을 위한 새 KeyValue 쌍을 반환한다.
```

원도 인스턴스로부터 TransactionSummary 객체를 추출한다.

KStream.map 작업을 수행하기 때문에 조인에서 사용되면, KStream 인스턴스가 반환한 것은 자동으로 리파티셔닝된다.

이제 변환 절차를 완료했으니 다음 단계는 금융 뉴스를 읽어오기 위한 KTable을 생성하는 것이다.

금융 뉴스 KTable 만들기

다행히 이 KTable 만들기는 코드 한 줄만 추가하면 된다(src/main/java/bbejeck/chapter_5/ CountingWindowingAndKtableJoinExample.java에서 찾을 수 있다).

예제 5.9 금융 뉴스를 위한 KTable

```
KTable<String, String> financialNews =
    builder.table( "financial-news", Consumed.with(EARLIEST));
```

> EARLIEST 속성을 사용해 financial-news 토픽으로 KTable을 만든다.

이 구성은 문자열 serdes를 사용하기 때문에 어떤 serdes도 제공할 필요가 없다는 사실에 주목하자. 또한 EARLIEST를 사용하므로 시작할 때 이 테이블은 레코드로 채운다.

이제, 마지막 단계로 넘어가서 조인을 설정해보자.

뉴스 업데이트를 트랜잭션 카운트와 조인하기

조인 설정은 매우 간단하다. 트랜잭션에 관련된 산업 뉴스가 없는 경우를 대비해서 왼쪽 조인을 사용할 것이다(소스 코드는 src/main/java/bbejeck/chapter_5/CountingWindowingAnd KtableJoinExample.java에 있다).

예제 5.10 KStream과 KTable 간 조인 설정

```
ValueJoiner<TransactionSummary, String, String> valueJoiner =
    (txnct, news) ->
    String.format("%d shares purchased %s related news [%s]",
    txnct.getSummaryCount(), txnct.getStockTicker(), news);

KStream<String,String> joined =
    countStream.leftJoin(financialNews, valueJoiner,
    Joined.with(stringSerde, transactionKeySerde, stringSerde));

joined.print(Printed.<String, String>toSysOut()
    .withLabel("Transactions and News"));
```

> ValueJoiner는 조인 결과로부터 값을 결합한다.

> countStream KStream과 금융 뉴스 KTable을 위한 leftJoin 구문에는 조인한 인스턴스와 함께 serdes를 제공하고 있다.

> 결과를 콘솔에 출력(프로덕션 환경에서는 아마도 to("토픽 이름")으로 특정 토픽에 쓰게 될 것이다.)

leftJoin 구문은 단순하다. 4장에 있는 조인과 달리, KTable에는 하나의 키에 단일 레코드만 있기 때문에 KStream과 KTable 조인을 수행할 때 JoinWindow를 제공하지 않는다. 이 조인은 시간과 무관하고, 이 레코드는 KTable에 있을 수도 없을 수도 있다. 여기서 중요한 점은 KTable을 사용하면 업데이트 빈도가 낮은 조회 데이터를 제공해서 KStream과 연관된 데이터를 더 풍부하게 만들 수 있다는 것이다.

다음에는 KStream 이벤트를 향상하는 좀 더 효과적인 방법을 살펴볼 것이다.

5.3.4 GlobalKTable

앞에서 이벤트 스트림에 문맥을 추가하거나 강화할 필요성을 느꼈다. 4장에서 두 KStream 간 조인도 살펴봤으며, 앞 절에서는 KStream과 KTable 간 결합을 시연했다. 이러한 모든 경우에, 이 키를 새 타입이나 값으로 매핑할 때 이 스트림은 리파티셔닝을 해야 한다. 가끔은 직접 명시적으로 리파티셔닝을 할 경우도 있고 어떨 때는 카프카 스트림즈가 자동으로 이를 수행할 것이다. 키가 변경되어 결국 새 파티션이 되거나 결합이 발생하지 않을 것이므로 리파티셔닝이 필요하다(4장 '데이터 리파티셔닝'에서 이 문제를 살펴봤다).

리파티셔닝 비용

리파티셔닝은 공짜가 아니며 처리 과정에 추가적인 오버헤드가 있는데, 다른 토픽에 중복 데이터를 저장하는 중간 토픽을 만들어 다른 토픽에서 읽어서 쓰기 때문에 지연 시간을 증가시킨다. 추가적으로, 1개 이상의 패싯^{facet}이나 디멘전^{dimension}과 조인해야 한다면, 여러 조인을 묶고, 새 키로 레코드 매핑하며, 리파티셔닝 과정을 반복해야 한다.

더 작은 데이터 집합과 조인하기

어떤 경우 조인하려는 룩업^{lookup} 데이터는 비교적 작아서 이 조회 데이터 전체 사본을 개별 노드의 로컬에 배치할 수 있을 것이다. 조회 데이터가 상당히 작을 경우 카프카 스트림즈는 GlobalKTable을 사용할 수 있다.

애플리케이션이 모든 데이터를 각 노드에 동일하게 복제하기 때문에 GlobalKTable은 모두 같은 데이터를 갖는다. 전체 데이터가 개별 노드에 있기 때문에 이벤트 스트림은 모든 파티션에 데이터를 공급하기 위해 조회할 데이터 키로 파티셔닝할 필요가 없다. GlobalKTable은 키 없는 조인도 가능하다. 앞에서 본 예제 중 하나를 다시 가져와서 이 기능을 재현해보자.

GlobalKTable로 KStream 조인하기

5.3.2절에서 고객별 주식 거래에 대해 윈도 집계를 실행했다. 집계의 출력은 다음과 같다.

```
{customerId='074-09-3705', stockTicker='GUTM'}, 17
{customerId='037-34-5184', stockTicker='CORK'}, 16
```

비록 이와 같은 출력으로 목적을 달성하긴 했지만, 고객과 회사 이름을 볼 수 있다면 더 효과적일 것이다. 고객과 회사 이름을 채워넣는 일반적인 조인을 실행할 수도 있지만, 키 매핑과 리파티셔닝을 해야 한다. GlobalKTable을 사용하면 이러한 비싼 작업을 피할 수 있다. 이를 위해 다음 예제(소스 코드는 src/main/java/bbejeck/chapter_5/GlobalKTableExample. java에 있다)처럼 countStream을 사용해 두 GlobalKTable과 조인할 것이다.

예제 5.11 세션 윈도를 사용한 주식 거래 집계

```
KStream<String, TransactionSummary> countStream =
    builder.stream( STOCK_TRANSACTIONS_TOPIC,
➡ Consumed.with(stringSerde, transactionSerde)
➡ .withOffsetResetPolicy(LATEST))
    .groupBy((noKey, transaction) ->
➡ TransactionSummary.from(transaction),
➡ Serialized.with(transactionSummarySerde, transactionSerde))
    .windowedBy(SessionWindows.with(twentySeconds)).count()
    .toStream().map(transactionMapper);
```

이전에 이미 살펴봤던 예제이므로 여기서 다시 언급하지는 않는다. 그러나 toStream(). map 함수에 있는 코드가 인라인 람다[in-line lambda] 대신 가독성을 올리기 위해 함수 객체로 추상화됐다는 것만 알아두자.

다음 단계에서 GlobalKTable 인스턴스 2개를 정의한다(src/main/java/bbejeck/chapter_5/ GlobalKTableExample.java에 있다).

예제 5.12 조회 데이터용 GlobalKTable 정의

```
GlobalKTable<String, String> publicCompanies =
  builder.globalTable(COMPANIES.topicName());
```
→ publicCompanies 조회는 주식 종목 코드로 회사를 찾는다.

```
GlobalKTable<String, String> clients =
  builder.globalTable(CLIENTS.topicName());
```
→ 이 clients는 고객 ID로 고객 이름을 얻는다.

토픽 이름은 Topics 열거형 클래스에 정의했다.

이제 구성요소를 모두 준비했으므로 조인을 구성해보자(소스 코드는 src/main/java/ bbejeck/chapter_5/GlobalKTableExample.java에 있다).

예제 5.13 GlobalKTable로 KStream 조인

주식 종목 코드를 키로 하는 publicCompanies와 leftJoin을 설정하고, 회사 이름이 추가된 transactionSummary를 반환한다.

```
countStream.leftJoin(publicCompanies, (key, txn) ->
  txn.getStockTicker(),TransactionSummary::withCompanyName)
    .leftJoin(clients, (key, txn) ->
  txn.getCustomerId(), TransactionSummary::withCustomerName)
    .print(Printed.<String, TransactionSummary>toSysOut()
  .withLabel("Resolved Transaction Summaries"));
```
결과를 콘솔에 출력한다.

고객 ID를 키로 하는 clients 테이블과 leftJoin을 설정하고, 고객 이름이 추가된 transactionSummary를 반환한다.

여기에는 조인이 2개가 있지만, 어떠한 결과도 단독으로 사용하는 것이 아니므로 함께 연결된다.

조인 작업을 실행하면 다음과 같은 결과를 얻을 것이다.

```
{customer='Barney, Smith' company="Exxon", transactions= 17}
```

결과는 바뀌지 않았지만 읽기가 더 수월해졌다.

4장을 포함해서 여러 종류의 조인 동작을 살펴봤는데 표 5.2에 나열했다. 이 표는 카프카 스트림즈 1.0.0에서의 조인 옵션 상태를 나열했는데, 향후 릴리스에서 변경될 수도 있다.[3]

▼ **표 5.2** 카프카 스트림즈의 조인

왼쪽 조인	내부 조인	외부 조인
KStream–KStream	KStream–KStream	KStream–KStream
KStream–KTable	KStream–KTable	N/A
KTable–KTable	KTable–KTable	KTable–KTable
KStream–GlobalKTable	KStream–GlobalKTable	N/A

마지막으로, 로컬 상태^{local state}를 이용하면 이벤트 스트림(KStream)과 업데이트 스트림 (KTable)을 결합 가능하다는 사실을 기억해두자. 추가로 조회 데이터가 처리 가능한 크기라면 GlobalKTable을 사용할 수 있다. GlobalKTable은 키를 어떤 파티션에 매핑해야 할지 고려하지 않아도 모든 데이터를 개별 노드에서 사용할 수 있도록 카프카 스트림즈 애플리케이션에 있는 전체 파티션에 복제한다.

다음에는 카프카 토픽에서 데이터를 소비하지 않고 상태 변경을 감시할 수 있는 카프카 스트림즈 기능을 살펴볼 것이다.

5.3.5 쿼리 가능한 상태

상태를 포함하는 여러 가지 작업을 실행해봤는데, 항상 결과를 콘솔에 출력(개발 단계에서)하거나 특정 토픽에 썼다(프로덕션 환경에서). 특정 토픽에 이 결과를 쓸 때, 이 결과를 보기 위해서는 카프카 컨슈머를 사용해야 한다.

이러한 토픽에서 데이터를 읽는 것은 **구체화된 뷰**^{materialized view}의 한 형태로 생각해볼 수 있다. 위키피디아에 있는 구체화된 뷰 정의에 따르면 "쿼리 결과를 담는 데이터베이스

---

3 최신 버전에서 조인 가능 여부는 다음 문서를 참고한다. https://docs.confluent.io/current/streams/developer-guide/dsl-api.html#joining – 옮긴이

객체. 예를 들어, 원격에 있는 데이터의 로컬 사본, 테이블의 행이나 열의 하위 집합, 집계 함수를 사용하는 요약 등"이 될 수 있다(https://en.wikipedia.org/wiki/Materialized_view).

카프카 스트림즈는 상태 저장소로부터 **대화형 쿼리**interactive query도 제공하는데, 이러한 구체화된 뷰에서 직접 데이터를 읽는 기능을 제공한다. 상태 저장소가 읽기 전용 작업이라는 점을 유의해야 한다. 읽기 전용 쿼리를 만들면 애플리케이션이 데이터를 연속적으로 처리하는 동안 상태 불일치 발생에 대해 걱정할 필요가 없다.

상태 저장소를 쿼리 가능하게 만드는 것은 상당히 중요하다. 카프카 컨슈머에서 데이터를 소비하지 않고도 대시보드 애플리케이션을 만들 수 있음을 의미한다. 또한 데이터를 다시 쓰지 않기 때문에 효율성도 증가한다.

- 이 데이터는 로컬에 있기 때문에 매우 빠르게 접근할 수 있다.
- 외부 저장소로 복사하지 않으므로 데이터 중복을 피할 수 있다.[4]

애플리케이션이 직접 상태를 쿼리할 수 있음을 기억하자. 이 기능이 주는 이점을 충분하게 강조하기는 어려운 것 같다. 데이터를 애플리케이션에 공급하기 위해 카프카로부터 소비해서 레코드를 데이터베이스에 저장하는 대신, 같은 결과를 상태 저장소에 직접 쿼리할 수 있다. 상태 저장소에 직접 쿼리한다는 것은 코드양을 줄이고(컨슈머가 필요 없다) 필요한 소프트웨어 개수를 줄인다는(결과를 저장할 데이터베이스 테이블이 필요 없다) 의미가 된다.

이 장에서 많은 내용을 살펴봤기 때문에 상태 저장소의 대화형 쿼리에 대한 설명은 여기서 마무리할 것이다. 그러나 실망하지 말자. 9장에서 대화형 쿼리로 간단한 대시보드 애플리케이션을 만들어볼 것이다. 대화형 쿼리와 카프카 스트림즈 애플리케이션에 추가하는 방법을 보여주기 위해 이 장과 앞 장의 일부 예제를 사용할 것이다.

---

4   더 자세한 내용은 이노 테레스카(Eno Thereska)의 '아파치 카프카에서 스트림 처리와 대화형 쿼리 통합' 문서를 참고하자(http://mng.bz/dh1H).

요약

- KStream은 데이터베이스에 삽입하는 것과 비슷한 이벤트 스트림을 나타낸다. KTable은 업데이트 스트림이고 데이터베이스에 변경하는 것과 비슷하다. KTable 크기는 계속 증가하지 않으며, 기존 레코드는 새 레코드로 교체된다.
- KTable은 집계 작업이 필요하다.
- 윈도 연산으로 시간 버킷에 데이터를 집계해서 넣을 수 있다.
- GlobalKTable은 파티션에 대한 고려 없이 애플리케이션 전체에 걸쳐 조회 데이터를 제공한다.
- KStream, KTable, GlobalKTable과 서로 조인할 수 있다.

지금까지 카프카 스트림즈 애플리케이션을 구축하기 위해 고수준 KStream DSL에 초점을 맞춰왔다. 고수준 접근 방법이 훌륭하고 간결한 프로그램을 제공하긴 하지만, 트레이드 오프가 분명히 있다. KStream DSL로 작업하면 더 간결한 코드를 얻는 대신 특정 수준의 제어는 포기해야 한다. 다음 장에서는 저수준 프로세서 API를 살펴보면서 각기 다른 트레이드 오프를 정리해볼 것이다. 지금까지 만들어본 수준의 간결한 애플리케이션을 원하는 것이 아니라면, 사실상 필요한 모든 프로세서를 이 API로 만들 수 있을 것이다.

6

프로세서 API

지금까지 고수준 카프카 스트림즈 API로 작업해봤는데, 카프카 스트림즈 API는 개발자가 최소한의 코드로 견고한 애플리케이션을 만들기 위한 DSL이다. 처리 토폴로지를 신속하게 결합할 수 있는 기능은 카프카 스트림즈 DSL에 있어 중요한 기능이다. 다른 프레임워크에서나 요구하는 복잡한 세부 설정에 얽매이지 않고도 데이터 작업과 관련한 아이디어에 반복적으로 빠르게 살을 붙여갈 수 있다.

　그러나 최상의 도구를 사용할 때조차 어느 시점에서는 일반적인 방법을 벗어나야 하는 일시적인 상황에 맞닥뜨릴 수 있다. 특수한 경우가 무엇이든 간에 방법을 찾아서 고수준 추상화로 불가능한 어떠한 코드를 써야 한다.

6.1 더 높은 수준의 추상화와 더 많은 제어 사이의 트레이드 오프

더 높은 수준의 추상화와 더 많은 제어 사이의 트레이드 오프와 관련된 고전적인 예제는 객체 관계형 매핑^{ORM, object-relational mapping} 프레임워크다. 훌륭한 ORM 프레임워크는 도메인 객체를 데이터베이스 테이블에 매핑하고 실행 시간에 적합한 SQL 쿼리를 만든다. 일반적인 단순한 SQL 작업이라면(단순한 SELECT나 JOIN 구문), ORM 프레임워크를 사용하면 많은 시간을 절약할 수 있다. 그러나 ORM 프레임워크 품질과 무관하게 필연적으로 원하는 방식으로 동작하지 않는 소수의 쿼리(매우 복잡한 조인, 하위 SELECT 구문이 내포된 SELECT 구문)가 있을 수 있다. 이러한 경우 데이터베이스가 원하는 형식으로 정보를 조회하기 위해 원시^{raw} SQL을 써야 한다. 더 높은 수준의 추상화와 더 많은 프로그래밍 방식의 제어 사이의 트레이드 오프를 여기서 알 수 있다. 종종 프레임워크가 제공하는 더 높은 수준의 매핑과 함께 원시 SQL을 혼합해서 사용할 것이다.

이 장은 카프카 스트림즈 DSL로 쉽게 할 수 없는 방식으로 스트림 처리를 해야 할 때에 관한 것이다. 예를 들어, 프레임워크가 다운스트림에 레코드를 전달하는 타이밍을 제어하는 KTable API로 작업하는 것을 봤다. 레코드가 전송될 때 제어를 명시적으로 해야 할 상황을 직접 찾아볼 수 있을 것이다. 월 스트리트에서 거래를 추적하면서 주식이 특정 임계 가격을 넘어설 때에만 레코드를 전달하고 싶다고 하자. 이런 형태로 제어하려면 프로세서^{Processor} API를 사용하면 된다. 프로세서 API는 개발의 용이성이 떨어지는 대신 그 파워로 보상받는다. 원하는 것이 무엇이든 사용자 정의 프로세서로 작성할 수 있다.

6장에서는 다음과 같은 상황을 다루기 위해 프로세서 API 사용 방법을 배울 것이다.

- 일정한 간격(레코드 타임스탬프나 벽 시간^{wall clock time})으로 액션을 스케줄링
- 레코드가 다운스트림에 전송될 때 완벽하게 제어
- 특정 자식 노드에 레코드 전달
- 카프카 스트림즈 API에 없는 기능 구현(코그룹 프로세서를 만들 때 이 예제를 볼 것이다.)

우선, 토폴로지를 개발하면서 프로세서 API 사용 방법을 단계별로 살펴보자.

6.2 토폴로지를 만들기 위해 소스, 프로세서, 싱크와 함께 작업하기

여러 지역에 있는 성공적인 맥주공장(팝스홉스^{Pops Hops})의 소유자라고 하자. 유럽을 타깃 시장으로 한 해외 판매를 포함해서 유통업자로부터 주문을 받기 위해 최근 사업 영역을 확장했다. 회사 내에서 주문이 국내인지 해외인지, 영국 파운드화나 유로화를 미국 달러로 환산해야 할지를 판단해서 처리해야 한다.

작업의 흐름을 도식화하면 그림 6.1과 같을 것이다. 이 예제를 만들면서, 프로세서 API가 레코드를 전달할 때 얼마나 유연하게 하위 노드를 선택하는지 보게 될 것이다. 소스 코드를 작성하면서 시작해보자.

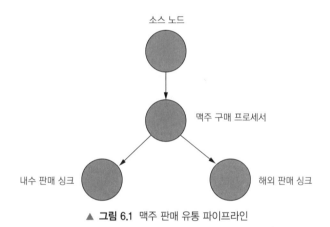

▲ **그림 6.1** 맥주 판매 유통 파이프라인

6.2.1 소스 노드 추가

토폴로지 구축 시 첫 번째 단계는 소스 노드를 설정하는 것이다. 다음 예제(소스 코드는 src/main/java/bbejeck/chapter_6/PopsHopsApplication.java에 있다)는 새 토폴로지에 데이터 소스를 설정한다.

```
topology.addSource(LATEST, ◀── 사용할 오프셋 리셋을 지정
                   purchaseSourceNodeName, ◀── 이 노드의 이름을 지정
                   new UsePreviousTimeOnInvalidTimestamp(),
                   stringDeserializer, ◀── 키 역직렬화기 지정
                   beerPurchaseDeserializer, ◀── 값 역직렬화기 지정
                   Topics.POPS_HOPS_PURCHASES.topicName()) ◀── 데이터를 소비할 토픽 이름 지정
```

이 소스를 사용하기 위해 ┌▶
TimestampExtractor를 명시 │

Topology.addSource() 메소드에는 DSL에서 사용하지 않았던 몇몇 매개변수가 있다. 먼저, 소스 노드 이름을 지정한다. 카프카 스트림즈 DSL을 사용했을 때는 KStream 인스턴스가 노드 이름을 만들었기 때문에 이름을 지정할 필요가 없었다. 그러나 프로세서 API를 사용한다면, 이 토폴로지에서 사용할 노드 이름을 제공해야 한다. 노드 이름은 자식 노드를 부모 노드에 묶기 위해 사용된다.

다음으로, 이 소스에 사용할 타임스탬프 추출기extractor를 지정한다. 각 스트림 소스에 사용할 다양한 타임스탬프 추출기를 4.5.1절에서 살펴봤다. 여기서는 UsePreviousTimeOn InvalidTimestamp 클래스를 사용했는데, 애플리케이션의 다른 소스에는 기본값인 FailOnInvalidTimestamp 클래스를 사용할 것이다.

다음으로, 카프카 스트림즈 DSL과 또 하나의 차이점인 키 역직렬화기와 값 역직렬화기를 제공해야 한다. DSL에서는 소스나 싱크 노드를 만들 때 Serde 인스턴스를 제공했다. Serde는 직렬화기와 역직렬화기를 자체 포함하고, 객체를 바이트 배열로, 바이트 배열을 객체로 변환할 것인지에 따라 카프카 스트림즈 DSL이 적합한 것을 사용한다. 프로세서 API는 저수준 추상화이기 때문에 소스 노드를 만들 때는 역직렬화기를, 싱크 노드를 만들 때는 직렬화기를 직접 제공해야 한다. 마지막으로, 소스 토픽 이름을 제공한다.

이제 이 애플리케이션에 넣을 구매 레코드로 작업하는 방법을 살펴보자.

6.2.2 프로세서 노드 추가

이제, 이 소스 노드에서 들어오는 레코드로 작업하는 프로세서를 추가할 것이다(소스 코드는 src/main/java/bbejeck/chapter_6/PopsHopsApplication.java에 있다).

```
BeerPurchaseProcessor beerProcessor =
  new BeerPurchaseProcessor(domesticSalesSink, internationalSalesSink);

topology.addSource(LATEST,
                   purchaseSourceNodeName,
                   new UsePreviousTimeOnInvalidTimestamp(),
                   stringDeserializer,
                   beerPurchaseDeserializer,
                   Topics.POPS_HOPS_PURCHASES.topicName())
        .addProcessor(purchaseProcessor,    ◀──── 프로세서 노드 이름
                      () -> beerProcessor,  ◀──── 위에서 정의한 프로세서를 추가
                      purchaseSourceNodeName);  ◀──── 부모 노드 또는 복수의 부모 노드 이름을 지정
```

이 코드는 토폴로지를 구축하기 위해 플루언트 인터페이스 패턴[fluent interface pattern]을 사용한다. 카프카 스트림즈 API와의 차이점은 반환 유형에 있다. 카프카 스트림즈 API의 경우, 모든 KStream 메소드 호출은 새 KStream이나 KTable 인스턴스를 반환한다. 프로세서 API에서 토폴로지에 대한 각각의 호출은 같은 토폴로지 인스턴스를 반환한다.

두 번째 주석에서는 이 코드 예제의 첫 번째 줄에서 만든 프로세서 인스턴스를 전달한다. Topology.addProcessor 메소드의 두 번째 매개변수는 ProcessorSupplier 인터페이스의 인스턴스이지만, ProcessorSupplier는 단일 메소드 인터페이스이므로, 람다 표현식으로 치환할 수 있다.

이 절의 핵심은 세 번째 매개변수인 purchaseSourceNodeName인데, 그림 6.2에서 볼 수 있듯이, addProcessor() 메소드는 addSource() 메소드의 두 번째 매개변수와 같다. 이는 노드 사이에 부모-자식 관계를 설정한다. 결국 부모-자식 관계는 카프카 스트림즈 애플리케이션에서 한 프로세서에서 다른 프로세서로 어떻게 레코드를 이동할 것인지 결정하는 것이다. 그림 6.3은 지금까지 작성한 것을 보여준다.

```
builder.addSource(LATEST,
          purchaseSourceNodeName,
          new UsePreviousTimeOnInvalidTimestamp()
          stringDeserializer,
          beerPurchaseDeserializer,
          "pops-hops-purchases");
```

소스 노드 이름(위)은 프로세서 노드(아래)에서
부모 이름으로 사용된다. 이는 카프카 스트림즈에서
데이터 흐름을 지시하는 부모-자식 관계를 설정한다.

```
builder.addProcessor(purchaseProcessor,
          () -> beerProcessor,
          purchaseSourceNodeName);
```

▲ **그림 6.2** 프로세서 API에서 부모와 자식 노드를 연결

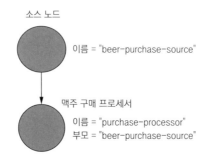

소스 노드

이름 = "beer-purchase-source"

맥주 구매 프로세서

이름 = "purchase-processor"
부모 = "beer-purchase-source"

▲ **그림 6.3** 노드 이름과 부모 이름을 포함한 프로세서 API 토폴로지

예제 6.1에서 만든 BeerPurchaseProcessor 역할에 대해 살펴보자. 이 프로세서는 다음
과 같은 두 가지 역할을 담당한다.

- 해외 판매 총액을 유로화에서 달러화로 변환한다.
- 국내 또는 해외의 판매 원가 기준으로 적절한 싱크 노드에 레코드를 전달한다.

process() 메소드에서 이 모든 것이 일어난다. process() 메소드가 하는 일은 다음과
같이 빠르게 정리할 수 있다.

1. 통화 유형을 확인한다. 달러화가 아니라면 달러화로 환산한다.
2. 국내 판매가 아니라면 업데이트된 레코드를 해외 판매 토픽에 전달한다.
3. 그렇지 않다면, 이 레코드를 국내 판매 토픽에 바로 전달한다.

다음은 이 프로세서에 관한 코드다(소스 코드는 src/main/java/bbejeck/chapter_6/
processor/BearPurchaseProcessor.java에 있다).

예제 6.3 BeerPurchaseProcessor

```java
public class BeerPurchaseProcessor extends
    AbstractProcessor<String, BeerPurchase> {

    private String domesticSalesNode;
    private String internationalSalesNode;

    public BeerPurchaseProcessor(String domesticSalesNode,
                                 String internationalSalesNode) {
        this.domesticSalesNode = domesticSalesNode;          // 레코드가 전달될
        this.internationalSalesNode = internationalSalesNode;  // 각 노드 이름을 설정
    }

    @Override
    public void process(String key, BeerPurchase beerPurchase) {  // 액션이 실행될
                                                                   // process() 메소드

        Currency transactionCurrency = beerPurchase.getCurrency();

        if (transactionCurrency != DOLLARS) {
            BeerPurchase dollarBeerPurchase;
            BeerPurchase.Builder builder =
    BeerPurchase.newBuilder(beerPurchase);
            double internationalSaleAmount = beerPurchase.getTotalSale();
            String pattern = "###.##";
            DecimalFormat decimalFormat = new DecimalFormat(pattern);
            builder.currency(DOLLARS);
            builder.totalSale(Double.parseDouble(decimalFormat.
    format(transactionCurrency
    .convertToDollars(internationalSaleAmount))));  // 해외 판매액을 달러화로 환산
            dollarBeerPurchase = builder.build();
            context().forward(key,
    dollarBeerPurchase, internationalSalesNode);
            // context() 메소드가 반환하는 ProcessorContext를
            // 사용해 레코드를 international 자식 노드에 전달
        } else {
            context().forward(key, beerPurchase, domesticSalesNode);
        }
        // 국내 판매 레코드를
        // domestic 자식 노드로 전송
    }
}
```

이 예제는 Processor 인터페이스 메소드를 오버라이드한 클래스인 AbstractProcessor를 process() 메소드만 제외하고 상속한다. Processor.process()는 토폴로지를 통해 흐르는 레코드에 대해 액션을 수행하는 메소드다.

|**참고**| 이 Processor 인터페이스는 init(), process(), punctuate(), close() 메소드를 제공한다. 이 Processor는 스트리밍 애플리케이션에서 레코드로 작업하는 애플리케이션 로직의 핵심이다. 이 예제에서는 필요한 메소드만 오버라이드할 것이기 때문에, 대부분 AbstractProcessor 클래스의 것을 사용할 것이다. AbstractProcessor 클래스는 ProcessorContext를 초기화하기 때문에 클래스 내에서 셋업을 할 필요가 없으므로, init() 메소드도 오버라이드할 필요가 없다.

예제 6.3의 마지막 몇 줄은 이 예제의 핵심을 보여주는데, 특정 자식 노드에 레코드를 전달하는 기능이다. context() 메소드는 이 프로세서의 ProcessorContext 레퍼런스를 조회한다. 토폴로지의 모든 프로세서는 토폴로지를 초기화할 때, StreamTask가 실행하는 init() 메소드에서 ProcessorContext 레퍼런스를 받는다.

이제 레코드를 처리하는 방법을 알아봤으니, 다음 단계는 레코드를 카프카에 쓰기 위해 싱크 노드(토픽)에 연결하는 것이다.

6.2.3 싱크 노드 추가

이제는 프로세서 API 사용 흐름에 대해 잘 알 것이다. 소스를 추가하기 위해 addSource를 사용했고, 프로세서를 추가하기 위해 addProcessor를 사용했다. 아마도 프로세서 노드에 싱크 노드(토픽)를 연동하기 위해 addSink() 메소드를 사용할 것이라 생각할 것이다. 그림 6.4는 업데이트된 토폴로지를 보여준다.

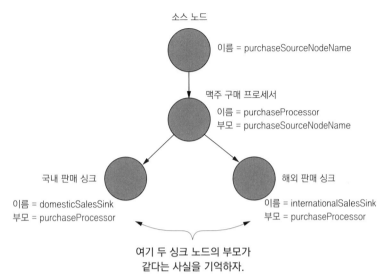

소스 노드

이름 = purchaseSourceNodeName

맥주 구매 프로세서

이름 = purchaseProcessor
부모 = purchaseSourceNodeName

국내 판매 싱크

이름 = domesticSalesSink
부모 = purchaseProcessor

해외 판매 싱크

이름 = internationalSalesSink
부모 = purchaseProcessor

여기 두 싱크 노드의 부모가
같다는 사실을 기억하자.

▲ **그림 6.4** 싱크 노드를 추가하는 것으로 토폴로지 마무리

이제 코드에 싱크 노드를 추가해 토폴로지를 업데이트할 수 있다(소스 코드는 src/main/ java/bbejeck/chapter_6/PopsHopsApplication.java에 있다).

예제 6.4 싱크 노드 추가

```
topology.addSource(LATEST,
                purchaseSourceNodeName,
                new UsePreviousTimeOnInvalidTimestamp(),
                stringDeserializer,
                beerPurchaseDeserializer,
                Topics.POPS_HOPS_PURCHASES.topicName())
        .addProcessor(purchaseProcessor,
                () -> beerProcessor,
                purchaseSourceNodeName)

        .addSink(internationalSalesSink,     ◄── 싱크 이름
                "international-sales",         ◄── 이 싱크가 제공하는 토픽
                stringSerializer,             ◄── 키에 대한 직렬화기
                beerPurchaseSerializer,       ◄── 값에 대한 직렬화기
                purchaseProcessor)            ◄── 이 싱크의 부모 노드 이름
```

```
.addSink(domesticSalesSink,  ◄──── 싱크 이름
        "domestic-sales",  ◄──── 이 싱크가 제공하는 토픽
        stringSerializer,  ◄──── 키에 대한 직렬화기
        beerPurchaseSerializer,  ◄──── 값에 대한 직렬화기
        purchaseProcessor);  ◄──── 이 싱크의 부모 노드 이름
```

이 예제에서는 달러화와 유로화를 위한 싱크 노드 2개를 추가한다. 트랜잭션의 통화 유형에 따라 적합한 토픽에 레코드를 쓸 것이다.

싱크 노드 2개를 추가할 때 부모 이름이 같음을 유의해야 한다. 두 싱크 노드에 같은 부모 이름을 제공하면 그림 6.4에서 볼 수 있듯이 둘 모두 이 프로세서에 연결된다.

토폴로지에 연동하고 레코드를 특정 자식 노드에 전달하는 방법을 이 첫 예제에서 봤다. 비록 이 프로세서 API가 카프카 스트림즈 API에 비해 장황한 면이 없진 않지만, 여전히 토폴로지 만들기는 어렵지 않다. 다음 예제는 프로세서 API가 제공하는 더 높은 유연성에 관해 살펴볼 것이다.

6.3 주식 분석 프로세서로 프로세서 API 자세히 살펴보기

이제 금융 세상으로 되돌아와서 데이 트레이딩 day trading 을 살펴볼 것이다. 데이 트레이더 day trader 로서 최적의 매매 시점을 선택할 목적으로 주가가 어떻게 변하는지 분석하기를 원한다. 즉, 시장 변동을 이용해 단기 수익을 만드는 것이 목적이다. 움직여야 할 때를 알려주는 주요 지표를 고려할 것이다.

- 이 주식의 현재 가치 조회
- 주식 가치가 상승, 하강 추세인지 표시
- 지금까지 총 주식 거래량과 상승, 하강 추세 여부 포함
- 추세 변동(상승 또는 하강)이 2%인 주식만 레코드를 다운스트림에 전송
- 계산하기 전에 주식의 최소 샘플 20개를 수집

이 분석을 수동으로 처리하는 방법을 살펴보자. 그림 6.5는 결정을 내릴 때 도움을 주는 일종의 의사결정 트리 decision tree 를 보여준다.

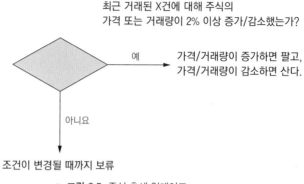

주식 XXYY의 현재 상태

종목 코드: XXYY; 주가: $10.79; 주식 거래량: 5,123,987

최근 거래된 X건에 대해 주식의
가격 또는 거래량이 2% 이상 증가/감소했는가?

예   가격/거래량이 증가하면 팔고,
가격/거래량이 감소하면 산다.

아니요

조건이 변경될 때까지 보류

▲ **그림 6.5** 주식 추세 업데이트

분석을 위해 수행해야 할 계산이 몇 가지 있다. 또한 이 계산 결과를 사용해 다운스트림에 전달해야 할지 여부와 시간을 결정한다.

레코드 전송에 있어 이러한 제한은 카프카 스트림즈 API를 사용하지 않고는 이 흐름을 제어하기 위해 표준 커밋 방식이나 캐시 플러시에 의존할 수 없음을 의미한다. 시간이 흐르면서 변경을 추적해야 하므로 상태가 필요하다는 건 두말할 필요도 없다. 여기서 필요한 것은 사용자 정의 프로세서를 쓰는 능력이다. 이 문제를 어떻게 해결할지 생각해보자.

> **데모 목적으로만 사용**
>
> 분명히 밝히지만 이 주가 평가 프로그램은 데모용일 뿐이므로, 실제 시장 예측에 사용하지 않도록 당부한다. 이 모델은 실제 접근법과 유사하지 않으며, 좀 더 복잡한 처리를 보여주기 위한 용도일 뿐이다. 나는 분명히 데이 트레이더도 아니다!

6.3.1 주식 성과 프로세서 애플리케이션

여기에 주식 성과 애플리케이션 토폴로지가 있다(소스 코드는 src/main/java/bbejeck/chapter_6/StockPerformanceApplication.java에 있다).

```
Topology topology = new Topology();
String stocksStateStore = "stock-performance-store";
double differentialThreshold = 0.02; ◀─── 다운스트림에 전달할 주식 정보에 대한 백분율 임곗값 설정


KeyValueBytesStoreSupplier storeSupplier =            인메모리 키/값 상태
➡ Stores.inMemoryKeyValueStore(stocksStateStore); ◀─ 저장소 생성
StoreBuilder<KeyValueStore<String, StockPerformance>> storeBuilder
➡ = Stores.keyValueStoreBuilder(
➡ storeSupplier, Serdes.String(), stockPerformanceSerde); ◀─
                                                        토폴로지에 추가할
                                                        StoreBuilder 생성
topology.addSource("stocks-source",
                   stringDeserializer,
                   stockTransactionDeserializer,
                   "stock-transactions")
       .addProcessor("stocks-processor",
➡ () -> new StockPerformanceProcessor(            토폴로지에
                                                  프로세서 추가
➡ stocksStateStore, differentialThreshold), "stocks-source") ◀─┘
       .addStateStore(storeBuilder,"stocks-processor") ◀─
                                                      stocks 프로세서에
       .addSink("stocks-sink",                        상태 저장소 추가
                "stock-performance",
                stringSerializer,
                stockPerformanceSerializer,
                "stocks-processor"); ◀─── 출력 용도로 사용하겠지만 결과를 쓰기 위한 싱크 추가
```

이 토폴로지는 이전 예제와 같은 흐름을 갖는다. 이전 예제에서는 ProcessorContext 객체를 초기화하기 위해 AbstractProcessor.init 메소드에 의존했기 때문에 어떠한 셋업도 하지 않았다. 그러나 이 예제에서는 상태 저장소를 사용해야 하고 또한 레코드를 받을 때마다 바로 전달하는 대신 전송할 레코드를 스케줄링할 필요도 있다.

먼저 프로세서에 있는 init() 메소드를 살펴보자(소스 코드는 src/main/java/bbejeck/chapter_6/processor/StockPerformanceProcessor.java에 있다).

```
@Override
public void init(ProcessorContext processorContext) {
    super.init(processorContext); ◀─── AbstractProcessor 슈퍼클래스를 통해 ProcessorContext 초기화
```

```
    keyValueStore =                                                토폴로지 구축 시 생성된
➡ (KeyValueStore) context().getStateStore(stateStoreName); ◀      상태 저장소 조회
    StockPerformancePunctuator punctuator =
➡ new StockPerformancePunctuator(differentialThreshold,
                                  context(),                      스케줄링된 프로세싱을 처리하기
                                  keyValueStore); ◀               위한 Punctuator 초기화
    context().schedule(10000, PunctuationType.WALL_CLOCK_TIME,
➡ punctuator); ◀───── 10초마다 Punctuator.punctuate()를 호출하도록 스케줄링
}
```

먼저, ProcessorContext와 함께 AbstractProcessor를 초기화해야 하므로 슈퍼클래스
에 있는 init() 메소드를 호출한다. 그런 다음, 토폴로지에서 생성한 상태 저장소에 대한
레퍼런스를 가져온다. 나중에 사용하기 위해 여기에 필요한 모든 상태 저장소를 프로세서
에 변수로 지정해야 한다. 예제 6.6은 Punctuator도 보여주는데, Punctuator는 예약
한^{schedule} 프로세서 로직의 실행을 처리하는 콜백^{callback} 인터페이스이며, Punctuator.
punctuate 메소드로 캡슐화한다.

> |팁| ProcessorContext.schedule(long, PunctuationType, Punctuator) 메소드는 펑추에이션
> (punctuation)을 취소할 수 있는 Cancellable 타입을 반환하며, 'Punctuate Use Cases' 문서(http://
> mng.bz/YSKF)에서 볼 수 있는 것처럼 더 많은 고급 시나리오를 관리할 수 있다. 여기에는 예제나
> 이와 같은 토론은 없지만, src/main/java/bbejeck/chapter_6/cancellation에 약간의 예제를 제공해
> 뒀다.

예제 6.6의 마지막 줄에서는 10초마다 Punctuator를 예약하기 위해 ProcessorContext
를 사용한다. 두 번째 매개변수 PunctuationType.WALL_CLOCK_TIME은 Punctuator.
punctuate를 10초마다 WALL_CLOCK_TIME에 기반해서 호출하도록 명시한다. 다른 옵션으로
PunctuationType.STREAM_TIME을 지정할 수 있는데, 10초마다 Punctuator.punctuate를 호
출하도록 예약되지만 데이터에 있는 타임스탬프에 따라 경과된 시간으로 처리한다는 차이
가 있다. 두 PunctuationType 설정 사이의 차이점을 잠시 짚고 넘어가자.

펑추에이션 시맨틱

다소 많은 설명이 필요한 STREAM_TIME을 시작으로 펑추에이션 시맨틱에 대해 이야기를 해보자. 스케줄을 결정하는 방식을 더 깊이 이해하기 위해 몇 가지 세부사항을 살펴본다(일부 카프카 스트림즈 내부 구조는 표시하지 않는다).

1. StreamTask는 가장 작은 타임스탬프를 PartitionGroup에서 가져온다. 이 PartitionGroup은 주어진 StreamThread를 위한 파티션의 집합이고, 이 그룹의 모든 파티션은 타임스탬프 정보를 갖고 있다.

2. 레코드를 처리하는 동안, 이 StreamThread는 StreamTask 객체를 반복하고[iterate] 각 태스크는 펑추에이션을 사용할 수 있는 개별 프로세서를 위해 punctuate 메소드를 호출할 것이다. 개별 주식의 성과를 조사하기 전에 최소 20건의 거래를 수집한다는 것을 상기하자.

3. 최근 실행한 punctuate( ) 메소드의 타임스탬프(스케줄 시간을 더한 타임스탬프)가 PartitionGroup에서 가져온 타임스탬프보다 작거나 같다면, 카프카 스트림즈는 프로세서의 punctuate( ) 메소드를 호출한다.

여기에서 핵심은 애플리케이션이 TimestampExtractor를 통해 타임스탬프를 증가시킨다는 것인데, 그래서 일정 주기로 데이터가 도달만 한다면 일관되게 punctuate( )를 호출한다. 데이터 흐름이 일정치 않다면 punctuate( ) 메소드는 일정한 주기로 실행하지 않을 것이다.

반면, PunctuationType.WALL_CLOCK_TIME에서 Punctuator.punctuate 실행은 벽 시간[wall clock time]을 사용하기 때문에 더욱더 예측이 가능하다. 시스템 시간 시맨틱은 최대한 노력[best effort] 하겠다는 것이다. 즉, 벽 시간은 폴링 간격[polling interval]마다 전진하지만 실제 호출 간격[granularity]은 얼마만큼의 폴링 주기가 작업이 완료에 소요되는지에 달려 있음을 알아두자. 그래서 예제 6.6은 데이터 활동과 관계없이 매 10초에 가깝게 실행되는 펑추에이션 실행을 기대할 수 있다.

아래 2개의 파티션에서 문자는 레코드를, 숫자는 타임스탬프를 의미한다.
이 예제에서는 5초마다 실행하도록 예약된 펑추에이션이라고 가정할 것이다.

파티션 A가 가장 작은 타임스탬프이기 때문에 첫 번째가 선택된다.
1) process는 레코드 A를 호출
2) process는 레코드 B를 호출

이제 파티션 B가 가장 작은 타임스탬프다.
3) process는 레코드 C를 호출
4) process는 레코드 D를 호출

다시 가장 작은 타임스탬프가 있는 파티션 A로 되돌아간다.
5) process는 레코드 E를 호출
6) punctuate는 타임스탬프가 5초 경과한 시간에 호출
7) process는 레코드 F를 호출

마지막으로, 파티션 B로 되돌아간다.
8) process는 레코드 G를 호출
9) punctuate는 이 타임스탬프에 따라 5초 이상 경과 후 호출

▲ **그림 6.6** STREAM_TIME을 사용한 펑추에이션 스케줄링

어떤 접근 방법을 선택할 것인지는 전적으로 요구사항에 달려 있다. 정기적으로 수행되는 활동이 필요하다면 데이터 흐름에 무관하게 시스템 시간을 사용하는 것이 가장 좋은 방법일 것이다. 반면, 유입 데이터에서만 연산을 처리하고 실행 중 지연 시간$^{lag\ time}$을 허용할 수 있다면 스트림 시간 시맨틱을 사용하자.

> |**참고**| 카프카 0.11.0 이전에 펑추에이션은 Processor.punctuate 메소드를 예정된 간격에 따라 차례로 호출하는 ProcessorContext.schedule(long time) 메소드를 포함했다. 이 방식은 스트림 시간 시맨틱에서만 작동했고 두 메소드는 이제 사용되지 않는다. 이 책의 예제에서는 최신 펑추에이션 메소드만 사용한다.

스케줄링과 펑추에이션을 살펴봤으니 유입 레코드를 처리하는 단계로 넘어가 보자.

6.3.2 process() 메소드

이 process( ) 메소드는 주식 성과를 평가하는 모든 계산을 처리할 것이다. 레코드를 받을 때 몇 단계를 거친다.

1. 레코드가 주식 종목 코드에 관한 StockPerformance 객체와 관련이 있는지 상태 저장소를 확인한다.

2. 이 저장소에 StockPerformance 객체가 없다면 생성한다. 그런 다음, Stock Performance 인스턴스는 주식 가격과 거래량을 추가하고 계산을 업데이트한다.

3. 20회 이상 거래가 있는 주식은 계산을 시작한다.

비록 금융 분석은 이 책 범위를 넘어서지만, 이 계산에 대해 잠시 살펴보는 게 좋겠다. 주식 가격과 거래량 둘 다 단순 이동 평균^{SMA, simple moving average}을 수행할 것이다. 금융 거래 세상에 있어서 SMA는 N 크기의 데이터 세트에 대한 평균을 계산하는 데 사용된다.

이 예제에서는 N에 20을 설정할 것이다. 최대 크기를 설정한다는 건, 새로운 거래가 들어올 때 처음 20건의 거래에 대한 주식 가격과 주식 거래 수량을 수집한다는 뜻이다. 임곗값을 초과하면 오래된 값은 제거하고 최신 값을 추가한다. SMA를 사용해 최근 20건의 거래에 대해 주식 가격과 거래량의 롤링^{rolling} 평균을 얻는다. 새 값이 들어올 때마다 전체 합을 다시 계산하지는 않는다.

그림 6.7은 process( ) 메소드의 고수준 방식을 제공하며, 이 단계를 수동으로 수행하는 경우를 보여준다. 모든 계산을 수행하는 곳이 바로 이 process( ) 메소드다.

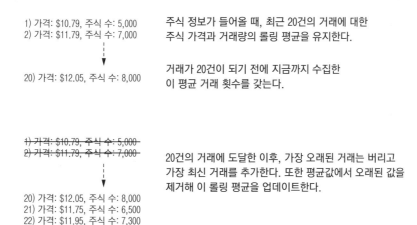

1) 가격: $10.79, 주식 수: 5,000
2) 가격: $11.79, 주식 수: 7,000

20) 가격: $12.05, 주식 수: 8,000

주식 정보가 들어올 때, 최근 20건의 거래에 대한
주식 가격과 거래량의 롤링 평균을 유지한다.

거래가 20건이 되기 전에 지금까지 수집한
이 평균 거래 횟수를 갖는다.

1) 가격: $10.79, 주식 수: 5,000
2) 가격: $11.79, 주식 수: 7,000

20) 가격: $12.05, 주식 수: 8,000
21) 가격: $11.75, 주식 수: 6,500
22) 가격: $11.95, 주식 수: 7,300

20건의 거래에 도달한 이후, 가장 오래된 거래는 버리고
가장 최신 거래를 추가한다. 또한 평균값에서 오래된 값을
제거해 이 롤링 평균을 업데이트한다.

▲ **그림 6.7** 주식 분석 process() 메소드 설명

이제, process() 메소드를 구성하는 코드를 살펴보자(소스 코드는 src/main/java/bbejeck/
chapter_6/processor/StockPerformanceProcessor.java에 있다).

예제 6.7 process() 구현

이전 StockPerformance 통계를 조회,
null일 것이다.

```java
@Override
public void process(String symbol, StockTransaction transaction) {
    StockPerformance stockPerformance = keyValueStore.get(symbol);

    if (stockPerformance == null) {
        stockPerformance = new StockPerformance();
    }

    stockPerformance.updatePriceStats(transaction.getSharePrice());
    stockPerformance.updateVolumeStats(transaction.getShares());
    stockPerformance.setLastUpdateSent(Instant.now());

    keyValueStore.put(symbol, stockPerformance);
}
```

상태 저장소에 없다면
새 StockPerformance 객체를 생성

이 주식의 가격 통계를 업데이트

이 주식의 거래량
통계를 업데이트

최근 업데이트한
타임스탬프를 설정

업데이트한 StockPerformance 객체를
상태 저장소에 저장

process() 메소드에서 거래한 가장 최근 주식 가격과 주식 수량을 가져와서 Stock
Performance 객체에 추가한다. 이 업데이트를 수행하는 상세한 방법은 StockPerformance
객체 내부에 추출되어 있음을 주목하자. 비즈니스 로직 대부분은 프로세서 외부에 유지하

는 것이 좋다. 8장에 있는 테스트를 다룰 때 이 관점을 다시 살펴볼 것이다.

여기에는 두 가지의 주요 계산이 있는데, 이동 평균 결정과 현재 평균에서 주식 가격 또는 현재 평균에서 거래량의 차이다. 거래 20건을 수집할 때까지는 평균을 계산하고 싶지 않으므로 프로세서가 20건의 거래를 받을 때까지 어떠한 처리도 미룬다. 개별 주식에 대해 거래 20건이 되었을 때, 첫 번째 평균을 구한다. 그런 다음, 현재 주식 가격 또는 주식 거래량을 가져와서 이동 평균으로 나누어 백분율로 결과를 변환한다.

> |참고| 이 계산은 src/main/java/bbejeck/model/StockPerformance.java에 있는 StockPerformance 코드에서 볼 수 있다.

예제 6.3에 있는 이 프로세서 예제에서, process() 메소드를 통해 로직을 수행해 레코드를 다운스트림에 전달했다. 이 경우, 최종 결과는 상태 저장소에 저장하고 전달할 레코드는 Punctuator.punctuate 메소드에 남긴다.

6.3.3 펑추에이터 실행

펑추에이션 시맨틱을 이미 살펴봤으니 Punctuator.punctuate 메소드 관련 코드로 바로 들어가 보자(소스 코드는 src/main/java/bbejeck/chapter_6/processor/punctuator/StockPerformance Punctuator.java에 있다).

예제 6.8 펑추에이션 코드

```
@Override
public void punctuate(long timestamp) {
    KeyValueIterator<String, StockPerformance> performanceIterator =
    keyValueStore.all();  ◀──── 상태 저장소에 있는 모든 키와 값을 확인할 이터레이터(iterator)를 조회

    while (performanceIterator.hasNext()) {
        KeyValue<String, StockPerformance> keyValue =
    performanceIterator.next();
        String key = keyValue.key;
```

```
        StockPerformance stockPerformance = keyValue.value;

        if (stockPerformance != null) {
            if (stockPerformance.priceDifferential()
➡ >= differentialThreshold ||
                stockPerformance.volumeDifferential()
➡ >= differentialThreshold) {  ◄─── 현재 주식에 대한 임곗값 확인
                context.forward(key, stockPerformance);  ◄
            }                                               임곗값에 도달했거나 초과했다면,
        }                                                   이 레코드를 전달
    }
  }
}
```

Punctuator.punctuate 메소드에 있는 절차는 단순하다. 상태 저장소에 있는 키/값 쌍을 반복 조회해서, 이 값이 미리 정의해둔 임곗값을 넘어가면 이 레코드를 다운스트림에 전달한다.

여기서 기억해야 할 중요한 개념은, 커밋이나 캐시 플러시의 조합을 사용해 레코드를 전달하기 전에 레코드 전달 시기를 사전에 정의할 수 있다는 것이다. 게다가 이 코드를 10초마다 실행한다고 해도 레코드를 내보낼 수 있다고 보장하지 않는다. 또한 Processor.process와 Punctuator.punctuate 메소드가 동시에 실행되지도 않는다.

> |**참고**| 상태 저장소 접근을 시연하고 있지만, 카프카 스트림즈의 구조를 살펴보고 몇 가지 핵심사항을 살펴보는 것이 좋다. 각 StreamTask는 자신만의 로컬 상태 저장소 사본을 가지고, StreamThread 객체는 태스크(task)나 데이터를 공유하지 않는다. 레코드가 토폴로지를 통해 진행할 때 각 노드에 깊이 우선(depth-first) 방식으로 방문할 뿐, 지정된 프로세서의 상태 저장소에 동시 접근하지 않는다는 뜻이다.

이 예제는 사용자 프로세서를 작성하기 위한 훌륭한 길잡이가 될 수 있지만, 새 자료 구조를 추가하고 현재 API에 없는 완전히 새로운 데이터 집계 방식으로 사용자 프로세서를 좀 더 개선할 수도 있다. 이를 염두에 두고, 코그룹co-group 프로세서 추가에 대해 알아보자.

6.4 코그룹 프로세서

4장에서 두 스트림 사이의 조인에 대해 알아봤다. 특히, 사업을 촉진하기 위해 주어진 프레임 내의 각기 다른 부서의 구매를 조인했다. 같은 키를 가지고 같은 타임 윈도에 도착한 레코드를 함께 가져와서 조인할 수 있다. 조인할 때 스트림 A에서 스트림 B로의 레코드 매핑은 암묵적인 일대일 매핑이다. 그림 6.8은 이 관계를 보여준다.

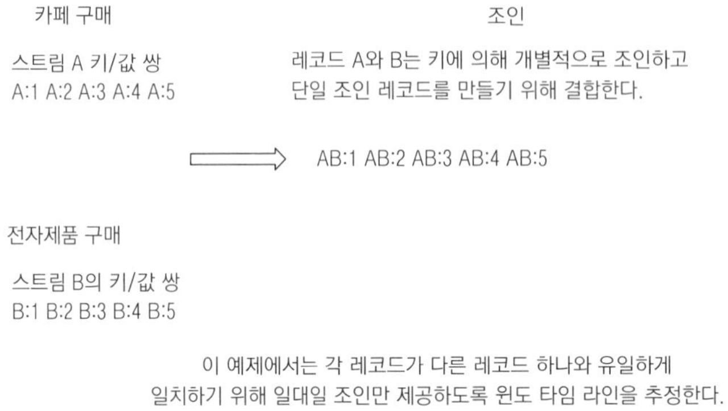

카페 구매

스트림 A 키/값 쌍
A:1 A:2 A:3 A:4 A:5

조인

레코드 A와 B는 키에 의해 개별적으로 조인하고
단일 조인 레코드를 만들기 위해 결합한다.

⟹   AB:1 AB:2 AB:3 AB:4 AB:5

전자제품 구매

스트림 B의 키/값 쌍
B:1 B:2 B:3 B:4 B:5

이 예제에서는 각 레코드가 다른 레코드 하나와 유일하게
일치하기 위해 일대일 조인만 제공하도록 윈도 타임 라인을 추정한다.

▲ **그림 6.8** 레코드 A와 B는 공통 키로 조인

이제는 일대일 조인 대신 공통 키로 조인한 2개의 데이터 컬렉션인 데이터의 코그룹으로 비슷한 유형의 분석을 하려고 한다. 유명한 온라인 데이 트레이딩 애플리케이션 관리자라고 가정해보자. 데이 트레이더는 몇 시간 혹은 주식 시장이 열려 있는 내내 애플리케이션을 사용한다. 애플리케이션이 추적하는 측정 항목 중 하나는 이벤트 개념이다. 사용자가 회사와 재무 전망에 관해 자세히 알아보기 위해 주식 종목 코드를 클릭하는 것을 **이벤트** event 라고 정의했다. 이 애플리케이션에서의 사용자 클릭과 사용자의 주식 구매 사이의 심도 있는 분석을 하려고 한다. 어떤 전반적인 패턴을 결정하기 위해 다중 클릭과 구매를 비교하는 대략적인 결과를 원한다. 그림 6.9에서 보듯, 종목 코드에 따라 2개의 개별 이벤트 유형의 컬렉션이 있는 튜플이 필요하다.

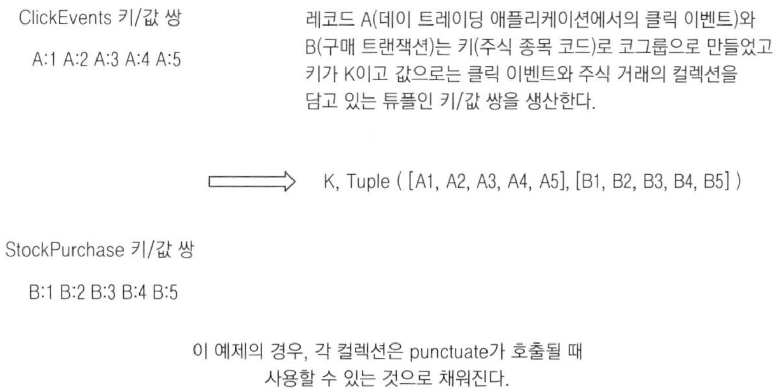

ClickEvents 키/값 쌍

A:1 A:2 A:3 A:4 A:5

레코드 A(데이 트레이딩 애플리케이션에서의 클릭 이벤트)와
B(구매 트랜잭션)는 키(주식 종목 코드)로 코그룹으로 만들었고
키가 K이고 값으로는 클릭 이벤트와 주식 거래의 컬렉션을
담고 있는 튜플인 키/값 쌍을 생산한다.

⟹ K, Tuple ([A1, A2, A3, A4, A5], [B1, B2, B3, B4, B5])

StockPurchase 키/값 쌍

B:1 B:2 B:3 B:4 B:5

이 예제의 경우, 각 컬렉션은 punctuate가 호출될 때
사용할 수 있는 것으로 채워진다.

▲ **그림 6.9** 키와 2개의 코그룹으로 만든 결과 데이터 컬렉션을 담고 있는 튜플 출력

N초마다 주어진 회사에 대해 클릭 이벤트와 주식 거래 내역의 스냅샷을 결합하는 것이 목적이지만, 두 스트림에 레코드가 도착하기를 기다리지는 않는다. 지정된 시간이 지나면 종목 코드에 대해 클릭 이벤트와 주식 거래 내역을 co-grouping(공통 그룹화)해야 한다. 두 이벤트 유형 중 하나가 없다면 튜플에 있는 컬렉션 중 하나는 비어 있게 된다. 아파치 스파크^{Apache Spark}나 아파치 플링크^{Apache Flink}에 익숙하다면, 이 기능은 `PairRDDFunctions.cogroup` 메소드(http://mng.bz/LaD4)나 `CoGroupDataSet` 클래스(http://mng.bz/FH9m)와 유사하다고 보면 된다. 이 프로세서를 만들 때 수행하는 단계를 알아보자.

6.4.1 코그룹 프로세서 작성

코그룹 프로세서를 작성하기 위해서는 몇몇 조각을 함께 묶어야 한다.

1. 토픽 2개(주식 거래 내역, 이벤트)를 정의한다.

2. 토픽에서 레코드를 소비하는 프로세서 2개를 추가한다.

3. 2개의 선행 프로세서를 집계하고 공통 그룹 역학을 하는 세 번째 프로세서를 추가한다.

4. 두 이벤트 상태를 유지하는 집계 프로세서에 상태 저장소를 추가한다.

5. 결과를 기록(또는 콘솔로 결과를 출력하는 프린팅 프로세서)하는 싱크 노드를 추가한다.

이제, 이 프로세서에 입력하는 단계로 들어가 보자.

소스 노드 정의

소스 노드 생성은 이미 첫 단계에서부터 친숙해졌다. 여기서는 클릭 이벤트 스트림과 주식 거래 내역 스트림을 읽도록 소스 노드 2개를 만들 것이다. 토폴로지의 어디까지 진행했는 지 알기 쉽게 그림 6.10을 참고한다. 소스 노드를 생성하는 코드는 다음 예제에 있다(소스 코드는 src/main/java/bbejeck/chapter_6/CoGroupingApplication.java에 있다).

예제 6.9 코그룹 프로세서를 위한 소스 노드

```
// 가독성을 위해 설정과 (역)직렬화기 관련 코드는 제외했다.

topology.addSource("Txn-Source",
                stringDeserializer,
                stockTransactionDeserializer,
                "stock-transactions" )  ◄──── 주식 거래 내역 토픽의 소스 노드
        .addSource("Events-Source",
                stringDeserializer,
                clickEventDeserializer,
                "events" )  ◄──── 이벤트 토픽의 소스 노드
```

토폴로지 소스 노드와 함께 다음 단계로 넘어가 보자.

주식 거래 소스 토픽   클릭 이벤트 소스 노드

▲ 그림 6.10 코그룹 소스 노드

프로세서 노드 추가

이제, 이 토폴로지에서 일꾼에 해당하는 프로세서를 추가할 것이다. 그림 6.11은 업데이트 된 토폴로지 그래프다. 여기에 새 프로세서를 추가하는 코드가 있다(소스 코드는 src/main/java/bbejeck/chapter_6/CoGroupingApplication.java에 있다).

```
.addProcessor("Txn-Processor",
              StockTransactionProcessor::new,
              "Txn-Source")  ◄─── StockTransactionProcesor 추가

.addProcessor("Events-Processor",
              ClickEventProcessor::new,
              "Events-Source")  ◄─── ClickEventProcessor 추가

.addProcessor("CoGrouping-Processor",
              CogroupingProcessor::new,
              "Txn-Processor",
              "Events-Processor")  ◄─── 두 프로세서의 자식 노드에 있는 CogroupingProcessor 추가
```

첫 두 줄에서 부모 이름은 주식 거래 내역과 이벤트 토픽에서 읽는 소스 노드의 이름이
다. 세 번째 프로세서는 부모 노드로 주어진 두 프로세서의 이름을 갖는다. 이는 두 프로세
서가 집계 프로세서에게 데이터를 제공할 것이라는 뜻이다.

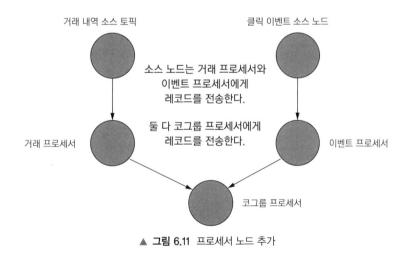

거래 내역 소스 토픽   클릭 이벤트 소스 노드

소스 노드는 거래 프로세서와
이벤트 프로세서에게
레코드를 전송한다.

둘 다 코그룹 프로세서에게
레코드를 전송한다.

거래 프로세서   이벤트 프로세서

코그룹 프로세서

▲ **그림 6.11** 프로세서 노드 추가

ProcessorSupplier 인스턴스의 경우, 다시 자바 8 숏컷을 사용한다. 이번에는 메소드
핸들을 사용하도록 형태를 줄였다. 이 경우 생성자는 프로세서를 생성하기 위해 호출한다.

왜 이런 방식으로 프로세서를 설정했는지 살펴보자. 이 예제는 집계 연산이며, StockTransactionProcessor와 ClickEventProcessor의 역할은 각 객체를 더 작은 집계 객체로 래핑^wrap한 다음 전체 집계를 위해 또 다른 프로세서로 전달하는 것이다. StockTransactionProcessor와 ClickEventProcessor는 더 작은 집계를 수행하고 CogroupingProcessor에 레코드를 전달한다. 그런 다음, CogroupingProcessor는 코그룹을 수행하고 결과를 일정한 간격(타임스탬프에 의한 간격)으로 출력 토픽에 전달한다.

다음 예제는 프로세서에 대한 코드를 보여준다(소스 코드는 src/main/java/bbejeck/chapter_6/processor/cogrouping/StockTransactionProcessor.java에 있다).

예제 6.11 StockTransactionProcessor

```
public class StockTransactionProcessor extends
➡ AbstractProcessor<String, StockTransaction> {

    @Override
    @SuppressWarnings("unchecked")
    public void init(ProcessorContext context) {
        super.init(context);
    }

    @Override
    public void process(String key, StockTransaction value) {
        if (key != null) {
            Tuple<ClickEvent, StockTransaction> tuple =
➡ Tuple.of(null, value); ◀──── StockTransaction이 있는 객체 집계를 생성
            context().forward(key, tuple); ◀──── 튜플을 CogroupingProcessor에 전달
        }
    }
}
```

보다시피, StockTransactionProcessor는 StockTransaction을 애그리게이터^{aggregator}(Tuple)에 추가하고 레코드를 전달한다.

> |참고| 예제 6.11에 있는 Tuple⟨L, R⟩은 이 책의 예제를 위한 사용자 객체다. src/main/java/bbejeck/util/collection/Tuple.java에서 볼 수 있다.

이제, ClickEventProcessor 코드를 살펴보자(소스 코드는 src/main/java/bbejeck/chapter_6/processor/cogrouping/ClickEventProcessor.java에 있다).

예제 6.12 ClickEventProcessor

```
public class ClickEventProcessor extends
➡ AbstractProcessor<String, ClickEvent> {

    @Override
    @SuppressWarnings("unchecked")
    public void init(ProcessorContext context) {
        super.init(context);
    }

    @Override
    public void process(String key, ClickEvent clickEvent) {
        if (key != null) {
            Tuple<ClickEvent, StockTransaction> tuple =
➡ Tuple.of(clickEvent, null);  ◀──── 초기 애그리게이터 객체에 ClickEvent 추가
            context().forward(key, tuple);  ◀──── CogroupingProcessor에 튜플 전달
        }
    }
}
```

보다시피, ClickEventProcessor는 이전 예제처럼 Tuple 애그리게이터에 ClickEvent를 추가한다.

집계 수행 방법에 관한 그림을 완성하려면, CogroupingProcessor를 살펴봐야 한다. 더 복잡해지기 때문에, CogroupingProcessor.init()를 시작으로 각 메소드를 살펴볼 것이다

(소스 코드는 src/main/java/bbejeck/chapter_6/processor/cogrouping/AggregatingProcessor.java
에 있다).

예제 6.13 CogroupingProcessor.init() 메소드

```
public class CogroupingProcessor extends
➡ AbstractProcessor<String, Tuple<ClickEvent,StockTransaction>> {

   private KeyValueStore<String,
➡ Tuple<List<ClickEvent>,List<StockTransaction>>> tupleStore;
   public static final String TUPLE_STORE_NAME = "tupleCoGroupStore";

   @Override
   @SuppressWarnings("unchecked")
   public void init(ProcessorContext context) {
       super.init(context);
       tupleStore = (KeyValueStore)
➡ context().getStateStore(TUPLE_STORE_NAME);    ◄──── 미리 구성해둔 상태 저장소 조회
       CogroupingPunctuator punctuator =                      예약된 호출을 처리하는 Punctuator,
➡ new CogroupingPunctuator(tupleStore, context());  ◄──  CogroupingPunctuator 인스턴스 생성
       context().schedule(15000L, STREAM_TIME, punctuator);  ◄─┐
   }                                                           │
                          15초마다 Punctuator.punctuate() 메소드를
                                          호출하도록 예약  ┘
```

예상대로, init() 메소드는 클래스 설정의 세부사항을 처리한다. 주 애플리케이션에 구
성된 상태 저장소를 가져와서 나중에 사용할 수 있도록 변수에 저장한다. 예약된 펑추에이
션 호출을 처리하기 위해 CogroupingPunctuator를 만든다.

Punctuator를 위한 메소드 처리

Punctuator 인스턴스에 대한 메소드 핸들을 지정할 수 있다. 이렇게 하려면, 프로세서에 long 타입의
단일 파라미터와 void 리턴 타입을 가진 메소드를 선언하면 된다. 그런 다음, 다음처럼 펑추에이션을
예약한다.

```
context().schedule(15000L, STREAM_TIME, this::myPunctuationMethod);
```

이 예제는 src/main/java/bbejeck/chapter_6/processor/cogrouping/CogroupingMethodHandle
Processor.java에서 볼 수 있다.

예제 6.13은 punctuate를 15초마다 호출하도록 예약한다. PunctuationType.STREAM_TIME 시맨틱을 사용하기 때문에 도착한 데이터의 타임스탬프가 punctuate 호출을 결정한다. 데이터 흐름이 일정하지 않다면 Punctuator.punctuate 호출 간격은 15초 이상 걸릴 수 있다.

> |참고| 이전에 알아봤던 것처럼 punctuate 시맨틱에는 PunctuationType.STREAM_TIME 과 PunctuationType.WALL_CLOCK_TIME의 두 가지 선택이 있다. 예제 6.13은 STREAM_TIME 시맨틱을 사용한다. src/main/ava/bbejeck/chapter_6/processor/cogrouping/CogroupingSystemTimeProcessor.java에는 WALL_CLOCK_TIME 시맨틱을 보여주는 추가적인 프로세서 예제가 있으므로, 성능과 동작의 차이점을 알아볼 수 있다.

다음으로 CogroupingProcessor가 process( ) 메소드에서 주 태스크 중 하나를 수행하는 방법을 살펴보자(소스 코드는 src/main/java/bbejeck/chapter_6/processor/cogrouping/CogroupingProcessor.java에 있다).

예제 6.14 CogroupingProcessor.process() 메소드

```
@Override
public void process(String key,
Tuple<ClickEvent, StockTransaction> value) {

    Tuple<List<ClickEvent>, List<StockTransaction>> cogroupedTuple
= tupleStore.get(key);
    if (cogroupedTuple == null) {
        cogroupedTuple =
Tuple.of(new ArrayList<>(), new ArrayList<>());    ◀─── 아직 없을 경우 전체 집계를 초기화한다.
    }

    if (value._1 != null) {                     ClickEvent가 null이 아닌 경우,
        cogroupedTuple._1.add(value._1);    ◀── 클릭 이벤트 목록을 추가한다.
    }

    if (value._2 != null) {                     StockTransaction이 null이 아닌 경우,
        cogroupedTuple._2.add(value._2);    ◀── 주식 거래 내역을 추가한다.
```

```
        }
        tupleStore.put(key, cogroupedTuple);  ◄─────  업데이트된 집계를 상태 저장소에 저장한다.
    }
}
```

전체 코그룹에서 들어오는 부분 집계를 처리할 때, 첫 단계는 상태 저장소에 이미 인스
턴스가 있는지 확인하는 것이다. 없다면 빈 ClickEvent와 StockTransaction 컬렉션을 가
진 Tuple을 생성한다.

그런 다음, 들어오는 부분 집계를 확인해서 ClickEvent나 StockTransaction 둘 중 하나
가 있다면, 이를 전체 집계에 추가한다. process( ) 메소드에서 마지막 단계는 Tuple을 상
태 저장소에 다시 넣고 전체 집계를 업데이트하는 것이다.

> |참고| 2개의 프로세서가 하나의 프로세서에 레코드를 전달하고 하나의 상태 저장소에 접근하는 경
> 우에도 동시성 문제를 걱정할 필요가 없다. 부모 프로세서는 자식 프로세서에게 깊이 우선(depth-
> first) 방식으로 레코드를 전달하므로 각 부모 프로세서는 자식 프로세서를 순차적으로 호출한다. 또한
> 카프카 스트림즈는 태스크당 하나의 스레드만 사용하기 때문에 동시성 접근 문제가 발생하지 않는다.

다음 단계는 펑추에이션이 처리되는 방식을 살펴본다(소스 코드는 src/main/java/bbejeck/
chapter_6/processor/cogrouping/CogroupingPunctuator.java에 있다). 제거된[deprecated] 버전인
Processor.punctuate 대신 업데이트된 API를 사용한다.

예제 6.15 CogroupingPunctuator.punctuate() 메소드

```
// 가독성을 위해 클래스 선언과 생성자는 생략했다.
@Override
public void punctuate(long timestamp) {
    KeyValueIterator<String, Tuple<List<ClickEvent>,              상태 저장소에서 코그룹
➡ List<StockTransaction>>> iterator = tupleStore.all();  ◄──  이터레이터(iterator)를 얻는다.

    while (iterator.hasNext()) {
        KeyValue<String, Tuple<List<ClickEvent>, List<StockTransaction>>>
➡ cogrouping = iterator.next();  ◄────  다음 코그룹을 조회
```

```
        // 두 리스트 객체 중 어디에든 값이 있다면 결과를 전달한다.
        if (cogrouping.value != null &&
➡️    (!cogrouping.value._1.isEmpty() ||
➡️    !cogrouping.value._2.isEmpty())) {  ◀──┐ 값이 null이 아니고 둘 중 하나의 컬렉션에
                                              │ 데이터가 포함되게 한다.
            List<ClickEvent> clickEvents =
➡️    new ArrayList<>(cogrouping.value._1);  ◀── 코그룹 컬렉션의 방어적 복사본을 만든다.
            List<StockTransaction> stockTransactions =
➡️    new ArrayList<>(cogrouping.value._2);  ◀── 코그룹 컬렉션의 방어적 복사본을 만든다.
            context.forward(cogrouping.key,
➡️    Tuple.of(clickEvents, stockTransactions));  ◀── 키와 집계된 코그룹을 전달한다.
            cogrouped.value._1.clear();
            cogrouped.value._2.clear();
            tupleStore.put(cogrouped.key, cogrouped.value);  ◀──┐ 정리한 튜플을 상태 저장소에
        }                                                       │ 다시 넣는다.
    }
    iterator.close();
}
```

각 punctuate 호출 중에 KeyValueIterator에 저장된 모든 레코드를 검색하고, 이터레이터에 포함된 개별 코그룹 결과를 추출하기 시작한다. 그런 다음, 이 컬렉션의 방어적 복사본defensive copy을 만들고 새 코그룹 Tuple을 만들어 다운스트림에 전달한다. 이 경우, 코그룹 결과는 싱크 노드에 전송한다. 마지막으로, 현재 코그룹 결과는 제거하고 상태 저장소에 이 튜플을 다시 저장하고 도착하는 다음 레코드를 기다린다.

지금까지 코그룹 기능을 살펴봤으니 이 토폴로지 구축을 마무리 지어보자.

상태 저장소 추가

알다시피, 카프카 스트리밍 애플리케이션에서 집계를 수행하려면 상태가 있어야 한다. CogroupingProcessor가 정상적으로 기능하기 위해서는 상태 저장소를 추가해야 한다. 그림 6.12는 업데이트된 토폴로지를 보여준다.

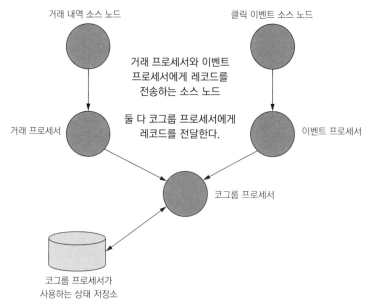

거래 내역 소스 노드

클릭 이벤트 소스 노드

거래 프로세서와 이벤트
프로세서에게 레코드를
전송하는 소스 노드

둘 다 코그룹 프로세서에게
레코드를 전달한다.

거래 프로세서

이벤트 프로세서

코그룹 프로세서

코그룹 프로세서가
사용하는 상태 저장소

▲ **그림 6.12** 토폴로지에 있는 코그룹 프로세서에 상태 저장소 추가

이제, 상태 저장소를 추가하는 코드를 살펴보자(소스 코드는 src/main/java/bbejeck/chapter_6/CoGroupingApplication.java에 있다).

예제 6.16 상태 저장소 노드 추가

```
// 소스 코드 앞부분에 있지만, 문맥을 위해 여기에 포함했다.
Map<String, String> changeLogConfigs = new HashMap<>();
changeLogConfigs.put("retention.ms","120000" );
changeLogConfigs.put("cleanup.policy", "compact,delete");
```
레코드를 유지하고, 정리(cleanup)를 위한 압축 (compaction)과 삭제(delete) 기간을 설정한다.

```
KeyValueBytesStoreSupplier storeSupplier =
   Stores.persistentKeyValueStore(TUPLE_STORE_NAME);
```
영구 저장소(록스DB)를 위한 저장소 서플라이어(store supplier)를 생성한다.

```
StoreBuilder<KeyValueStore<String,
   Tuple<List<ClickEvent>, List<StockTransaction>>>> storeBuilder =
     Stores.keyValueStoreBuilder(storeSupplier,
                       Serdes.String(),
                       eventPerformanceTuple)
```
저장소 빌더를 생성한다.

```
   .withLoggingEnabled(changeLogConfigs);
```
저장소 빌더에 변경로그 구성을 추가한다.

```
.addStateStore(storeBuilder, "CoGrouping-Processor")
```
저장소에 접근할 프로세서 이름으로 토폴로지에 저장소를 추가한다.

여기서 영구 상태 저장소를 추가한다. 키에 대한 업데이트가 자주 발생하지 않기 때문에 영구 저장소를 사용한다. 인메모리와 LRU 기반 저장소를 사용하면 자주 사용되지 않는 키와 값은 삭제될 수 있고, 여기서는 이전에 작업한 키에 대한 정보를 검색하는 기능이 필요하다.

> |**팁**| 예제 6.16의 처음 세 줄은 관리 가능한 크기로 변경로그를 유지하기 위한 상태 저장소에 관한 구성을 만든다. 유효한 토픽 구성으로만 변경로그 토픽을 구성할 수 있음을 명심하자.

이 코드는 간단하지만 주의해야 할 점이 있는데, CoGroupingProcessor가 이 저장소에 접근할 수 있는 유일한 프로세서로 지정되어 있다는 것이다.

이제 토폴로지를 마무리하는 데 마지막 한 단계가 남아 있는데, 코그룹 결과를 읽는 기능이다.

싱크 노드 추가

코그룹 토폴로지를 사용하려면, 데이터를 토픽(또는 콘솔)에 써야 한다. 그림 6.13처럼 토폴로지를 한 번 더 업데이트해보자.

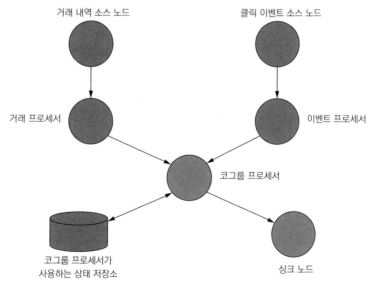

▲ **그림 6.13** 싱크 노드를 추가해 코그룹 토폴로지 마무리

> |참고| 몇몇 예제에서 싱크 노드 추가에 관해 이야기했지만, 소스 코드에서는 콘솔에 쓰는 예제를 사용하고 토픽에 쓰는 싱크는 주석 처리했다. 개발 목적으로 바꿔가면서 토픽에도 쓰고 표준 출력도 하도록 싱크 노드를 사용한다.

이제, 코그룹 집계 결과는 추가 분석에 사용하기 위해 토픽에 쓰인다. 코드는 다음과 같다(소스 코드는 src/main/java/bbejeck/chapter_6/CoGroupingApplication.java에 있다).

예제 6.17 싱크 노드와 프린팅 프로세서

```
.addSink("Tuple-Sink",
        "cogrouped-results",
        stringSerializer,
        tupleSerializer,
        "CoGrouping-Processor");   ◀—— 싱크 노드는 코그룹 튜플을 토픽에 쓴다.


topology.addProcessor("Print",
                    new KStreamPrinter("Co-Grouping"),    │ 이 프로세서는 개발 시 사용하기 위해
                    "CoGrouping-Processor");   ◀—————     │ 결과를 표준 출력한다.
```

이 마지막 토폴로지 조각에서는 CoGrouping-Processor의 자식으로 코그룹 결과를 토픽에 쓰는 싱크 노드를 추가한다. 또한 예제 6.17은 개발 시 콘솔에 결과를 출력하기 위해 추가적인 프로세서를 추가한다. 이 프로세서는 또한 CoGrouping-Processor의 자식 노드다. 프로세서 API에서 노드를 정의하는 순서는 부모-자식 관계를 설정하지 않는다는 것을 기억하자. 부모-자식 관계는 이전에 정의된 프로세서의 이름을 제공해서 결정된다.

이제 코그룹 프로세서를 만들었다. 이 절에서 기억해야 할 요점은 더 많은 코드를 포함하지만 프로세서 API를 사용하면 사실상 모든 유형의 스트리밍 토폴로지를 더 유연하게 만들 수 있다는 것이다.

이 장에서 몇 가지 프로세서 API 기능을 KStreams 애플리케이션에 통합하는 방법을 살펴보자.

6.5 프로세서 API와 카프카 스트림즈 API 통합하기

지금까지 카프카 스트림즈와 프로세서 API에 대한 적용 범위를 분리해서 봤지만, 두 접근법을 결합할 수 없다는 것은 아니다. 그러면, 왜 두 가지 접근 방식을 혼합할 필요가 있을까?

잠시 동안 KStream과 프로세서 API를 모두 사용해봤다고 가정해보자. KStream 접근 방식을 더 선호하게 되었지만, 필요한 좀 더 저수준 제어를 제공하기 위해 KStream 애플리케이션에서 이전에 정의한 일부 프로세서도 포함하려 한다.

카프카 스트림즈 API는 프로세서 API를 사용해 작성한 기능(KStream.process, KStream.transform 및 KStream.transformValues)을 결합할 수 있는 세 가지 방법을 제공한다. 4.2.2절에 있는 ValueTransformer를 사용했으므로 이미 이 접근법에 대한 경험이 있다.

KStream.process( ) 메소드는 터미널^{terminal} 노드를 만들고, KStream.transform(또는 KStream.transformValues) 메소드는 프로세서를 노드에 계속 추가할 수 있도록 새 KStream 인스턴스를 반환한다. 또한 transform 메소드는 상태 유지^{stateful}이기 때문에 사용할 상태 저장소 이름을 제공한다. 터미널 노드에서의 KStream.process 결과 때문에, 보통 KStream.transform 또는 KStream.transformValues 중 하나를 사용하기를 원할 것이다.

여기서 Processor를 Transformer 인스턴스로 바꿀 수 있다. 두 인터페이스의 주요 차이점은 Processor의 주 액션 메소드는 process( )이고 void를 반환하는 데 반해, Transformer는 transform( )이고 R 타입 반환을 기대한다는 것이다. 둘 다 동일한 평추에이션 시맨틱을 제공한다.

대부분의 경우 Processor를 교체하는 것은 Processor.process 메소드의 로직을 가져와서 Transformer.transform 메소드에 그대로 배치하는 것이다. 값은 null을 반환하면 되고, ProcessorContext.forward를 사용해 결과를 전달하는 것은 선택사항이다.

> |**팁**| transformer는 값을 반환한다. 이 경우 null을 반환하고 ProcessorContext.forward 메소드를 사용해 다운스트림에 다중 값을 전송한다. 원한다면 이 다중 값 대신 다운스트림에 List〈KeyValue〈K, V〉〉를 반환한 다음 flatMap이나 flatMapValues를 연결해 개별 레코드를 전송한다. 이 예제는 src/main/java/bbejeck/chapter_6/StockPerformanceStreamsAndProcessorMultipleValues Application.java에 있다. Processor 인스턴스의 교체를 완료하려면 KStream.transform 또는 KStream.transformValues 메소드를 사용해 Transformer(또는 ValueTransformer) 인스턴스를 결합한다.

KStream과 프로세서 API를 결합하는 좋은 예제는 src/main/java/bbejeck/chapter_6/StockPerformanceStreamsAndProcessorApplication.java에 있다. 로직 대부분이 6.3.1절의 StockPerformanceApplication 예제와 동일하므로 여기서 예제를 설명하지는 않는다. 관심이 있다면 코드를 살펴보자. 또한 원본 지마트 애플리케이션의 프로세서 API 버전은 src/main/java/bbejeck/chapter_6/ZMartProcessorApp.java에서 볼 수 있다.

요약

- 프로세서 API는 더 많은 코드 비용으로 더 높은 유연성을 제공한다.
- 프로세서 API가 카프카 스트림즈 API보다 더 상세하지만, 여전히 카프카 스트림즈 API가 사용하기 쉽고, 카프카 스트림즈 API 자체가 내부적으로는 프로세서 API를 사용한다.
- 사용할 API를 결정해야 할 때, 카프카 스트림즈 API를 사용하고 필요할 때 저수준 메소드(process(), transform(), transformValues()) 통합을 고려해볼 수 있다.

카프카 스트림즈를 사용해 애플리케이션을 구축하는 방법을 살펴봤다. 다음 단계는 이러한 애플리케이션을 최적으로 구성하고, 성능을 최대로 끌어올리기 위해 모니터링하고, 잠재적인 문제점을 발견하는 방법을 살펴보는 것이다.

Part 3

카프카 스트림즈 관리

3부에서는 카프카 스트림즈 애플리케이션의 성능을 측정하는 방법에 초점을 맞출 것이다. 또한 카프카 스트림즈 코드가 예상대로 작동하는지 알기 위해 모니터링 및 테스트하는 방법과 오류를 우아하게 처리하는 방법을 배우게 될 것이다.

7

모니터링과 성능

지금까지 카프카 스트림즈 애플리케이션을 구축하는 방법을 기초부터 배웠다. 고수준 카프카 스트림즈 DSL로 작업하면서 선언적 API의 파워를 알게 됐다. 또한 프로세서 API에 관해서도 배웠으며, 스트리밍 애플리케이션을 작성할 때 더 많은 제어를 갖기 위해 몇몇 편리성은 포기해야 한다는 사실도 알았다.

이제 포커스를 바꿀 때가 되었다. 포렌식 조사관forensic investigator이 되어 다른 관점에서 애플리케이션을 살펴본다. '어떻게' 일을 해야 하는지에서 '무슨' 일이 일어나고 있는지로 초점을 바꿀 것이다. 어떤 측면에서는, 애플리케이션 초기 구축이 가장 편한 부분일 수 있다. 애플리케이션을 성공적으로 실행하고 올바르게 확장하고 올바르게 작동하게 하는 것이 가장 중요한 도전 과제다. 최선의 노력에도 불구하고 거의 대부분 설명하기 어려운 상황에 맞닥뜨린다.

7장에서는 카프카 스트림즈 애플리케이션 실행 상태를 확인하는 방법을 배울 것이다. 성능 병목 현상을 발견하기 위해 애플리케이션 성능을 측정하는 방법을 알아볼 것이다. 또한 애플리케이션의 다양한 상태에 관해 사용자에게 알리고 토폴로지 구조를 보여주는 기술을 알아볼 것이다. 사용 가능한 메트릭, 수집 방법 및 애플리케이션이 실행 중일 때 수집한 메트릭을 관찰하는 방법을 배울 것이다. 카프카 스트림즈 애플리케이션 모니터링을 시작해 보자.

7.1 기본적인 카프카 모니터링

카프카 스트림즈 API는 카프카의 일부이므로 애플리케이션을 모니터링할 때 카프카도 일부 모니터링해야 한다. 카프카 클러스터의 본격적인 감시는 큰 주제이므로, 카프카 성능에 관한 부분은 카프카 컨슈머와 프로듀서 모니터링으로 제한할 것이다. 카프카 클러스터 모니터링과 관련한 더 많은 정보는 공식 문서(https://kafka.apache.org/documentation/#monitoring)를 참고한다.

> |참고| 여기서 언급할 것은 카프카 스트림즈 성능을 측정하려면 카프카 자체를 측정해야 한다는 것이다. 어떤 경우 성능 범위 중 일부는 카프카에 해당할 것이다. 그러나 이 책은 카프카 스트림즈에 관한 책이므로 카프카 스트림즈에 집중할 것이다.

7.1.1 컨슈머와 프로듀서 성능 측정

기본적인 성능 문제 중 하나인 컨슈머 및 프로듀서 성능에 대한 논의는 그림 7.1을 살펴보는 것으로 시작하자. 보다시피, 프로듀서와 컨슈머의 성능은 처리량과 관련이 있다. 그러나 두 성능은 동전의 양면처럼 간주될 수 있을 정도의 차이가 있다는 것을 강조하고 싶다.

초당 생산된 레코드 MB   초당 소비된 레코드 MB

▲ **그림 7.1** 카프카 프로듀서와 컨슈머 성능은 브로커에 쓰고 브로커로부터 읽는 것에 대한 것이다.

프로듀서의 경우 프로듀서가 얼마나 빠르게 브로커로 메시지를 보내느냐가 큰 관심사이며, 분명히 처리량이 높으면 높을수록 더 낫다.

컨슈머의 경우, 브로커에서 얼마나 빠르게 메시지를 읽을 수 있느냐가 성능에 영향을 준다. 그러나 컨슈머 성능을 측정하는 또 다른 방법으로 컨슈머 지연이 있다. 그림 7.2를 보자. 프로듀서와 컨슈머 처리량 측정은 초점이 약간 다르다.

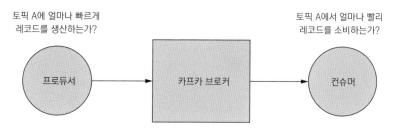

▲ **그림 7.2** 카프카 프로듀서와 컨슈머 성능 다시 보기

프로듀서가 브로커에게 얼마나 많이 그리고 빨리 발행^{publish}할 수 있는지가 관심사이고, 컨슈머는 브로커로부터 얼마나 빨리 메시지를 읽을 수 있는지가 관심사다. 프로듀서가 브로커에 기록하는 속도와 컨슈머가 메시지를 읽는 속도 차이를 **컨슈머 지연**^{consumer lag}이라 부른다.

그림 7.3에서 컨슈머 지연은 컨슈머의 최종 커밋 오프셋과 브로커에 쓰여진 메시지의 마지막 오프셋 차이다. 컨슈머 지연이 없을 수 없지만, 이상적으로 컨슈머는 이를 따라잡거나 점점 지연되지 않고 최소한 일정한 지연을 갖게 되는 것이다.

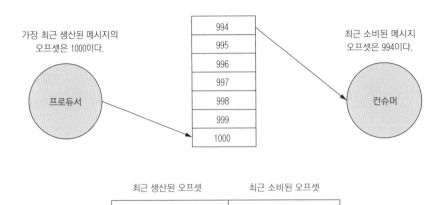

가장 최근 생산된 메시지의
오프셋은 1000이다.

프로듀서

994
995
996
997
998
999
1000

최근 소비된 메시지
오프셋은 994이다.

컨슈머

최근 생산된 오프셋	최근 소비된 오프셋
1000	994

같은 토픽에 대해 가장 최근 생산된 오프셋과
가장 최근 소비된 오프셋 차이가 바로 컨슈머 지연이다.

이 경우, 컨슈머 지연은 프로듀서의 레코드 6개 뒤에 있다.

▲ **그림 7.3** 컨슈머 지연은 프로듀서가 쓴 오프셋과 컨슈머가 커밋한 오프셋 차이이다.

이제 프로듀서와 컨슈머에 대한 성능 매개변수를 정의했으니 성능과 트러블슈팅 이슈를 모니터링할 수 있는 방법을 알아보자.

7.1.2 컨슈머 지연 확인하기

컨슈머 지연을 확인하기 위해 카프카는 편리한 명령줄 도구 kafka-consumer-groups.sh를 제공하며, 〈카프카 설치 경로〉/bin 디렉터리에 있다. 이 스크립트는 몇 가지 옵션을 제공하는데, 여기서는 list와 describe 옵션만 살펴볼 것이다. 이 두 옵션은 컨슈머 그룹 성능에 관한 정보를 제공한다.

먼저, 활성화 상태의 모든 컨슈머 그룹을 찾기 위해 list 명령을 사용한다. 그림 7.4는 이 명령의 실행 결과를 보여준다.

```
<카프카 설치 경로>/bin/kafka-consumer-groups.sh \
        --bootstrap-server localhost:9092 \
        --list
```

```
oddball:bin bbejeck$ ./kafka-consumer-groups.sh --list --bootstrap-server localhost:9092
Note: This will only show information about consumers that use the Java consumer API (non-ZooKeeper-based consumers).

console-consumer-59026
```

▲ **그림 7.4** 명령줄로 사용 가능한 컨슈머 그룹 목록 조회

이 정보에서 조회할 컨슈머 그룹 이름을 선택하고 다음 명령을 실행할 수 있다.

```
<카프카 설치 경로>/bin/kafka-consumer-groups.sh \
                --bootstrap-server localhost:9092 \
                --group <GROUP-NAME> \
                --describe
```

그림 7.5의 결과는 컨슈머 수행 상태를 보여준다.

읽은 메시지 개수 = 3   프로듀서가 토픽에 전송한 메시지 개수 = 10

10(전송된 메시지) − 3(읽은 메시지) = 7(지연 또는 남은 레코드)

▲ **그림 7.5** 컨슈머 그룹 상태

이 결과는 작은 컨슈머 지연이 있음을 보여준다. 컨슈머 지연이 항상 문제를 나타내는
것은 아니다. 컨슈머는 배치batch로 메시지를 읽고 현재 배치 처리가 완료될 때까지 다른
배치를 검색하지 않을 것이다. 레코드를 처리하는 데 시간이 걸리므로 작은 지연은 전혀 놀
라운 일이 아니다.

작은 지연이나 일정한 지연은 문제가 안 되지만, 시간이 지남에 따라 계속 증가하는 지
연은 컨슈머에게 더 많은 리소스를 제공해야 한다는 표시다. 예를 들어, 파티션 수를 늘려
토픽에서 소비하는 작업에 스레드 수를 늘려야 할 수도 있다. 또는 메시지를 읽은 후 처리
가 너무 무거울 수도 있다. 메시지를 소비한 후에 비동기 큐에 전달해 다른 스레드가 메시
지를 처리하게 할 수도 있다.

이 절에서는 컨슈머가 브로커에서 메시지를 읽는 속도를 결정하는 방법을 배웠다. 다음으로, 디버깅 목적으로 동작을 관찰하는 방법에 대해 좀 더 자세히 살펴본다. 카프카 스트림즈 애플리케이션에서 레코드를 보내거나 소비하기 전에 프로듀서가 보내고 컨슈머가 받는 메시지를 가로채는 방법을 알아볼 것이다.

7.1.3 프로듀서와 컨슈머 가로채기

2016년 초 카프카 개선 제안서 42[KIP-42, Kafka Improvement Proposal 42]는 클라이언트(컨슈머와 프로듀서) 동작에서 정보를 모니터링 또는 '인터셉트[intercept]'하는 기능의 도입에 관한 제안서다. 이 KIP의 목표는 "메시지 수준까지 카프카 클라이언트 동작을 관찰, 측정 및 모니터링할 수 있는 도구를 빠르게 배포하는 능력"을 제공하는 것이었다.[1]

인터셉터는 디버깅을 위한 일반적인 제일선 도구는 아니지만 카프카 스트리밍 애플리케이션의 동작을 관찰하는 데 유용할 수 있으며, 자신만의 도구 세트에 추가할 만한 유용한 도구다. 인터셉터(프로듀서)를 사용하는 좋은 예제는 카프카 스트림즈 애플리케이션이 카프카 토픽으로 다시 생산하는 메시지 오프셋을 추적하는 데 사용하는 것이다.

> |참고| 카프카 스트림즈는 여러 가지 키와 값 타입을 소비하거나 생산할 수 있기 때문에 Consumer와 Producer 내부는 byte[] 키와 byte[] 값으로 구성된다. 따라서 직렬화되지 않은 데이터도 항상 처리된다. 직렬화된 데이터는 추가적인 역직렬화/직렬화 단계 없이 메시지를 검사할 수 없음을 의미한다.

컨슈머 인터셉터에 관한 논의를 시작해보자.

컨슈머 인터셉터

컨슈머 인터셉터는 가로채기를 위해 두 가지 접근점을 제공한다. 하나는 Consumer Interceptor.onConsume()인데, 브로커에서 조회한 시점과 Consumer.poll() 메소드가 메시지를 반환하기 전에 ConsumerRecords에서 읽는다. 다음 의사코드[pseudocode]는 컨슈머 인터셉터가 어디에서 동작하는지 보여준다.

---

1   아파치 카프카, 'KIP–42: 프로듀서와 컨슈머 인터셉터 추가'(http://mng.bz/g8oX)

```
ConsumerRecords<String, String> poll(long timeout) {
    ConsumerRecords<String, String> consumerRecords =
➡ ...consuming records ◀─── 브로커에서 새 레코드를 가져온다.
    return interceptors.onConsume(consumerRecords); ◀─── 인터셉터 체인을 통해 레코드를
                                                          실행하고 결과를 반환한다.
```

이 의사코드는 실제 KafkaConsumer 코드와 같지는 않지만 요점을 설명하고 있다. 인터셉터는 Consumer.poll() 메소드 내에서 브로커에서 반환된 ConsumerRecords를 수락하고 KafkaConsumer가 폴링 메소드에서 레코드를 반환하기 전에 필터링 또는 수정을 포함한 모든 작업을 수행할 기회를 갖는다.

ConsumerInterceptor는 ConsumerConfig.INTERCEPTOR_CLASSES_CONFIG를 통해 하나 이상의 ConsumerInterceptor 구현자 클래스implementor class의 컬렉션collection으로 지정된다. 다중 인터셉터는 함께 연결되어 구성configuration에 지정된 순서대로 실행된다.

ConsumerInterceptor는 ConsumerRecords 인스턴스를 받은 후 반환한다. 다중 인터셉터가 있는 경우, 하나의 인터셉터에서 반환된 ConsumerRecords는 체인의 다음 인터셉터에 대한 입력 매개변수로 사용된다. 따라서 하나의 인터셉터에 의해 만들어진 모든 수정사항은 인터셉터 체인의 다음 인터셉터로 전달된다.

예외 처리는 여러 인터셉터를 함께 연결할 때 중요한 고려사항이다. 인터셉터에서 예외가 발생하면 오류를 기록하지만 체인을 단락시키지는 않는다. 따라서 ConsumerRecords는 나머지 인터셉터를 통해 계속 작동한다.

예를 들어 A, B, C라는 3개의 인터셉터가 있다고 가정해보자. 이 3개 모두 레코드를 수정하고 체인의 이전 인터셉터가 변경한 사항에 의존한다고 하자. 그러나 인터셉터 A가 오류를 만난다면 ConsumerRecords 객체는 인터셉터 B와 C를 계속 수행하겠지만, 예상된 수정 없이 인터셉터 체인의 결과를 유효하지 않게 렌더링할 것이다. 이러한 이유로 인터셉터는 인터셉터 체인의 이전 인터셉터에 의해 수정된 ConsumerRecords에 의존하지 않는 것이 가장 좋다.

두 번째 가로채기 지점은 ConsumerInterceptor.onCommit() 메소드다. 컨슈머가 브로커에게 오프셋을 커밋하면 브로커는 토픽, 파티션 및 커밋된 오프셋과 관련된 메타데이터(커밋

시간 등)와 함께 정보가 포함된 Map<TopicPartition, OffsetAndMetadata>를 반환한다. 커밋 정보는 추적 용도로 유용할 수 있다. 다음은 로깅 목적으로 사용되는 간단한 ConsumerInterceptor의 예다(소스 코드는 src/main/java/bbejeck/chapter_7/interceptors/Stock TransactionConsumerInterceptor.java에 있다).

예제 7.1 컨슈머 인터셉터 로깅

```java
public class StockTransactionConsumerInterceptor implements
    ConsumerInterceptor<Object, Object> {

    // 가독성을 위해 상세한 내용은 생략한다.
    private static final Logger LOG =
    LoggerFactory.getLogger(StockTransactionConsumerInterceptor.class);

    public StockTransactionConsumerInterceptor() {
        LOG.info("StockTransactionConsumerInterceptor 생성");
    }

    @Override
    public ConsumerRecords<Object, Object>
    onConsume(ConsumerRecords<Object, Object> consumerRecords) {
        LOG.info("ConsumerRecords {} 인터셉트됨",
                 buildMessage(consumerRecords.iterator()));   ◀── 레코드가 처리되기 전에 컨슈머 레코드와
        return consumerRecords;                                      메타데이터를 로깅
    }

    @Override
    public void onCommit(Map<TopicPartition, OffsetAndMetadata> map) {
        LOG.info("커밋 정보 {}", map);   ◀── 카프카 스트림즈 컨슈머가 브로커에
    }                                          오프셋을 커밋할 때 커밋 정보를 로깅
```

이제 프로듀서 측에서 가로채는 방법을 살펴보자.

프로듀서 인터셉터

ProducerInterceptor도 비슷하게 작동하며, ProducerInterceptor.onSend() 및 ProducerInterceptor.onAcknowledgement()의 두 가지 접근 지점이 있다. onSend 메소드를

사용하면 인터셉터가 ProducerRecord를 변형하는 것을 포함해 어떠한 작업이든 수행할 수 있다. 체인상에 있는 각 프로듀서 인터셉터는 이전 인터셉터에서 반환된 객체를 받는다.

예외 처리는 컨슈머의 경우와 동일하므로 여기서도 동일한 주의사항이 적용된다. 브로커가 레코드를 확인하면 ProducerInterceptor.onAcknowledgement() 메소드가 호출된다. 레코드 전송이 실패하면 그 시점에서도 onAcknowledgement가 호출된다.

다음은 ProducerInterceptor 예제를 간단하게 로깅하는 예제다(소스 코드는 src/main/java/bbejeck/chapter_7/interceptors/ZMartProducerInterceptor.java에 있다).

예제 7.2 프로듀서 인터셉터 로깅

```
public class ZMartProducerInterceptor implements
    ProducerInterceptor<Object, Object> {
    // 가독성을 위해 상세한 내용은 생략한다.
    private static final Logger LOG =
    LoggerFactory.getLogger(ZMartProducerInterceptor.class);

    @Override
    public ProducerRecord<Object, Object> onSend(ProducerRecord<Object,
    Object> record) {
        LOG.info("ProducerRecord 전송한 레코드 {} ", record);   ◀── 메시지를 브로커에
        return record;                                              전송하기 바로 전에 로깅
    }

    @Override
    public void onAcknowledgement(RecordMetadata metadata,Exception exception) {
        if (exception != null) {
            LOG.warn("레코드 생산 중 예외 발생 {}",
    exception);   ◀── 브로커 수신 확인(acknowledgement) 또는 생산 단계 동안 브로커 측에서 오류가 발생했는지 로깅
        } else {
            LOG.info("레코드 수신 확인됨 {} ", metadata);
        }
    }
}
```

ProducerInterceptor는 ProducerConfig.INTERCEPTOR_CLASSES_CONFIG에 지정하고, 하나 이상의 ProducerInterceptor 클래스의 컬렉션으로 설정한다.

작동 중인 인터셉터를 보고 싶다면, src/main/java/bbejeck/chapter_7/StockPerformanceStreamsAndProcessorMetricsApplication.java가 컨슈머 인터셉터를 사용하고 src/main/java/bbejeck/chapter_7/ZMartKafkaStreamsAdvancedReqsMetricsApp.java가 프로듀서 인터셉터를 사용하는 것을 참고한다. 두 클래스는 모두 인터셉터를 사용하는 데 필요한 구성을 포함하고 있다.

부수적으로, 인터셉터는 카프카 스트림즈 애플리케이션의 모든 레코드에서 작동하기 때문에 로깅 인터셉터의 출력이 중요하다. 인터셉터 결과는 소스 코드를 설치한 로그 디렉토리에 있는 consumer_interceptor.log 및 producer_interceptor.log로 출력된다.

컨슈머 성능에 관한 메트릭과 카프카 스트림즈 애플리케이션에서 들어오고 나가는 레코드를 가로챌 수 있는 방법에 대해 알아봤다. 그러나 이 정보는 카프카 스트림즈 애플리케이션 외부의 뭉뚱그려진 정보다. 이제 카프카 스트림즈 애플리케이션 내부로 들어가서 무슨 일이 일어나는지 알아보자. 다음 단계는 메트릭을 수집해 토폴로지 내부의 성능을 측정하는 것이다.

7.2 애플리케이션 메트릭

애플리케이션 성능을 측정할 때 한 레코드를 처리하는 데 걸리는 시간을 파악하고 종단 간 지연을 측정하는 것이 전반적인 성능을 나타내는 좋은 지표라는 것은 의심할 여지가 없다. 그러나 성능을 향상하려면 어느 부분이 느려지는지 정확히 알아야 한다.

스트리밍 애플리케이션 성능 측정은 필수다. 스트리밍 애플리케이션을 사용한다는 단순한 사실은 데이터 또는 정보가 준비되면 바로 이를 처리해야 한다는 것을 의미한다. 비즈니스 요구에 스트리밍 솔루션이 필요한 경우 얻을 수 있는 가장 효율적이고 올바른 스트리밍 프로세스를 원할 것이다.

실제 측정 기준에 대해 논의하기 전에 3장의 고급 지마트 애플리케이션에서 작성한 애플리케이션 중 하나를 다시 살펴볼 것이다. 이 애플리케이션은 여러 처리 노드가 있기 때문에 메트릭 추적에 적합하므로 이 예에서는 이 토폴로지를 사용한다. 그림 7.6은 생성한 토폴로지를 보여준다.

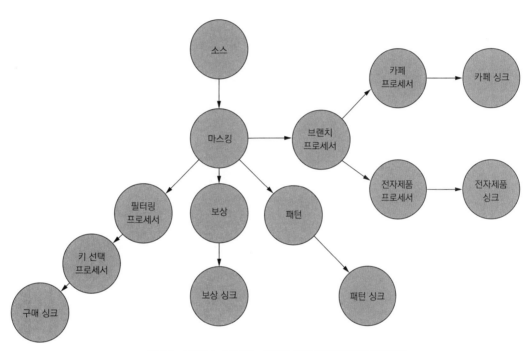

▲ **그림 7.6** 수많은 노드가 있는 지마트 고급 애플리케이션 토폴로지

지마트 토폴로지를 염두에 두고 다음처럼 메트릭 카테고리를 살펴본다.

- 스레드 메트릭
  - 평균 커밋^{commit}, 폴링^{poll}, 처리^{process} 작업 시간
  - 초당 생성한 태스크 수, 초당 종료된 태스크 수
- 태스크 메트릭
  - 초당 평균 커밋 횟수
  - 평균 커밋 시간

- 프로세서 노드 메트릭
  - 평균 및 최대 처리 시간
  - 초당 평균 처리 작업 수
  - 포워드 레이트^{forward rate}
- 상태 저장소 메트릭
  - put, get, flush 작업의 평균 실행 시간
  - put, get, flush 작업의 초당 평균 실행 횟수

이 메트릭이 사용 가능한 전체 메트릭 목록은 아니다. 가장 일반적인 성능 시나리오를 훌륭하게 커버할 수 있으므로 이를 선택했다. 전체 목록은 컨플루언트^{Confluent} 웹사이트 (http://mng.bz/4bcA)에서 확인할 수 있다.

이제 측정할 항목이 있으므로 정보를 캡처하는 방법을 살펴보자.

7.2.1 메트릭 구성

카프카 스트림즈는 이미 성능 메트릭을 수집하는 메커니즘을 제공한다. 대부분의 경우, 일부 설정값을 제공하면 된다. 메트릭 수집에는 성능 비용이 발생하기 때문에 INFO와 DEBUG의 두 가지 레벨이 있다. 개별 메트릭은 독자적으로 비용이 많이 들지는 않지만, 일부 메트릭이 카프카 스트림즈 애플리케이션을 통해 흐르는 모든 레코드를 처리할 때 포함될 수 있다고 생각한다면 성능에 미치는 영향이 어떻게 추가되는지 알 수 있을 것이다.

메트릭 레벨은 로깅 레벨처럼 사용된다. 이슈를 트러블슈팅하거나 애플리케이션 작동 방식을 관찰할 때 자세한 정보가 필요하다면 DEBUG 레벨을 사용할 수 있다. 다른 때에는 모든 정보가 필요하지 않으므로 INFO 레벨을 사용할 수 있다.

일반적으로 프로덕션 환경에서는 성능 비용이 너무 높기 때문에 DEBUG 레벨을 사용하지 않을 것이다. 이전에 나열된 각 메트릭은 표 7.1과 같이 각기 다른 레벨에서 사용할 수 있다. 보다시피, 스레드 메트릭은 모든 레벨에서 사용할 수 있지만 나머지 메트릭 카테고리는 DEBUG 레벨을 사용할 때만 수집된다.

▼ 표 7.1 설정한 레벨에 따른 가능한 메트릭

메트릭 카테고리	DEBUG	INFO
스레드	○	○
태스크	○	
프로세서 노드	○	
상태 저장소	○	
레코드 캐시	○	

카프카 스트림즈 애플리케이션 구성을 설정할 때 레벨도 설정한다. 이 설정은 다른 애플리케이션 구성에 포함되어 있는데, 지금까지는 기본 설정을 사용했으며, 메트릭 수집의 기본 레벨은 INFO이다.

고급 지마트 애플리케이션에서 구성을 변경하고 모든 메트릭 수집을 활성화해보자 (소스 코드는 src/main/java/bbejeck/chapter_7/ZMartKafkaStreamsAdvancedReqsMetricsApp. java에 있다).

예제 7.3 DEBUG 메트릭을 위한 구성 변경

```
private static Properties getProperties() {
    Properties props = new Properties();
    props.put(StreamsConfig.CLIENT_ID_CONFIG,
    "metrics-client-id"); ◀──── 클라이언트 ID
    props.put(ConsumerConfig.GROUP_ID_CONFIG,
    "metrics-group-id"); ◀──── 그룹 ID
    props.put(StreamsConfig.APPLICATION_ID_CONFIG,
    "metrics-app-id"); ◀──── 애플리케이션 ID
    props.put(StreamsConfig.METRICS_RECORDING_LEVEL_CONFIG,
    "DEBUG"); ◀──── 이 메트릭을 DEBUG 레벨로 기록하도록 설정
    props.put(StreamsConfig.BOOTSTRAP_SERVERS_CONFIG,
    "localhost:9092"); ◀──── 브로커 접속을 설정
    return props;
}
```

이제 DEBUG 레벨의 측정 항목을 수집하고 기록할 수 있게 됐다. 이 절에서 기억해야 할 중요한 점은 카프카 스트림즈 애플리케이션의 전체 범위를 측정하는 기본 메트릭이 있으며, DEBUG 레벨에서 메트릭 수집을 설정하려면 그 전에 성능 영향을 신중하게 고려해야 한다는 것이다.

사용 가능한 메트릭과 수집 방법에 대해 살펴봤으니, 다음 단계는 수집한 메트릭을 관찰하는 것이다.

7.2.2 수집한 메트릭 확인 방법

카프카 스트림즈 애플리케이션의 메트릭을 수집하면 메트릭 리포터에게 배포한다. 짐작하겠지만, 기본 메트릭 리포터를 JMX^{Java Management Extensions}를 통해 제공한다.

DEBUG 수준에서 메트릭 수집을 활성화하면 추가 작업 없이 관찰이 가능하다. JMX는 실행 중인 애플리케이션에서만 작동하므로 당연히 애플리케이션이 실행되는 시점에서만 확인할 수 있다.

> |팁| 프로그램 코드로 메트릭에 접근할 수도 있다. 코드를 이용한 메트릭 접근 예제는 src/main/java/bbejeck/chapter_7/StockPerformanceStreamsAndProcessorMetricsApplication.java를 살펴보자.

아마 JMX를 익숙하게 사용하거나 적어도 들어는 봤을 것이다. 다음 절에서 JMX를 시작하는 방법을 간략하게 설명하겠지만, 숙련된 JMX 사용자라면 다음 절을 건너뛰어도 된다.

7.2.3 JMX 사용

JMX는 자바 VM^{Java Virtual Machine}에서 실행되는 프로그램의 동작을 보는 표준 방법이면서, JMX를 사용해 자바 VM의 성능도 확인할 수 있다. 즉, JMX는 실행 중인 프로그램의 일부를 노출하는 인프라를 제공한다.

다행히, 이 모니터링을 수행하기 위해 코드를 작성할 필요가 없다. 단지 자바

VisualVM(http://mng.bz/euif)이나 JConsole(http://mng.bz/Ea71) 또는 JMC^Java Mission Control(http://mng.bz/0r5B)를 사용하면 된다.

|**팁**| JMC(Java Mission Control)는 강력하며 모니터링을 위한 훌륭한 도구가 될 수 있지만, 프로덕션 환경에서 사용하기 위해서는 상용 라이선스가 필요하다. JMC는 JDK와 함께 제공되기 때문에 jmc 명령을 사용해 명령줄에서 직접 JMC를 시작할 수 있다(JDK bin 디렉토리가 실행 PATH에 있을 경우). 또한 카프카 스트리밍 애플리케이션을 시작할 때 다음 플래그를 추가해야 한다.

```
-XX:+UnlockCommercialFeatures -XX:+FlightRecorder
```

JConsole은 설치 없이 바로 사용 가능하기 때문에 이 책에서는 JConsole로 시작해볼 것이다.

JMX란 무엇인가?

오라클은 '레슨: JMX 기술 개요'(http://mng.bz/Ej29)에서 다음과 같이 이야기한다.

JMX(Java Management Extensions) 기술은 5.0 릴리스의 플랫폼에 추가된 자바 플랫폼인 스탠더드 에디션(자바 SE 플랫폼) 표준의 일부다.

JMX 기술은 애플리케이션, 장치 및 서비스 같은 리소스를 관리하는 간단하고 표준적인 방법을 제공한다. JMX 기술은 동적이기 때문에 이를 사용해 생성, 설치 및 구현되는 리소스를 모니터링하고 제어할 수 있다. 또한 JMX 기술을 사용해 JVM(Java Virtual Machine)을 모니터링하고 관리할 수 있다.

JMX 스펙은 애플리케이션 및 네트워크의 관리 및 모니터링을 위해 자바 프로그래밍 언어로 아키텍처, 디자인 패턴, API 및 서비스를 정의한다.

JConsole 시작하기

JConsole은 JDK와 함께 제공되므로 자바가 설치되어 있으면 이미 JConsole을 사용하고 있는 것이다. JConsole을 시작하려면 명령 프롬프트에서 간단히 jconsole을 실행하면 된다(자바가 실행 PATH상에 있을 경우). 시작하면 그림 7.7과 같이 GUI가 나타난다. JConsole을 시작했다면 다음 단계는 이 인터페이스를 사용해 일부 메트릭 데이터를 확인하는 것이다.

▲ 그림 7.7 JConsole 시작 메뉴

실행 중인 프로그램 모니터링 시작하기

JConsole GUI의 중앙을 보면 새 연결 대화상자가 표시된다. 그림 7.8은 JConsole의 시작점을 보여준다. 현재로서는 Local Process로컬 프로세스 섹션에 나열된 자바 프로세스에만 관심이 있다.

> |**참고**| JConsole을 사용해 원격 애플리케이션을 모니터링하고 JMX에 대한 액세스 보안을 강화할 수 있다. 그림 7.8에서 원격 프로세스, 사용자 이름 및 암호 텍스트 상자를 볼 수 있다. 그러나 이 책에서는 개발 중 로컬 액세스에 대한 논의로 제한할 것이다. 인터넷에는 원격 및 보안 JConsole 액세스에 대한 지침이 많으며, 오라클의 설명서는 훌륭한 출발점이 된다(http://mng.bz/Ea71).

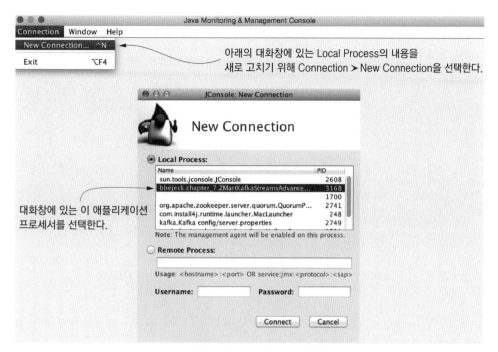

아래의 대화창에 있는 Local Process의 내용을
새로 고치기 위해 Connection ➤ New Connection을 선택한다.

대화창에 있는 이 애플리케이션
프로세서를 선택한다.

▲ **그림 7.8** JConsole로 프로그램 연결

카프카 스트림즈 애플리케이션을 아직 시작하지 않았다면 지금 시작한다. 그런 다음, 애플리케이션을 로컬 프로세스 창에 표시하려면, Connection ➤ New Connection을 클릭한다(그림 7.8 참조). 로컬 프로세스 아래에 나열된 프로세스가 새로 고쳐지면 카프카 스트림즈 애플리케이션이 표시될 것이다. 카프카 스트림즈 애플리케이션 프로세스를 두 번 클릭하자.

연결하려는 프로그램을 두 번 클릭하면 그림 7.9와 비슷한 경고 메시지가 나타난다. 로컬 컴퓨터에 있기 때문에 Insecure connection 버튼을 클릭하면 된다.

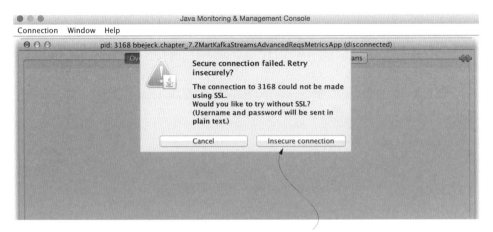

로컬 개발 머신에서 실행 중이므로
이 버튼을 선택한다.

▲ **그림 7.9** JConsole 연결 창의 SSL이 사용 가능하지 않다는 경고 메시지

이제 카프카 스트림즈 애플리케이션에서 수집한 메트릭을 살펴보자. 다음 단계는 사용 가능한 정보를 살펴보는 것이다.

|**경고**| 로컬 컴퓨터 개발에서는 안전하지 않은 연결을 사용하고 있지만, 실제 환경에서는 애플리케이션의 내부 상태를 액세스하는 모든 원격 서비스에 대한 액세스는 항상 보안된 연결이 되어야 한다.

정보 조회

연결하면, 그림 7.10과 같은 GUI 화면이 나타난다. JConsole은 실행 중인 애플리케이션 내부를 들여다볼 수 있는 몇 가지 편리한 옵션을 제공한다.

여기서는 Overview^{개요}, Memory^{메모리}, Threads^{스레드}, Classes^{클래스}, VM Summary$^{VM\ 요약}$, MBeans 탭 중 MBeans 탭만 사용한다. MBeans에는 카프카 스트림즈 애플리케이션 성능에 대한 수집된 통계가 포함되어 있다. 그 밖의 탭은 관련 정보를 제공하지만 애플리케이션의 전반적인 상태와 프로그램이 리소스를 활용하는 방식에 대한 정보를 제공한다. MBeans에서 수집된 메트릭에는 토폴로지의 내부 성능에 대한 정보가 들어 있다.

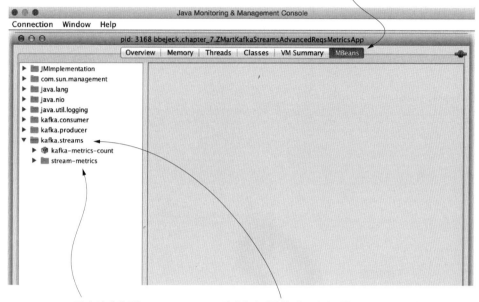

MBeans 탭을 선택한다. 다른 탭을 사용해
다른 모니터링 태스크를 수행할 수 있지만
수집된 메트릭을 보고 싶을 수 있다.

kafka.streams 폴더 아래에 있는
메트릭을 사용한다.

여기에서 다양한 메트릭에 대한 MBeans 섹션을 볼 수 있다.

▲ **그림 7.10** 시작한 JConsole 화면

이것으로 JConsole 사용 방법에 대한 소개가 끝났다. 다음 단계는 토폴로지에 대한 기록된 메트릭을 조회해볼 것이다.

7.2.4 메트릭 조회

그림 7.11은 지마트 애플리케이션(src/main/java/bbejeck/chapter_7/ZMartKafkaStreams AdvancedReqsMetricsApp.java)이 실행 중일 때 JConsole을 통해 특정 메트릭을 조회하는 방법을 보여준다. 보다시피, 토폴로지 성능을 확인하기 위해 모든 프로세서와 노드를 드릴다운drill down할 수 있다.

> **|팁|** JMX는 실행 중인 애플리케이션에서만 동작하기 때문에 src/main/java/bbejeck/chapter_7에 있는 어떤 예제 애플리케이션은 메트릭을 살펴볼 수 있도록 계속 실행할 것이다. 그 때문에 IDE에서 명시적으로 종료하거나 명령줄에서 **Ctrl+C**를 눌러야 한다.

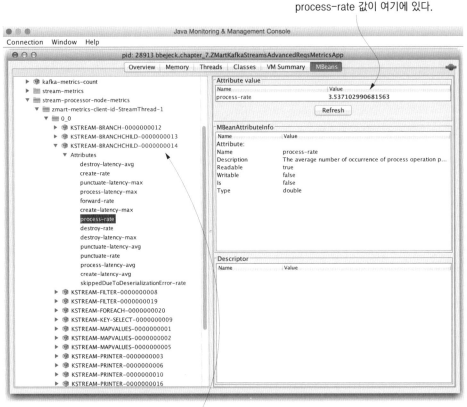

process-rate 값이 여기에 있다.

브랜치 프로세서 중 하나가 펼쳐진 토폴로지의 모든 노드

▲ **그림 7.11** 지마트에 관한 JConsole 메트릭

그림 7.11은 밀리초당 처리되는 평균 레코드 수를 알려주는 process-rate 메트릭을 보여준다. 오른쪽 위를 보면 속성값 아래에서 프로세스 속도가 평균 밀리초당 3.537레코드(초당 3,537레코드)임을 알 수 있다. 또한 앞에서 설명한 것처럼 JConsole에서 프로듀서 및 컨슈머 메트릭을 볼 수 있다.

> |팁| 이러한 기본 제공 메트릭이 포괄적이기 때문에 추가로 사용자 정의 메트릭이 필요할 수 있지만, 이는 상세한 저수준 정보이고 아주 일반적인 사용 사례가 아니므로 관련 예제를 자세히 설명하지는 않을 것이다. 그러나 사용자 메트릭을 추가하는 방법에 관한 예제는 StockPerformanceMetrics Transformer.init 메소드에서 살펴볼 수 있고, 이를 사용하는 방법은 StockPerformanceMetrics Transformer.transform 메소드에서 살펴볼 수 있다. 소스 코드는 src/main/java/bbejeck/chapter_7/ transformer/StockPerformanceMetricsTransformer.java에 있다.

이제 카프카 스트림즈 메트릭 보는 방법을 살펴봤으니, 애플리케이션에서 진행 중인 작업을 관찰하는 데 유용한 다른 기술로 넘어가 보자.

7.3 추가적인 카프카 스트림즈 디버깅 기술

이제 카프카 스트리밍 애플리케이션을 관찰하고 디버깅할 수 있는 방법을 살펴볼 것이다. 이전 절에서는 성능에 대해 자세히 설명했는데, 이번 절에서 살펴볼 기술은 애플리케이션의 다양한 상태에 대한 알림을 받고 토폴로지의 구조를 보는 데 중점을 둘 것이다.

7.3.1 애플리케이션 구조 조회

애플리케이션을 실행한 후 디버깅해야 하는 상황이 발생할 수 있다. 직장에서 대신해서 문제를 검토해주는 사람이 필요하다고 느끼겠지만, 이유야 어쨌든 간에 코드는 공유할 수 없다. 혹은 애플리케이션의 태스크에 할당된 TopicPartition을 보고 싶을 수도 있다.

Topology.describe() 메소드는 애플리케이션 구조에 관한 일반적인 정보를 제공한다. 이 메소드는 프로그램 구조에 관련된 정보와 함께 리파티셔닝을 지원하기 위해 생성된 내부 토픽을 출력한다. 그림 7.12는 7장에 있는 CoGroupingListeningExampleApplication에서의 호출 결과를 출력한다.

```
                              StreamsTask taskId: 0_0
        taskId                ProcessorTopology:
                                  Txn-Source:
                                      topics: [stock-transactions]
                                      children: [Txn-Processor]
                                  Txn-Processor:
                                      children: [CoGrouping-Processor]
    프로세서 이름             CoGrouping-Processor:
                                      states: [tupleCoGroupStore]
    연관된 상태 저장소            children: [Tuple-Sink, Print]
                                  Tuple-Sink:
                                      topic: cogrouped-results
        자식 노드                  Print:
                                  Events-Source:
                                      topics: [events]
                                      children: [Events-Processor]
                                  Events-Processor:
                                      children: [CoGrouping-Processor]
                                  CoGrouping-Processor:
    프로세서 이름                   states: [tupleCoGroupStore]
                                      children: [Tuple-Sink, Print]
                                  Tuple-Sink:
        토픽 이름                      topic: cogrouped-results
                                  Print:
```

▲ **그림 7.12** 노드 이름, 연관된 자식 노드 및 기타 정보를 출력

보다시피, `Topology.describe()` 메소드는 애플리케이션 구조의 요약 정보를 잘 출력한다. `CoGroupingListeningExampleApplication`이 프로세서 API를 사용했기 때문에, 토폴로지의 모든 노드는 직접 선택했던 이름이다. 카프카 스트림즈 API의 경우에 노드 이름은 다음처럼 좀 더 일반적이다.

```
KSTREAM-SOURCE-0000000000:
    topics:       [transactions]
    children:     [KSTREAM-MAPVALUES-0000000001]
```

> **|팁|** 카프카 스트림즈 DSL API를 사용할 때 토폴로지 클래스를 직접 사용하지 않지만, 쉽게 접근할 수는 있다. 물리적 토폴로지를 출력하려 한다면, 토폴로지 객체를 리턴하는 StreamsBuilder.build() 메소드를 사용한 다음 앞에서 봤던 것처럼 Topology.describe() 메소드를 호출하면 된다.

애플리케이션에서 실행 시간 정보를 보여주는 `StreamThread` 객체에 관한 정보를 얻는 것도 유용할 수 있다. `StreamThread` 정보에 접근하려면 `KafkaStreams.localThreadsMetadata()` 메소드를 사용한다.

7.3.2 다양한 애플리케이션 상태 알림 받기

카프카 스트림즈 애플리케이션을 시작할 때, 자동으로 데이터를 처리하지 않는다. 일부 조정^{coordination}이 먼저 이뤄져야 한다. 컨슈머는 메타데이터와 구독^{subscription} 정보를 가져와야 한다. 애플리케이션은 StreamThread 인스턴스를 시작하고 TopicPartition을 StreamTask에 할당해야 한다.

태스크(워크로드^{workload})를 할당하거나 재분배하는 이 절차를 **리밸런싱**^{rebalancing}이라고 한다. 리밸런싱한다는 것은 카프카 스트림즈가 자동으로 스케일을 올리고 내릴 수 있음을 의미한다. 이것은 주요한 장점인데, 기존 애플리케이션이 이미 실행 중일 때 새 애플리케이션 인스턴스를 추가하면 리밸런싱 프로세스가 워크로드를 재분배한다.

예를 들어, 2개의 소스 토픽이 있는 카프카 스트림즈 애플리케이션이 있고, 각 토픽에 2개의 파티션이 있어 4개의 TopicPartition 객체가 할당돼야 한다고 가정하자. 처음에는 하나의 스레드로 애플리케이션을 시작한다. 카프카 스트림즈는 모든 입력 토픽 가운데 최대 파티션 크기를 취함으로써 생성할 작업 개수를 결정한다. 이 경우 각 토픽에는 2개의 파티션이 있으므로 최댓값은 2이고 결국 2개의 작업이 된다. 그런 다음, 리밸런싱 프로세스는 2개의 태스크에 각각 2개의 TopicPartition 객체를 할당한다.

애플리케이션을 실행했을 때 좀 더 빠르게 레코드를 처리하고 싶을 수 있다. 같은 애플리케이션 ID를 가진 또 다른 버전의 애플리케이션을 시작하면 리밸런싱 프로세서는 새 애플리케이션 스레드에 부하를 분산해, 두 스레드가 할당되어 두 태스크가 동작할 것이다. 원래 버전이 여전히 동작하는 동안 초기 애플리케이션을 다운시킬 필요 없이 방금 애플리케이션의 스케일을 두 배로 올렸다.

시작 또는 중지하는 카프카 스트림즈 인스턴스(같은 애플리케이션 ID를 가진)나 또는 정규식 정의된 소스 노드의 경우 정규식 패턴 매치하는 토픽의 추가나 삭제가 리밸런싱의 다른 원인이 될 수 있다.

리밸런싱 동안 애플리케이션이 스트림 태스크에 토픽 파티션 할당이 끝날 때까지 외부 인터랙션이 일시적으로 멈추기 때문에, 애플리케이션 생애주기 중에서 이 지점을 알고 있는 것이 좋다. 예를 들어 쿼리 가능 상태 저장소를 사용할 수 없게 되면, 이 저장소가 다시 사용 가능해질 때까지 저장소의 내용 조회 요청을 제한할 수 있으면 좋을 것이다.

그러면, 다른 애플리케이션이 리밸런싱으로 들어가는지 어떻게 확인할 수 있을까? 다행히도 카프카 스트림즈는 StateListener 같은 메커니즘을 제공하는데, 다음 절을 참고하자.

7.3.3 StateListener 사용

카프카 스트림즈 애플리케이션은 언제든 여섯 가지 상태 중 하나가 될 수 있다. 그림 7.13 은 카프카 스트림즈 애플리케이션에서 가능한 여섯 가지 유효한 상태를 보여준다. 보다시피, 논의해볼 몇 가지의 상태 변화 시나리오가 있는데, 그중에서 '실행 중'과 '리밸런싱' 간 전환에 집중할 것이다.

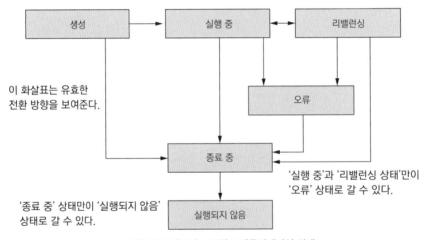

▲ **그림 7.13** 카프카 스트림즈 애플리케이션 상태

이러한 상태 변경을 캡처하려면 KafkaStreams.setStateListener 메소드를 사용한다. 이 메소드는 StateListener 인터페이스를 사용한다. 단일 메소드 인터페이스이므로 다음 처럼 자바 8 람다 구문을 사용할 수 있다(소스 코드는 src/main/java/bbejeck/chapter_7/ZMart KafkaStreamsAdvancedReqsMetricsApp.java에 있다).

```
KafkaStreams.StateListener stateListener = (newState, oldState) -> {
    if (newState == KafkaStreams.State.RUNNING &&
    oldState == KafkaStreams.State.REBALANCING) {
        LOG.info("애플리케이션은 REBALANCING에서 RUNNING으로 전환됐다.");
        LOG.info("토폴로지 레이아웃 {}",
    streamsBuilder.build().describe());
    }
};
```

REBALANCING에서 RUNNING으로 상태 전환을 확인

토폴로지 구조 출력

> **|팁|** ZMartKafkaStreamsAdvancedReqsMetricsApp.java를 실행한 예제 7.4는 JMX 메트릭과 상태 전환 알림을 포함하기 때문에 스트리밍 결과를 콘솔에 출력하는 기능을 꺼두었으므로, 결과는 카프카 토픽에만 쓴다. 이 애플리케이션을 실행할 때, 콘솔에서 리스너 출력을 살펴보자.

첫 번째 StateListener 구현의 경우 상태 변경을 콘솔에 출력한다. 7.3.1절에서 토폴로지 구조 출력에 대해 논의할 때 애플리케이션이 리밸런싱을 완료할 때까지 기다릴 필요가 있다고 이야기했다. 예제 7.4에서 모든 태스크와 할당이 완료되면 구조를 출력한다.

애플리케이션이 리밸런싱 상태가 될 때 어떤 신호를 보이는지 예제를 좀 더 살펴보자. 다음처럼 추가 상태 전환을 처리하도록 코드를 업데이트할 수 있다(소스 코드는 src/main/java/bbejeck/chapter_7/ZMartKafkaStreamsAdvancedReqsMetricsApp.java에 있다).

```
KafkaStreams.StateListener stateListener = (newState, oldState) -> {
    if (newState == KafkaStreams.State.RUNNING &&
    oldState == KafkaStreams.State.REBALANCING) {
        LOG.info("애플리케이션이 REBALANCING에서 RUNNING으로 전환됐다.");
        LOG.info("토폴로지 레이아웃 {}", streamsBuilder.build().describe());
    }

    if (newState == KafkaStreams.State.REBALANCING) {
        LOG.info("애플리케이션이 REBALANCING 단계로 진입했다.");
    }
};
```

리밸런싱 단계에 진입할 때 액션 추가

간단한 로깅 구문을 사용하고 있지만 애플리케이션 내에서 상태 변경을 처리하기 위해 좀 더 정교한 로직을 추가하는 것이 좋다.

> |참고| 카프카 스트림즈는 프레임워크가 아닌 라이브러리이기 때문에 1개의 서버에 단일 인스턴스를 실행할 수 있다. 다른 머신에 다중 애플리케이션을 실행해도 로컬 머신에서의 상태 변화만 볼 수 있을 것이다.

이 절의 핵심은 카프카 스트림즈 애플리케이션의 현재 상태에 연결해 블랙박스 작업^{black-box operation}을 줄이는 것이다.

다음에 좀 더 자세하게 리밸런싱에 관해 살펴볼 것이다. 워크로드 자동 리밸런싱 기능이 카프카 스트림즈의 강점이지만, 리밸런싱 대상이 최소한으로 유지되기를 원할 것이다. 리밸런싱이 발생할 때 데이터를 처리하지 않는 것은 어쩔 수 없지만, 리밸런싱 후에는 애플리케이션이 가능한 한 많은 데이터를 처리하기를 바랄 것이다.

7.3.4 상태 리스토어 리스너

4장에서 상태 저장소에 대해 배웠는데, 실패할 경우에 대비해서 상태 저장소를 백업하는 것이 중요하다. 카프카 스트림즈에서는 상태 저장소의 백업으로 **변경로그**^{changelog} 토픽을 사용한다.

변경로그는 변경이 발생한 상태 저장소의 업데이트를 기록한다. 그림 7.14에 나타나 있듯이, 카프카 스트림즈 애플리케이션이 실패하거나 재시작할 때, 상태 저장소는 로컬 상태 파일에서 복구할 수 있다.

그러나 상황에 따라 메소스^{Mesos} 같은 스테이트리스^{stateless} 환경에서 카프카 스트림즈 애플리케이션을 실행하고 있거나 심각한 실패로 로컬 디스크에 파일이 완전히 삭제된 경우처럼 변경로그로부터 상태 저장소를 완전히 복구해야 할 수도 있다. 복원해야 하는 데이터의 양에 따라 복원 프로세스는 많은 시간이 걸릴 수도 있다.

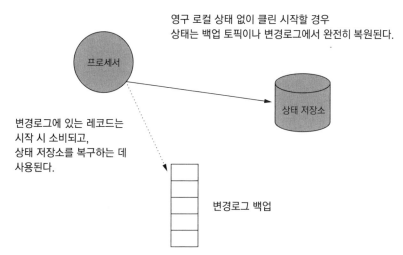

영구 로컬 상태 없이 클린 시작할 경우
상태는 백업 토픽이나 변경로그에서 완전히 복원된다.

프로세서

상태 저장소

변경로그에 있는 레코드는
시작 시 소비되고,
상태 저장소를 복구하는 데
사용된다.

변경로그 백업

▲ **그림 7.14** 클린 시작 또는 리커버리로부터 상태 저장소 복구

이 복구 기간 동안 쿼리를 위해 노출된 모든 상태 저장소는 사용할 수 없으므로 이 복원 프로세스의 소요 시간과 진행 상황에 대해 알 수 있어야 한다. 또한 사용자 상태 저장소가 있는 경우 복원이 시작되고 끝나는 시점에 대한 알림을 표시하여 필요한 설정 또는 해체 작업을 수행하는 것이 좋다.

StateListener와 매우 흡사한 StateRestoreListener 인터페이스는 애플리케이션 내부에서 일어나는 일들에 대한 알림을 허용한다. StateRestoreListener에는 onRestoreStart, onBatchRestored, onRestoreEnd라는 세 가지 메소드가 있다. KafkaStreams. setGlobalRestoreListener 메소드는 사용할 글로벌 리스토어 리스너global restore listener를 지정하는 데 사용된다.

|**참고**| StateRestoreListener는 애플리케이션 전역에서 공유되거나 상태 유지가 지원되지 않는다. 이 리스너에서 상태를 유지하려면, 동기화(synchronization)를 제공[2]해야 한다.

---

2   예제 7.6 '리스토어 리스너 로깅'을 보면 ConcurrentHashMap으로 복구 진행 상태를 유지한다. – 옮긴이

이 알림 프로세스가 어떻게 작동하는지 알아보기 위해 리스너 코드를 살펴보자. 변수 선언과 onRestoreStart 메소드로 시작할 것이다(소스 코드는 src/main/java/bbejeck/chapter_7/restore/LoggingStateRestoreListener.java에 있다).

```
public class LoggingStateRestoreListener implements StateRestoreListener {

    private static final Logger LOG =
➡ LoggerFactory.getLogger(LoggingStateRestoreListener.class);
    private final Map<TopicPartition, Long> totalToRestore =
➡ new ConcurrentHashMap<>();  ◄─── 복원 진행을 추적하기 위해 ConcurrentHashMap 인스턴스를 만든다.
    private final Map<TopicPartition, Long> restoredSoFar =
➡ new ConcurrentHashMap<>();  ◄─── 복원 진행을 추적하기 위해 ConcurrentHashMap 인스턴스를 만든다.

    @Override
    public void onRestoreStart(TopicPartition topicPartition,
➡ String store, long start, long end) {
        long toRestore = end - start;                          복원할 주어진 TopicPartition의
        totalToRestore.put(topicPartition, toRestore); ◄───    총량을 저장
        LOG.info("복구 시작 대상 저장소 {} 토픽 파티션 {}
➡ 복원할 총 레코드 수 {}", store, topicPartition, toRestore);
    }

    // 가독성을 위해 아래 코드는 제외했다.
}
```

첫 번째 단계는 복원 진행을 추적하기 위해, 2개의 ConcurrentHashMap 인스턴스를 작성하는 것이다. onRestoreStart 메소드에서는 복원해야 하는 총 레코드 수를 저장하고 복원 시작 상태를 기록했다.

다음으로, 복원된 각 배치를 처리하는 코드로 넘어가 보자(소스 코드는 src/main/java/bbejeck/chapter_7/restore/LoggingStateRestoreListener.java에 있다).

```
@Override
public void onBatchRestored(TopicPartition topicPartition,
```

```
String store, long start, long batchCompleted) {
   NumberFormat formatter = new DecimalFormat("#.##");

   long currentProgress = batchCompleted +
restoredSoFar.getOrDefault(topicPartition, 0L);   ◄─── 복원된 전체 레코드 개수를 계산한다.
   double percentComplete =
(double) currentProgress / totalToRestore.get(topicPartition);   ◄─── 복원이 완료된
                                                                     백분율을 결정한다.
   LOG.info("복구 진행 {} 진행률 {}% 대상 저장소 {} 토픽 파티션 {}",
           batchCompleted,
formatter.format(percentComplete * 100.00),
store, topicPartition);   ◄─── 복원된 백분율을 출력한다.
   restoredSoFar.put(topicPartition, currentProgress);   ◄─── 지금까지 복원된 레코드
}                                                             개수를 저장한다.
```

복원 프로세스에서는 내부 컨슈머를 사용해 변경로그 토픽을 읽기 때문에 애플리케이션이 각 consumer.poll() 메소드 호출에서 레코드를 일괄적으로 복원한다. 따라서 모든 배치의 최대 크기는 max.poll.records 설정과 동일하다.

복원 프로세스가 최근 배치를 상태 저장소에 로드한 후에 onBatchRestored 메소드가 호출된다. 먼저 누적된 복원 횟수에 현재 배치 크기를 추가한다. 그런 다음 완료된 복원의 백분율을 계산하고 결과를 기록한다. 마지막으로, 이전에 계산된 새로운 총 레코드 수를 저장한다.

살펴볼 마지막 단계는 복원 프로세스가 완료될 때다(소스 코드는 src/main/java/bbejeck/ chapter_7/restore/LoggingStateRestoreListener.java에 있다).

예제 7.8 복원이 완료될 때 호출되는 메소드

```
@Override
public void onRestoreEnd(TopicPartition topicPartition,
String store, long totalRestored) {
   LOG.info("복구 완료 {}
토픽 파티션 {}", store, topicPartition);
   restoredSoFar.put(topicPartition, 0L);   ◄─── TopicPartition 복원의 진행을 추적한다.
}
```

애플리케이션이 복구 프로세스를 완료하면 복원된 마지막 리스너를 총 레코드 수와 함께 호출한다. 이 예에서는 완료 상태를 기록하고 전체 복원 횟수 맵을 0으로 업데이트한다.

마침내, 다음처럼 애플리케이션의 LoggingStateRestoreListener를 사용할 수 있게 됐다(소스 코드는 src/main/java/bbejeck/chapter_7/CoGroupingListeningExampleApplication.java 에 있다).

```
kafkaStreams.setGlobalStateRestoreListener(new LoggingStateRestoreListener());
```

이는 StateRestoreListener를 사용하는 예제다. 9장에서 복원 진행 정도를 그래픽으로 표시하는 예제를 살펴볼 것이다.

> |팁| CoGroupingListeningExampleApplication 예제를 실행할 때 생성되는 로그 파일을 보려면, 소스 코드가 설치된 루트 디렉토리에 있는 logs/state_restore_listener.log 파일을 찾아보자.

7.3.5 uncaught 예외 핸들러

수시로 설명되지 않은 예외가 발생하고 프로그램이 갑자기 종료될 때 대부분 개발자는 콘솔/로그에 큰 스택 트레이스가 발생하는 게 합당하다고 생각한다. 이 상황이 '모니터링' 예제에 맞지는 않지만, 예상치 못한 상황이 발생했을 때 알림을 받고 정리할 수 있는 기회를 주는 게 좋을 것이다. 카프카 스트림즈는 이러한 예기치 않은 오류를 처리하기 위해 KafkaStreams.setUncaughtExceptionHandler를 제공한다(소스 코드는 src/main/java/bbejeck/ chapter_7/CoGroupingListeningExampleApplication.java에 있다).

```
kafkaStreams.setUncaughtExceptionHandler((thread, exception) -> {
    CONSOLE_LOG.info("스레드 [" + thread + "]
➡ encountered [" + exception.getMessage() +"]");
});
```

이는 분명히 기본적인 구현이지만, 여기에 표시된 대로 오류를 로깅하거나 필요한 클린업 작업을 수행하고 스트림 애플리케이션을 종료하는 예기치 않은 오류를 처리할 수 있는 코드상의 위치를 보여줄 수 있다.

이것으로 카프카 스트림즈 애플리케이션 모니터링에 대한 설명을 마무리한다.

요약

- 카프카 스트림즈를 모니터링하려면 카프카 브로커도 살펴봐야 한다.
- 애플리케이션의 성능이 어떻게 되는지 보고 싶다면 메트릭 리포팅을 수시로 활성화해야 한다.
- 내부를 살펴볼 필요가 있으며 가끔 jstack(스레드 덤프)과 jmap/jhat(힙 덤프) 같은 자바에 포함된 명령줄 도구를 사용해 좀 더 저수준에서 애플리케이션 동작을 이해해야 한다.

7장에서는 토폴로지 동작 관찰에 중점을 두었다. 8장에서는 애플리케이션이 오류를 일관되고 적절하게 처리하도록 집중할 것이다. 또한 정기적인 테스트를 통해 예상되는 동작을 제공하는지 확인할 것이다.

8

카프카 스트림즈
애플리케이션 테스트

8장에서 다루는 내용

- 토폴로지 테스트
- 개별 프로세서와 트랜스포머 테스트
- 내장 카프카 클러스터로 통합 테스트

지금까지 카프카 스트림즈 애플리케이션을 제작하는 데 필요한 기본 요소를 살펴봤는데, 애플리케이션 개발에 있어 중요한 부분 중 하나인 애플리케이션을 테스트하는 방법을 아직 살펴보지 않았다. 핵심 개념 중 하나는 로직을 테스트하기 훨씬 더 쉽게 만들기 위해 카프카 스트림즈 애플리케이션과는 완전히 독립적인, 독립 실행 클래스에 비즈니스 로직을 배치하는 것이다. 테스트의 중요성을 알고 있으리라 생각하지만, 테스트가 개발 프로세스 자체만큼이나 필요한 두 가지 이유를 다시 살펴볼 것이다.

첫째, 코드 개발은 코드가 잘 실행될 것이라는 누구나 예상 가능한 암묵적인 계약을 바탕으로 이뤄지기 때문이다. 코드가 작동하는지 증명할 수 있는 유일한 방법은 철저하게 테스트하는 것이다. 따라서 합리적인 환경에서 코드가 적절하게 작동하는지 테스트하기 위해 가능한 많은 입력 및 시나리오를 제공해야 한다.

훌륭한 테스트 세트가 필요한 두 번째 이유는 소프트웨어의 불가피한 변화를 다루기 때문이다. 훌륭한 테스트 세트를 사용하면 새 코드가 예상되는 동작 집합을 손상시킬 때 즉각적인 피드백을 얻을 수 있다. 또한 대규모 리팩토링refactoring을 수행하거나 새로운 기능을 추가할 때 테스트를 통과하면 변경사항의 영향을 확신할 수 있게 된다(테스트가 훌륭하다면).

테스트의 중요성을 이해하더라도 카프카 스트림즈 애플리케이션을 테스트하는 일이 항상 쉬운 것만은 아니다. 간단한 토폴로지를 실행하고 결과를 관찰할 수 있는 옵션이 있지만 그 방법에는 단점이 있다. 언제든지 실행할 수 있는 반복 가능한 테스트 세트가 필요하며, 빌드의 일부로 카프카 클러스터 및 주키퍼 앙상블 없이도 애플리케이션을 테스트할 수 있는 기능이 필요하기 때문이다.

이것이 이 장에서 다룰 내용이다. 먼저, 카프카가 실행되지 않고 토폴로지를 테스트하는 방법을 볼 수 있으므로 단위 테스트에서 전체 토폴로지 작동을 볼 수 있다. 또한 프로세서 또는 트랜스포머transformer를 독립적으로 테스트하고 필요한 종속성을 모킹mock하는 방법을 배우게 될 것이다.

> |참고| 모의 객체(mock object)로 테스트해본 경험이 있을 것 같지만, 그렇지 않다면 위키피디아에 있는 훌륭한 소개(https://en.wikipedia.org/wiki/Mock_object)를 참고한다.

단위 테스트는 반복성과 빠른 피드백에 중요하지만 통합 테스트도 역시 중요하다. 때로는 애플리케이션의 움직이는 부분을 실제로 확인해야 하기 때문에 테스트가 중요하다. 예를 들어, 카프카 스트림즈 애플리케이션의 필수 부분인 리밸런싱의 경우를 생각해보자. 단위 테스트에서 리밸런싱을 동작시키기는 거의 불가능하다. 표 8.1은 단위 테스트와 통합 테스트의 차이점을 요약한 것이다.

▼ 표 8.1 테스트 접근법

테스트 유형	목적	테스트 속도	사용 수준
단위	격리된 부분 기능에 대한 개별 테스트	빠름	대다수
통합	전체 시스템 사이의 통합 지점 테스트	실행 시간이 더 길어짐	극소수

이를 테스트하려면 실제 조건에서 실제 리밸런싱을 트리거할 필요가 있다. 이러한 상황에서는 카프카 클러스터의 실제 인스턴스로 실행해야 한다. 그러나 외부 클러스터 설정에 의존하고 싶지 않기 때문에, 통합 테스트에 내장된 카프카 및 주키퍼를 사용하는 방법을 살펴볼 것이다.

8.1 토폴로지 테스트

3장에서 구축했던 첫 토폴로지는 비교적 복잡했다. 기억을 상기시키기 위해 그림 8.1에서 다시 보여준다.

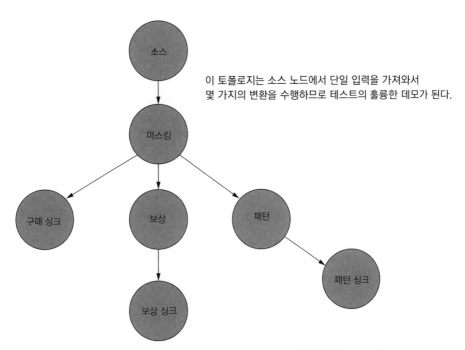

▲ **그림 8.1** 지마트 카프카 스트림즈 프로그램 초기의 완전한 토폴로지

처리 로직은 매우 간단하지만 구조에서 볼 수 있듯이 여러 노드가 있다. 또한 테스트를 시연하는 데 도움이 될 중요한 사항이 하나 있다. 즉, 초기 구매라는 하나의 입력을 받아 여러 변환을 수행한다. 이렇게 하면 단일 구매 값만 제공하면 테스트가 다소 쉬워지고 모든 적절한 변환이 수행됐는지 확인할 수 있다.

|**팁**| 대부분의 경우 별도의 클래스에 로직을 추가하여 토폴로지와는 별도로 비즈니스 로직을 단위 테스트할 수 있다. 지마트 토폴로지의 경우 로직 대부분은 단순하며 자바 8 람다 식으로 표현되므로 이 경우에는 토폴로지 흐름을 테스트할 것이다.

반복 가능한 독립 실행 테스트가 필요하므로, ProcessorTopologyTestDriver를 사용하면 테스트 실행을 위해 카프카 없이도 그런 테스트를 작성할 수 있다. 실시간 카프카 인스턴스 없이 토폴로지를 테스트하는 기능은 테스트를 더욱 빠르고 가볍게 만들어 개발 주기가 단축된다는 사실을 기억하자. 또한 ProcessorTopologyTestDriver는 사용자가 생성한 개별 카프카 스트림 토폴로지 객체를 테스트하는 일반적인 테스트 프레임워크다.

카프카 스트림즈의 테스트 유틸리티 사용

카프카 스트림즈의 테스트 유틸리티를 사용하려면 build.gradle 파일을 다음처럼 업데이트해야 한다.

```
testCompile group:'org.apache.kafka', name:'kafka-streams',
    version:'1.0.0', classifier:'test'

testCompile  group:'org.apache.kafka', name:'kafka-clients',
    version:'1.0.0', classifier:'test'
```

메이븐(Maven)을 사용한다면, 다음 코드를 사용하자.

```
<dependency>
    <groupId>org.apache.kafka</groupId>
    <artifactId>kafka-streams</artifactId>
    <version>1.0.0</version>
    <scope>test</scope>
    <classifier>test</classifier>
</dependency>

<dependency>
    <groupId>org.apache.kafka</groupId>
    <artifactId>kafka-clients</artifactId>
    <version>1.0.0</version>
    <scope>test</scope>
    <classifier>test</classifier>
</dependency>
```

이 토폴로지를 처음 구축할 당시 전적으로 ZMartKafkaStreamsApp.main 메소드 내에서만 수행했으므로 신속하게 개발할 수 있었지만, 테스트는 할 수 없었다. 이제 토폴로지를 독립 실행 클래스로 리팩토링하거나 수정해 토폴로지를 테스트할 수 있다.

로직은 변하지 않기 때문에 코드를 그대로 옮기므로 여기에 코드 전환은 설명하지 않는다. 대신, 원한다면 src/main/java/bbejeck/chapter_8/ZMartTopology.java에서 볼 수 있다.

코드를 전환하면 테스트를 만들어보자.

8.1.1 테스트 만들기

지마트 토폴로지 단위 테스트를 작성하는 단계로 넘어가자. 표준 JUnit 테스트를 사용할 수 있고 테스트를 실행하기 전에 셋업 작업을 할 것이다(소스 코드는 src/main/java/bbejeck/chapter_8/ZMartTopologyTest.java에 있다).

예제 8.1 토폴로지 테스트에 대한 셋업 메소드

```
@Before
public  void setUp( ) {

    // 가독성을 위해 props 속성 생성은 제외했다.
    StreamsConfig streamsConfig = new StreamsConfig(props);
    Topology topology = ZMartTopology.build( );  ◀─ 지마트 토폴로지 리팩토링: 이제 이 메소드를
                                                     호출해 토폴로지를 얻을 수 있다.
    topologyTestDriver =
 ➡  new ProcessorTopologyTestDriver(streamsConfig, topology);  ◀─
}
                                            ProcessorTopologyTestDriver 생성
```

예제 8.1의 핵심은 `ProcessorTopologyTestDriver`를 작성하는 것이다. 테스트를 실행할 때 다음 예제에서 사용하게 될 것이다(소스 코드는 src/main/java/bbejeck/chapter_8/ZMartTopologyTest.java에 있다).

예제 8.2 토폴로지 테스트

```
@Test
public void testZMartTopology() {

    // 가독성을 위해 serde 생성은 제외했다.                          ──→ 테스트 객체를 생성한다.
                                                                 실행 중인 토폴로지에서
    Purchase purchase = DataGenerator.generatePurchase();  ◀──── 생성 코드를 재사용한다.


    topologyTestDriver.process("transactions",   ◀──── 토폴로지에 초기 레코드를 전송한다.
                            null,
                            purchase,
                            stringSerde.serializer(),
                            purchaseSerde.serializer());

    ProducerRecord<String, Purchase> record =
➥ topologyTestDriver.readOutput("purchases",   ◀──── purchases 토픽에서 레코드를 읽는다.
                            stringSerde.deserializer(),
                            purchaseSerde.deserializer());

    Purchase expectedPurchase =                              ──→ 테스트 객체를 기대하는
➥ Purchase.builder(purchase).maskCreditCard().build();  ◀──── 형식으로 변환한다.
        assertThat(record.value(), equalTo(expectedPurchase));  ◀─┐
                                                                  │
    토폴로지로부터의 레코드가 기대하는 레코드와 일치하는지 검사한다.  ──┘
```

예제 8.2에는 두 가지 중요한 부분이 있다. `topologyTestDriver.process`로 시작하여, 레코드가 전체 토폴로지의 소스이기 때문에 레코드를 트랜잭션 토픽에 제공한다. 토폴로지 로딩을 완료하면 올바른 액션이 수행됐는지 확인할 수 있다. 다음 행에서 `topology TestDriver.readOutput` 메소드를 사용하면, 토폴로지에 정의된 싱크 노드 중 하나를 사용해 구매 토픽에서 레코드를 읽는다. 두 번째 행부터 마지막 행까지 예상 출력 레코드를 만들고 최종 행에서 결과와 예상한 것을 비교[assert]한다.

이 토폴로지에는 다른 2개의 싱크 노드가 있으므로 올바른 결과를 얻었는지 확인해 테스트를 완료하자.

예제 8.3 토폴로지 나머지 부분 테스트

```
@Test
public void testZMartTopology() {

    // 이전 부분에 이어 계속 테스트

    RewardAccumulator expectedRewardAccumulator =
➡ RewardAccumulator.builder(expectedPurchase).build();

    ProducerRecord<String, RewardAccumulator> accumulatorProducerRecord =
➡ topologyTestDriver.readOutput("rewards",  ◀──── rewards 토픽에서 레코드를 읽는다.
                                  stringSerde.deserializer(),
                                  rewardAccumulatorSerde.deserializer());

    assertThat(accumulatorProducerRecord.value(),
➡ equalTo(expectedRewardAccumulator));  ◀──── rewards 토픽 출력과 기댓값을 비교한다.

    PurchasePattern expectedPurchasePattern =
➡ PurchasePattern.builder(expectedPurchase).build();

    ProducerRecord<String, PurchasePattern> purchasePatternProducerRecord =
➡ topologyTestDriver.readOutput("patterns",  ◀──── patterns 토픽에서 레코드를 읽는다.
                                  stringSerde.deserializer(),
                                  purchasePatternSerde.deserializer());

    assertThat(purchasePatternProducerRecord.value(),
➡ equalTo(expectedPurchasePattern));  ◀──── patterns 토픽 출력과 기댓값을 비교한다.
}
```

테스트에 다른 처리 노드를 추가하면, 예제 8.3과 같은 패턴을 볼 수 있다. 각 토픽의 레코드를 읽고 어설트^{assert} 구문으로 기댓값과 비교를 한다. 이 테스트에서 염두에 둬야 할 중요한 점은 카프카를 실행하는 오버헤드 없이 전체 토폴로지를 통해 레코드를 반복적으로 테스트할 수 있다는 것이다.

ProcessorTopologyTestDriver는 상태 저장소와 함께 토폴로지 테스트를 지원하기 때문에 이를 수행하는 방법을 살펴보자.

8.1.2 토폴로지에서 상태 저장소 테스트

상태 저장소를 테스트하는 방법을 설명하기 위해, 메소드 호출에서 반환된 토폴로지를 가져오는 StockPerformanceStreamsAndProcessorApplication이라는 다른 클래스를 리팩토링한다. 이 클래스는 src/main/java/bbejeck/chapter_8/StockPerformanceStreamsProcessorTopology.java에서 찾을 수 있다. 로직은 변경하지 않았으므로 여기서 리뷰하지는 않을 것이다.

이 테스트 셋업은 이전 테스트와 같으므로 새로운 부분만 설명할 것이다(소스 코드는 src/test/java/bbejeck/chapter_8/StockPerformanceStreamsProcessorTopologyTest.java에 있다).

예제 8.4 상태 저장소 테스트

```
StockTransaction stockTransaction =
➡ DataGenerator.generateStockTransaction();   ◀──── 테스트 레코드를 생성한다.


topologyTestDriver.process("stock-transactions",   ◀──── 테스트 드라이버로 레코드를 처리한다.
                           stockTransaction.getSymbol(),
                           stockTransaction,
                           stringSerde.serializer(),
                           stockTransactionSerde.serializer());
                                                        테스트 토폴로지로부터
                                                        상태 저장소를 조회한다.
KeyValueStore<String, StockPerformance> store =
➡ topologyTestDriver.getKeyValueStore("stock-performance-store");   ◀


assertThat(store.get(stockTransaction.getSymbol()),
➡ notNullValue());   ◀──── 기대한 값이 저장소에 있는지 확인한다.
```

보다시피, 마지막 assert 행은 코드가 예상대로 상태 저장소를 사용하고 있는지 빠르게 확인한다. ProcessorTopologyTestDriver가 실제로 작동하는 것을 보았고 토폴로지의 종단 간[end-to-end] 테스트를 수행하는 방법을 살펴봤다. 테스트하는 토폴로지가 처리 노드가 하나인 매우 간단한 것일 수도 있고, 여러 개의 하위 토폴로지로 구성된 매우 복잡한 것일 수도 있다. 카프카 브로커 없이 이 테스트를 수행하고 있더라도 실수하지 말자. 레코드를 직렬화 및 역직렬화하는 것을 포함하여 모든 부분을 실행하는 토폴로지의 완전한 테스트가 돼야 한다.

토폴로지에 대한 종단 간 테스트를 수행하는 방법을 살펴봤다. 하지만 프로세서와 트랜스포머 객체의 내부 로직을 테스트하고 싶을 수도 있다. 전체 토폴로지를 테스트하는 것은 좋지만 각 클래스 내부의 동작을 확인하려면 좀 더 세부적인 방법이 필요하다. 이에 대해서는 다음 절에서 설명한다.

8.1.3 프로세서와 트랜스포머 테스트

단일 클래스 내에서 동작을 확인하려면 테스트 중인 클래스가 하나뿐인 실제 단위 테스트가 필요하다. Processor나 Transformer에 대한 단위 테스트를 작성하는 것은 그리 어려운 일이 아니어야 하지만 두 클래스 모두 상태 저장소를 얻고 펑추에이션punctuation 액션을 스케줄링하기 위해 ProcessorContext에 의존해야 한다.

실제 ProcessorContext 객체를 만들고 싶지 않다면 테스트 목적으로 사용할 수 있는 대리인인 모의 객체가 있다. 모의 객체 사용과 관련하여 두 가지 방법이 있다.

하나는 Mockito(http://site.mockito.org) 같은 모의 객체 프레임워크를 사용해 테스트에서 모의 객체를 생성하는 것이다. 또 다른 옵션은 ProcessorTopologyTestDriver와 동일한 테스트 라이브러리에 있는 MockProcessorContext 객체를 사용하는 것이다. 어느 것을 사용할지는 사용 방법에 따라 다르다.

실제 의존성을 위한 플레이스홀더placeholder로서 엄격하게 모의 객체가 필요하다면, 구체적인 모의 객체(모의 객체는 프레임워크에서 생성되지 않음)가 좋은 선택이다. 그러나 모의 객체에 전달된 매개변수, 반환된 값 또는 기타 동작을 확인하려면 프레임워크에서 생성된 모의 객체를 사용하는 것이 좋다. Mockito 같은 모의 객체 프레임워크에는 기댓값을 설정하고 동작을 확인하기 위한 풍부한 API가 함께 제공되므로 개발 시간을 절약하고 테스트 절차의 속도를 높일 수 있다.

예제 8.5에서는 두 유형의 모의 객체를 사용한다. init 호출 동안 매개변수를 확인하고

punctuate( ) 메소드에서 기댓값을 전달하는지 확인해야 하므로, ProcessorContext 모의 객체를 작성하기 위해 Mockito 프레임워크를 사용한다. 또한 키/값 저장소에 사용자 정의 모의 객체를 사용하는데, 코드 예제를 통해 단계별로 실행하면서 보게 될 것이다.

이 예제에서는 모의 객체를 사용해 Processor를 테스트할 것이다. src/test/java/bbejeck/ chapter6/processor/cogrouping/에 있는 CogroupingMethodHandleProcessorTest라는 이름의 CogroupingMethodHandleProcessor에 대한 테스트로 시작할 것이다. 먼저, init 메 소드에서 사용된 매개변수를 확인해야 한다(소스 코드는 src/test/java/bbejeck/chapter_6/ processor/cogrouping/CogroupingMethodHandleProcessorTest.java에 있다).

예제 8.5 init 메소드 테스트

```
// 가독성을 위해 상세한 내용은 생략한다.
private ProcessorContext processorContext =
    mock(ProcessorContext.class); ◀── Mockito로 ProcessorContext를 모킹
private MockKeyValueStore<String, Tuple<List<ClickEvent>,
    List<StockTransaction>>> keyValueStore =
    new MockKeyValueStore<>( ); ◀── KeyValueStore 모의 객체


private CogroupingMethodHandleProcessor processor =
    new CogroupingMethodHandleProcessor( ); ◀── 테스트할 클래스

@Test
@DisplayName("프로세서가 올바르게 초기화돼야 한다")
public void testInitializeCorrectly() {            ProcessorContext에서 메소드 호출을
    processor.init(processorContext); ◀──────       트리거하는 프로세서의 init 메소드 호출
    verify(processorContext).schedule(eq(15000L), eq(STREAM_TIME),
    isA(Punctuator.class)); ◀── ProcessorContext.schedule 메소드에 관한 매개변수를 검증
    verify(processorContext).getStateStore(TUPLE_STORE_NAME); ◀─┐
}
                                                상태 저장소에서 받은 값을 검증 ┘
```

첫 번째 테스트는 단순하다. ProcessorContext 모의 객체로 테스트 중인 프로세서에서 init 메소드를 호출한다. 그런 다음 punctuate 메소드를 예약하는 데 사용되는 매개변수의 유효성을 검사하고 상태 저장소를 조회한다.

다음으로, 레코드가 예상대로 전달됐는지 검증하기 위해 punctuate 메소드를 테스트한

다(소스 코드는 src/test/java/bbejeck/chapter_6/AggregatingMethodHandleProcessorTest.java에 있다).

```
@Test
@DisplayName("펑추에이트는 레코드를 전달해야 한다.")
public void testPunctuateProcess(){
    when(processorContext.getStateStore(TUPLE_STORE_NAME))     ← 호출했을 때 KeyValueStore를
                          .thenReturn(keyValueStore);  ◀         반환하도록 모의 동작(mock
                                                                 behavior)을 설정

    processor.init(processorContext);  ◀──── 프로세서의 init 메소드를 호출
    processor.process("ABC", Tuple.of(clickEvent, null));      │ ClickEvent와
    processor.process("ABC", Tuple.of(null, transaction));     │ StockTransaction을 처리

    Tuple<List<ClickEvent>,List<StockTransaction>> tuple =
    keyValueStore.innerStore().get("ABC");  ◀──── process 메소드에서 상태 저장소에 있던 항목을 꺼낸다.
    List<ClickEvent> clickEvents = new ArrayList<>(tuple._1);
    List<StockTransaction> stockTransactions = new ArrayList<>(tuple._2);

    processor.cogroup(124722348947L);  ◀──── punctuate 스케줄에 사용된 코그룹 메소드를 호출

    verify(processorContext).forward("ABC",           │ ProcessorContext가 전달하는
    Tuple.of(clickEvents, stockTransactions));  ◀     │ 레코드 기댓값을 검증

    assertThat(tuple._1.size(), equalTo(0));     │ 튜플 내에 컬렉션이
    assertThat(tuple._2.size(), equalTo(0));     │ 클리어됐는지 검증
}
```

이 테스트는 좀 더 복잡한데, 모의 동작과 실제 동작을 혼합해 사용했다. 테스트를 간단히 살펴보자.

첫 번째 행은 ProcessorContext.getStateStore 메소드가 호출될 때, KeyValueStore 스텁[stub] 객체를 반환하기 위해 ProcessorContext에 대한 모의 동작을 지정한다. 생성된 모의 객체와 스텁 객체의 흥미로운 조합이다.

Mockito를 사용해 KeyValueStore 모의 객체를 쉽게 만들 수 있지만, 두 가지 이유로 선택하지 않았다. 첫째, 생성된 모의 객체가 또 다른 생성된 모의 객체를 반환하는 것은 약간

부자연스러운 것 같다(개인적인 생각에는). 둘째, 미리 준비된 응답으로 기댓값을 설정하는 대신 테스트 중에 KeyValueStore에 저장된 값을 검증하기를 원한다.

다음 세 줄은 processor.init으로 시작해 일반적인 단계를 통해 프로세서를 실행한다. 먼저 레코드를 초기화^{initializing} 하고 처리 ^{processing} 한다. 네 번째 단계는 작동하는 KeyValueStore를 갖는 것이 중요하다. KeyValueStore는 단순한 스텝이므로 내부의 실제 저장소로는 java.util.HashMap을 사용한다. 프로세서 기댓값을 설정한 후 이 코드 세 줄에서 process( ) 메소드 호출을 통해 저장소에 있는 내용을 조회한다. 제공된 키를 사용해 상태 저장소에서 가져온 튜플(이 책의 샘플 코드용으로 개발된 사용자 정의 클래스)의 내용으로 새 ArrayList 객체를 만든다.

다음으로, 프로세서의 punctuate 메소드를 사용한다. 이 테스트는 단위 테스트이므로 시간이 얼마나 지났는지 테스트할 필요는 없다. 이런 테스트는 카프카 스트림즈 API 자체를 테스트하는 것을 의미하기 때문이다(물론, 여기서는 원하지도 않는다). 목표는 메소드 참조를 통해 Punctuator(메소드 레퍼런스를 통해)로 정의한 메소드의 동작을 확인하는 것이다.

이제 테스트의 주요 지점을 확인한다. 기대하는 키와 값은 ProcessorContext.forward 메소드를 통해 다운스트림에 전달된다. 이 부분은 생성된 모의 객체의 유용성을 보여준다. Mockito 프레임워크를 사용하는 경우 모의 객체에게 주어진 키와 값으로 전달 호출을 기대하고 테스트가 코드를 정확하게 실행했는지 검증해야 한다. 마지막으로, 프로세서가 ClickEvent 및 StockTransaction 객체의 컬렉션을 다운스트림으로 전달한 후 해당 객체를 지웠는지 검증한다.

이 테스트에서 볼 수 있듯이 생성된 클래스와 스텝 모의 객체가 혼합되어 테스트 중인 클래스를 격리할 수 있다. 이 장의 앞부분에서 언급했듯이 카프카 스트림즈 API 애플리케이션의 테스트는 비즈니스 로직 및 개별 Processor 또는 Transformer 객체에 대한 단위 테스트여야 한다. 카프카 스트림즈 자체는 철저히 테스트됐으므로 테스트되지 않은 새 코드에 집중해야 한다.

카프카 클러스터와의 상호작용을 확인하기 위해 애플리케이션을 배포할 때까지 기다릴 필요가 없을 것이다. 코드 적합성 테스트가 필요한데, 여기에는 통합 테스트가 필요할 것이다. 실제 카프카 브로커에 대해 로컬 테스트를 수행하는 방법을 살펴보자.

8.2 통합 테스트

지금까지 단위 테스트에서 전체 토폴로지 또는 개별 구성요소를 테스트하는 방법을 살펴봤다. 대부분의 경우, 이러한 테스트 유형은 실행이 빠르며 코드의 특정 부분의 유효성을 검사하므로 가장 좋다.

그러나 종단 간 테스트는 모든 작업 파트를 함께 테스트해야 한다. 즉, 통합 테스트를 해야 한다. 일반적으로 단위 테스트에서 다루지 않는 기능이 있는 경우 통합 테스트가 필요하다.

예를 들어, 첫 번째 애플리케이션인 Yelling App으로 돌아가 보자. 오래전에 토폴로지를 만들었으므로 그림 8.2를 다시 살펴보자.

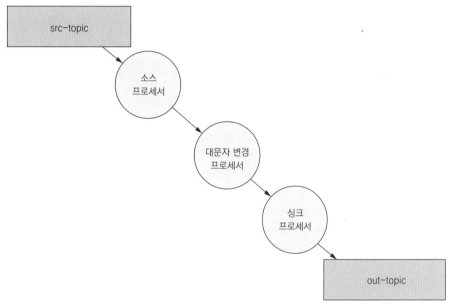

▲ **그림 8.2** Yelling App 토폴로지의 또 다른 시각화

하나의 이름이 지정된 토픽에서 정규 표현식과 일치하는 토픽으로 소스를 변경하기로 결정했다고 가정해보자.

```
yell-[A-Za-z0-9-]
```

예를 들어, 애플리케이션을 배포하고 실행하는 동안 토픽 매칭 패턴으로 yell-at-everyone이 추가되면, 새로 추가된 토픽에서 정보를 읽기 시작한다.

변경 부분이 너무 작기 때문에 원래의 Yelling App은 업데이트하지 않을 것이다. 대신, 테스트에서는 변경된 버전을 직접 사용할 것이다(소스 코드는 src/java/bbejeck/chapter_3/KafkaStreamsYellingIntegrationTest.java에 있다).

예제 8.7 Yelling App 업데이트

```
streamsBuilder.<String,String>stream(Pattern.compile("yell.*"))    ◄──  yell로 시작하는
                .mapValues(String::toUpperCase)  ◄─── 모든 텍스트를 대문자로 변환한다.   토픽을 구독한다.
                .to(OUT_TOPIC);  ◄─── 토픽으로 출력하거나 콘솔로 출력한다.
```

카프카 브로커 수준에서 토픽을 추가하기 때문에 애플리케이션이 새로 작성된 토픽을 선택하는지 테스트하는 유일한 방법은 애플리케이션이 실행되는 동안 토픽을 추가하는 것이다. 이 시나리오 실행은 단위 테스트에서는 불가능하다. 그러면, 테스트를 위해 업데이트한 애플리케이션을 배포해야 한다는 의미일까?

다행히도, 대답은 '그렇지 않다'이다. 카프카 테스트 라이브러리와 함께 사용 가능한 **내장** embedded 카프카 클러스터를 사용할 수 있다.

내장 카프카 클러스터를 사용하면 언제든 개별 테스트가 되었든 또는 전체 테스트의 일부분이 되었든 사용자 머신에서 카프카 클러스터가 필요한 통합 테스트를 실행할 수 있다. 이렇게 하면 개발 주기가 빨라진다(여기서 '내장'이라는 용어는 카프카나 주키퍼 같은 대형 애플리케이션을 로컬 독립 모드로 실행하거나 기존 애플리케이션에 '내장'하는 것을 의미한다). 통합 테스트 구축으로 이동하자.

8.2.1 통합 테스트 구축

내장 카프카 서버를 사용하는 첫 단계는 3개의 추가적인 테스트 의존성을 추가하는 것이다. scala-library-2.12.4.jar, kafka_2.12-1.0.0-test.jar, kafka_2.12-1.0.0.jar를 build.gradle이나 pom.xml 파일에 추가한다. 8.1절에서 테스트 JAR를 지원하는 문법을 이미 살펴봤으므로 여기서 다시 설명하지는 않겠다.

의존성 수가 증가하기 시작하는 것처럼 보일 수 있지만 여기에 추가하는 것은 **테스트** testing 의존성이라는 것을 기억하자. 테스트 의존성은 패키지에는 포함되지 않고 애플리케이션 코드와 함께 배포 가능하다. 따라서 최종 애플리케이션 크기에는 영향을 미치지 않는다.

이제 필요한 종속성을 추가했으므로 내장된 카프카 브로커를 사용해 통합 테스트를 정의해보자. 통합 테스트를 생성하려면 표준 JUnit 접근 방식을 사용한다.

내장 카프카 클러스터 추가

테스트를 위해 내장 카프카 브로커 추가는 다음 예제처럼 한 줄 추가로 끝난다(소스 코드는 src/java/bbejeck/chapter_3/KafkaStreamsYellingIntegrationTest.java에 있다).

예제 8.8 내장 카프카 브로커 추가

```
private static final int NUM_BROKERS = 1;  ◀────── 브로커 개수를 정의한다.

@ClassRule  ◀────── JUnit ClassRule 애노테이션
public static final EmbeddedKafkaCluster EMBEDDED_KAFKA
➡ = new EmbeddedKafkaCluster(NUM_BROKERS);  ◀────── EmbeddedKafkaCluster 인스턴스를 생성한다.
```

예제 8.8의 두 번째 줄에서 클래스의 테스트를 실행하기 위한 클러스터 역할을 하는 EmbeddedKafkaCluster 인스턴스를 만든다. 이 예제의 핵심은 @ClassRule 애노테이션이다. 테스트 프레임워크와 JUnit에 대한 전체 설명은 이 책의 범위를 벗어나지만, 여기서는 @ClassRule의 중요성과 테스트 수행 방법에 대해서만 잠시 설명할 것이다.

JUnit 규칙

JUnit은 공통 로직을 JUnit 테스트에 적용할 목적으로 **규칙**rule이라는 개념을 도입했다. https://github.com/junit-team/junit4/wiki/Rules#rules 문서의 내용을 요약하면 다음과 같다. "규칙을 사용하면 테스트 클래스에서 각 테스트 메소드 동작을 매우 유연하게 추가하거나 재정의할 수 있다."

JUnit은 세 가지 유형의 규칙을 제공하는데, EmbeddedKafkaCluster 클래스는 ExternalResource 규칙을 사용한다(https://github.com/junit-team/junit4/wiki/

Rules#externalresource-rules). 테스트를 위해 EmbeddedKafkaCluster가 필요한 것처럼, 외부 리소스를 셋업^{setup}하고 테어다운^{teardown}하기 위해 ExternalResource 규칙을 사용한다.

JUnit은 before( )와 after( )라는 2개의 no-op 메소드를 가진 ExternalResource 클래스를 제공한다. ExternalResource를 확장하는 클래스는 테스트에 필요한 외부 리소스를 셋업하고 테어다운하기 위해 before( )와 after( ) 메소드를 오버라이드해야 한다.

규칙은 테스트에서 외부 리소스를 사용하는 데 뛰어난 추상화를 제공한다. ExternalResource를 확장하는 클래스를 만든 후에는 테스트에서 변수를 만들고 @Rule 또는 @ClassRule 애노테이션을 사용하면 모든 셋업 및 테어다운 메소드가 자동으로 실행된다.

@Rule과 @ClassRule의 차이는 before( ) 및 after( )가 호출되는 빈도다. @Rule 애노테이션은 클래스의 개별 테스트에 대해 before( ) 및 after( ) 메소드를 실행한다. @ClassRule은 before( ) 및 after( ) 메소드를 한 번만 실행한다. before( )는 어떤 테스트보다도 우선적으로 한 번 실행되고, after( )는 클래스의 마지막 테스트가 완료될 때 한 번 호출된다. 내장 카프카 클러스터를 설정하는 것은 상대적으로 리소스 집약적이므로 테스트 클래스당 한 번만 설정하는 것이 좋다.

통합 테스트 구축으로 돌아가 보자. EmbeddedKafkaCluster를 만들었으므로 다음 단계는 처음에 필요한 토픽을 만드는 것이다.

토픽 만들기

이제 내장 카프카 클러스터가 가능하므로 다음처럼 토픽을 만드는 데 사용할 수 있다(소스 코드는 src/java/bbejeck/chapter_3/KafkaStreamsYellingIntegrationTest.java에 있다).

예제 8.9 테스트를 위한 토픽 만들기

```
@BeforeClass ◀─── BeforeClass 애노테이션
public static void setUpAll() throws Exception {
    EMBEDDED_KAFKA.createTopic(YELL_A_TOPIC); ◀─── 첫 소스 토픽을 만든다.
    EMBEDDED_KAFKA.createTopic(OUT_TOPIC); ◀─── 출력 토픽을 만든다.
}
```

테스트용 토픽을 작성하는 것은 모든 테스트에 대해 한 번만 수행하면 되므로 어떤 테스트를 수행하기 전에 필요한 토픽을 작성하는 @BeforeClass 애노테이션을 사용할 수 있다. 이 테스트에서는 단일 파티션 및 복제수$^{replication\ factor}$가 1인 토픽만 필요하므로 단순한 EmbeddedKafkaCluster.createTopic(String name) 메소드를 사용할 수 있다. 둘 이상의 파티션이 필요한 경우 1보다 큰 복제수에는 기본값과 다른 구성이 필요하다. 이를 위해 다음과 같은 오버로드된 createTopic 메소드 중 하나를 사용할 수 있다.

- EmbeddedKafkaCluster.createTopic(String topic, int partitions, int replication)
- EmbeddedKafkaCluster.createTopic(String topic, int partitions, int replication, Properties topicConfig)

내장 카프카 클러스터를 실행하기 위한 준비를 하고 내장 브로커를 사용해 토폴로지를 테스트하는 단계로 넘어가 보자.

토폴로지 테스트

모든 준비가 끝났다. 이제 다음 단계에 따라 통합 테스트를 실행할 수 있다.

1. 카프카 스트림즈 애플리케이션을 시작한다.
2. 소스 토픽에 레코드를 쓰고 정확한 결과인지 검증^{assert}한다.
3. 패턴과 일치하는 새 토픽을 만든다.
4. 추가적인 레코드를 새로 생성된 토픽에 쓰고 정확한 결과인지 검증한다.

첫 두 파트의 테스트를 시작해보자(소스 코드는 src/java/bbejeck/chapter_3/KafkaStreams YellingIntegrationTest.java에 있다).

```
// 가독성을 위해 셋업 코드는 생략한다.

kafkaStreams = new KafkaStreams(streamsBuilder.build(), streamsConfig);

kafkaStreams.start();  ◄──── 카프카 스트림즈 애플리케이션을 시작한다.

List<String> valuesToSendList =
➡ Arrays.asList("this", "should", "yell", "at", "you");  ◄──── 전송할 값 목록을 지정한다.
List<String> expectedValuesList =
➡ valuesToSendList.stream()
                    .map(String::toUpperCase)
                    .collect(Collectors.toList());  ◄──── 기댓값 목록을 만든다.

IntegrationTestUtils.produceValuesSynchronously(YELL_A_TOPIC,
                                                  valuesToSendList,
                                                  producerConfig,
                                                  mockTime);
int expectedNumberOfRecords = 5;
List<String> actualValues =
➡ IntegrationTestUtils.waitUntilMinValuesRecordsReceived(
➡ consumerConfig, OUT_TOPIC, expectedNumberOfRecords);  ◄──── 카프카에서 레코드를 소비한다.

assertThat(actualValues, equalTo(expectedValuesList));  ◄──── 읽은 값과 기댓값이 같은지 검증한다.
```

내장 카프카로 값을 생산한다.

이 부분은 테스트에 있어서 상당히 표준적인 테스트 코드다. 원본 토픽에 레코드를 작성해 스트리밍 애플리케이션을 작동하게 한다. 스트리밍 애플리케이션은 이미 실행 중이므로 표준 처리의 일부로 레코드를 사용, 처리 및 기록한다. 애플리케이션이 예상대로 작동하는지 확인하기 위해 테스트는 싱크 노드 토픽의 레코드를 사용하고 기댓값을 결괏값과 비교한다.

예제 8.10의 끝에는 2개의 정적 유틸리티 메소드인 IntegrationTestUtils.produce ValuesSynchronously와 IntegrationTestUtils.waitUntilMinValuesRecordsReceived가 있으며 이 통합 테스트의 구성을 훨씬 쉽게 관리할 수 있게 한다. 이러한 생산과 소비 유틸리티 메소드는 kafka-streams-test.jar의 일부다. 이 방법에 대해 간략히 살펴보자.

테스트에서 레코드 생산과 소비

IntegrationTestUtils.produceValuesSynchronously 메소드는 null 키를 사용해 컬렉션의 각 항목에 대해 ProducerRecord를 만든다. 이 메소드는 동기식이므로 Producer.send 호출 결과로 생성되는 Future<RecordMetadata>를 가져와서 생성 요청을 반환할 때까지 기다리는 Future.get()을 바로 호출한다. 이 메소드는 레코드를 동기적으로 보내므로 메소드가 요청을 반환하면 레코드를 사용할 수 있음을 알 수 있다. 키에 대한 값을 지정하려는 경우 다른 방법인 IntegrationTestUtils.produceKeyValuesSynchronously는 KeyValue<K, V>의 컬렉션을 가져온다.

예제 8.10에서 레코드를 소비하기 위해 IntegrationTestUtils.waitUntilMinValuesRecordsReceived 메소드를 사용한다. 이름에서 유추할 수 있듯이 이 메소드는 주어진 토픽에서 예상되는 레코드 수를 소비하도록 시도한다. 기본적으로 이 메소드는 최대 30초 동안 대기하고 지정한 레코드 수가 소비되지 않으면 AssertionError가 발생되어 테스트가 실패한다.

값 대신 소비된 KeyValue로 작업해야 하는 경우 IntegrationTestUtils.waitUntilMinKeyValueRecordsReceived 메소드가 있으며, 이 또한 동일한 방식으로 작동하며, KeyValue 결과의 컬렉션을 반환한다는 것만 다르다. 또한 소비 유틸리티의 오버로드 버전도 있다. 여기서 long 유형의 매개변수를 통해 대기할 시간을 지정할 수 있다.

이제, 테스트 설명을 마무리하자.

동적으로 토픽 추가하기

테스트 중인 지점에서 실행 중인 카프카 브로커가 필요한 동적인 동작을 테스트하고 싶다. 이전에 했던 테스트는 시작 지점을 확인하기 위해 수행됐다. 이제 EmbeddedKafkaCluster를 사용해 새 토픽을 만들고 애플리케이션이 새 토픽에서 소비하고 예상대로 레코드를 처리하는지 테스트한다(소스 코드는 src/java/bbejeck/chapter_3/KafkaStreamsYellingIntegrationTest.java에 있다).

```
EMBEDDED_KAFKA.createTopic(YELL_B_TOPIC);          ◀──── 새 토픽을 만든다.

                                                          전송할 새로운 값
valuesToSendList = Arrays.asList("yell", "at", "you", "too");  ◀── 목록을 지정한다.

expectedValuesList = valuesToSendList.stream()   ◀──── 기댓값을 만든다.
                              .map(String::toUpperCase)
                              .collect(Collectors.toList());
                                                          스트리밍 애플리케이션의
IntegrationTestUtils.produceValuesSynchronously(YELL_B_TOPIC,  ◀── 소스 토픽에 값을 생산한다.
                              valuesToSendList,
                              producerConfig,
                              mockTime);


expectedNumberOfRecords = 4;
List<String> actualValues =
➡ IntegrationTestUtils.waitUntilMinValuesRecordsReceived(   스트리밍 애플리케이션의
➡ consumerConfig, OUT_TOPIC, expectedNumberOfRecords);  ◀── 결과를 소비한다.


assertThat(actualValues, equalTo(expectedValuesList));  ◀──
                                                          기댓값이 실제 결과와 일치하는지
                                                          검증한다.
```

스트리밍 애플리케이션의 소스 노드에 대한 패턴과 일치하는 새 토픽을 만든다. 그런 다음 새 토픽에 데이터를 채우고 스트리밍 애플리케이션의 싱크 노드 토픽에서 레코드를 소비하는 것과 동일한 단계를 수행한다. 테스트가 끝나면 소비된 결과가 예상된 결과와 일치하는지 검증한다.

IDE 내부에서 이 테스트를 실행할 수 있으며 결과가 성공해야 한다. 첫 통합 테스트를 방금 완료했다!

단위 테스트는 작성하고 유지하기가 쉽기 때문에 모든 것에 대해 통합 테스트를 사용하고 싶지는 않을 것이다. 그러나 코드의 동작을 확인하는 유일한 방법이 실제 카프카 브로커와 함께 작동할 때라면 통합 테스트가 반드시 필요하다.

|**참고**| 내장 카프카 클러스터를 사용해 모든 테스트를 수행하는 것이 매력적인 방법으로 보일 수 있지만, 그렇게 하지 않는 것이 가장 좋다. 방금 작성한 샘플 통합 테스트를 실행하면 단위 테스트보다 실행하는 데 시간이 오래 걸리는 것을 알 수 있다. 한 번의 테스트로 얻은 초당 소요 시간은 그리 많지는 않겠지만, 그 시간에 수백 또는 수천 가지 테스트를 곱하면 테스트 스위트(suite)를 실행하는 데 걸리는 시간은 상당할 것이다. 또한 항상 테스트를 작게 유지하고, 애플리케이션 체인의 모든 부분을 테스트하는 대신 하나의 특정 기능에만 집중하는 것이 좋다.

요약

- 카프카 스트림즈 애플리케이션과 완전히 독립적인 독립 실행 클래스에서 비즈니스 로직을 유지하려고 노력하자. 그러면 단위 테스트가 쉬워질 것이다.

- 토폴로지를 종단 간 테스트하기 위해 ProcessorTopologyTestDriver를 사용해 하나 이상의 테스트를 수행하는 것은 유용하다. 이 테스트 유형은 카프카 브로커를 사용하지 않으므로 빠르며, 종단 간 테스트 결과를 확인할 수 있다.

- 개별 Processor 또는 Transformer 인스턴스를 테스트할 때 카프카 스트림즈 API에서 일부 클래스의 동작을 확인해야 하는 경우에만 모의 객체 프레임워크를 사용하자.

- EmbeddedKafkaCluster와의 통합 테스트는 실행 중인 카프카 브로커에서만 확인 가능한 상호작용이 있는 경우에만 사용하는 것이 좋다.

재미있는 여행이었고 카프카 스트림즈 API에 대해 많은 것을 배웠으며 데이터 처리 니즈[needs]를 다루는 방법을 배웠다. 학습 단계를 마무리하기 위해 이제 기어 레버를 학생에서 전문가로 전환할 것이다. 이 책의 다음 장과 마지막 장은 지금까지 배운 모든 내용을 바탕으로 상위 수준의 프로젝트이며, 경우에 따라 카프카 스트림즈 API에 없는 사용자 정의 코드를 작성하기 위해 확장도 해볼 것이다. 이 프로젝트 결과는 이 책에 소개된 핵심 기능을 사용해서 구현할 실행 가능한 종단 간 애플리케이션이다.

Part 4

카프카 스트림즈 고급 개념

마지막 4부에서는 지금까지 배운 모든 내용을 가져와서 고급 애플리케이션을 만드는 데 적용할 것이다. 카프카 스트림즈를 카프카 커넥트^{Kafka Connect}와 통합하면, 관계형 데이터베이스에 데이터가 기록되는 경우에도 데이터를 스트리밍할 수 있다. 그런 다음 대화식 쿼리 기능을 사용해 외부 도구 없이 카프카 스트림즈에서 직접 애플리케이션이 생산하는 정보를 실시간으로 표시하는 방법을 배우게 될 것이다. 마지막으로, 컨플루언트^{Confluent} (링크드인^{LinkedIn} 의 카프카 초기 개발자가 설립한 회사)가 소개한 새로운 도구인 KSQL과 카프카에 들어오는 데이터에 대한 SQL 문 작성 및 지속적인 쿼리 실행 방법에 대해서도 배울 것이다.

9
카프카 스트림즈
고급 애플리케이션

9장에서 다루는 내용

- 카프카 커넥트로 외부 데이터를 카프카 스트림즈에 통합하기
- 데이터베이스 제약 걷어내기
- 카프카에서의 KSQL 연속 쿼리

카프카 스트림즈를 사용하는 방법을 배우기 위해 먼 길을 걸어왔다. 많은 논점을 다뤘으며 이제는 스트리밍 애플리케이션을 작성하는 방법을 알고 있어야 한다. 지금까지 카프카 스트림즈의 핵심 기능을 소개했지만, 할 수 있는 것들이 아직 더 많다. 이 장에서는 배운 내용을 사용해 실제 상황에서 작동할 수 있는 두 가지 고급 애플리케이션을 작성할 것이다.

많은 조직에서 신기술을 도입할 때는 레거시 기술 또는 프로세스와 결합해야 한다. 들어오는 데이터의 주 싱크가 데이터베이스 테이블인 경우가 드문 일이 아니다. 5장에서 카프카 스트림즈의 테이블이 스트림이라는 것을 배웠으므로 데이터베이스 테이블을 데이터 스트림으로 간주할 수도 있을 것이다.

이 장에서 살펴볼 첫 번째 고급 애플리케이션은 카프카 커넥트와 카프카 스트림즈를 통합해 물리적 데이터베이스를 스트리밍 애플리케이션으로 '변환'하는 것이다. 카프카 커넥트는 테이블의 새로운 레코드 삽입을 리스닝하면서 그 레코드를 카프카의 토픽에 쓸 것이다. 이 동일한 토픽이 카프카 스트림즈 애플리케이션의 소스로 사용되므로 데이터베이스 테이블을 스트리밍 애플리케이션으로 바꿀 수 있다.

레거시 애플리케이션으로 작업할 때, 데이터가 실시간으로 캡처되더라도 대시보드 애플리케이션의 데이터 소스로 사용되는 데이터를 데이터베이스로 덤프하는 것이 일반적인 방식이다. 이 장의 두 번째 고급 애플리케이션에서는 직접 쿼리를 위해 카프카 스트림즈 상태 저장소를 노출시키는 대화식 쿼리를 사용하는 방법을 보여줄 것이다. 대시보드 애플리케이션은 상태 저장소에서 직접 가져와서 스트리밍 애플리케이션을 통해 흐르는 대로 데이터를 표시할 수 있으므로 데이터베이스가 필요하지 않다.

강력하고 새로운 카프카 기능인 KSQL을 살펴봄으로써 고급 기능에 대해 다룰 것이다. KSQL을 사용하면 카프카에 들어오는 데이터에 대해 장기간 실행하는 SQL 쿼리를 작성할 수 있다. KSQL은 카프카 스트림즈의 모든 기능과 SQL 쿼리 작성의 용이성을 결합해 제공한다. KSQL을 사용하면 카프카 스트림즈를 사용해 작업을 처리한다.

9.1 카프카와 다른 데이터 소스 통합

첫 번째 고급 예제 애플리케이션을 위해 금융 서비스 회사인 BSE[Big Short Equity]에서 일한다고 가정해보자. BSE는 기존 데이터 작업을 현대적인 구조로 마이그레이션하기를 원하며 그 계획에는 카프카 사용이 포함된다. 마이그레이션은 부분적으로 완료되며 기업 분석 업데이트 작업을 해야 한다. 목표는 최신 주식 거래 및 관련 정보를 실시간으로 표시하는 것이고, 카프카 스트림즈가 가장 적합하다.

BSE는 금융 시장의 다른 영역에 초점을 맞춘 펀드를 제공한다. 회사는 관계형 데이터베이스에 실시간으로 펀드 거래를 기록한다. 결국 BSE는 카프카에 직접 거래를 기록할 계획이지만, 당분간은 데이터베이스가 기록 시스템이다.

유입 데이터가 관계형 데이터베이스에 입력되면 데이터베이스와 최근에 도입한 카프카 스트림즈 애플리케이션 사이의 격차를 어떻게 메꿀 수 있을까? 대답은 카프카 커넥트 (https://kafka.apache.org/documentation/#connect)다. 이 프레임워크는 아파치 카프카에 포함되어 있으며 카프카를 다른 시스템과 통합한다. 일단 카프카가 데이터를 갖고 있으면 소스 데이터의 위치에 대해 더 이상 염려하지 않아도 된다. 다른 카프카 스트림즈 애플리케이션과 마찬가지로 카프카 스트림즈 애플리케이션에 소스 토픽으로 지정하면 되기 때문이다.

> |**참고**| 카프카 커넥트를 사용해 다른 소스의 데이터를 가져올 때 통합 지점은 카프카 토픽이다. 즉, 카프카 컨슈머를 사용하는 모든 애플리케이션에서 가져온 데이터를 사용할 수 있다. 카프카 스트림즈에 관한 책이므로 카프카 스트림즈 애플리케이션과 통합하는 방법을 강조한다.

그림 9.1은 데이터베이스와 카프카가 어떻게 통합되는지를 보여준다. 이 경우 카프카 커넥트를 사용해 데이터베이스 테이블을 모니터링하고 업데이트를 재무 분석 애플리케이션의 소스인 카프카 토픽으로 스트리밍한다.

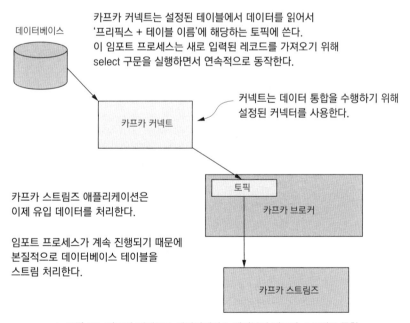

▲ **그림 9.1** 카프카 커넥트로 데이터베이스 테이블과 카프카 스트림즈 통합

9.1.1 카프카 커넥트로 데이터 통합하기

카프카 커넥트는 다른 시스템의 데이터를 카프카로 스트리밍하고 카프카의 데이터를 몽고DB^{MongoDB}(www.mongodb.com) 또는 일래스틱서치^{Elasticsearch}(www.elastic.co) 같은 데이터 저장 애플리케이션으로 스트리밍할 목적으로 설계됐다. 카프카 커넥트를 사용하면 전체 데이터베이스를 카프카로 임포트하거나 성능 메트릭 같은 데이터도 임포트할 수 있다.

카프카 커넥트는 특정 커넥터를 사용해 외부 데이터 소스와 상호작용한다. 커넥터 커뮤니티에서 개발한 여러 **커넥터**^{connector}(www.confluent.io/product/connectors)를 사용할 수 있으므로 카프카와 거의 모든 스토리지 시스템을 통합할 수 있다. 사용자의 목적에 맞는 커넥터가 없다면, 커넥터를 직접 구현할 수도 있다(https://docs.confluent.io/current/connect/devguide.html).

9.1.2 카프카 커넥트 셋업

카프카 커넥트는 분산 모드와 독립 모드, 두 가지 방식으로 실행할 수 있다. 대부분의 프로덕션 환경에서 분산 모드로 실행하는 것은 의미가 있다. 여러 커넥트 인스턴스를 실행할 때 사용할 수 있는 병렬 처리 및 내결함성을 활용할 수 있기 때문이다. 로컬 시스템에서 예제를 실행한다고 가정하므로 모든 것은 독립형 모드로 구성할 것이다.

카프카 커넥트가 외부 데이터 소스와 상호작용에 사용하는 커넥터에는 소스 커넥터와 싱크 커넥터의 두 가지 유형이 있다. 그림 9.2는 카프카 커넥트가 두 가지 유형을 사용하는 방법을 보여준다. 보다시피 소스 커넥터는 카프카로 데이터를 가져오고, 싱크 커넥터는 다른 시스템에서 사용할 수 있도록 카프카로부터 데이터를 받는다.

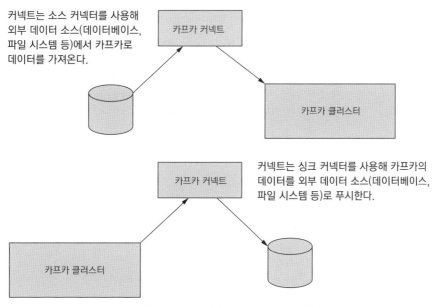

커넥트는 소스 커넥터를 사용해
외부 데이터 소스(데이터베이스,
파일 시스템 등)에서 카프카로
데이터를 가져온다.

카프카 커넥트

카프카 클러스터

카프카 커넥트

커넥트는 싱크 커넥터를 사용해 카프카의
데이터를 외부 데이터 소스(데이터베이스,
파일 시스템 등)로 푸시한다.

카프카 클러스터

▲ **그림 9.2** 카프카 커넥트의 소스와 싱크 커넥터

이 예제에서는 카프카 JDBC 커넥터(https://github.com/confluentinc/kafka-connect-jdbc)를 사용한다. 깃허브^{GitHub}에 공개되어 있으며, 편의를 위해 책의 소스 코드 패키지에 넣어뒀다(https://manning.com/books/kafka-streams-in-action).

카프카 커넥트를 사용할 때는 카프카 커넥트 자체 및 데이터 임포트 또는 익스포트에 사용하는 개별 커넥터에 대한 설정을 해야 한다. 먼저 카프카 커넥트에서 사용할 매개변수를 살펴보자.

- bootstrap.servers: 커넥트가 사용할, 콤마로 구분된 카프카 브로커 목록
- key.converter: 카프카에 쓰기 위해 커넥트 형식을 여기에 정의한 키 직렬화 형식으로 변환하기 위한 변환기 클래스
- value.converter: 카프카에 쓰기 위해 커넥트 형식을 여기에 정의한 값 직렬화 형식으로 변환하기 위한 변환기 클래스. 이 예제에서는 내장된 org.apache.kafka.connect.json.JsonConverter를 사용할 것이다.

- value.converter.schemas.enable: true 또는 false. 커넥트가 값의 스키마를 포함해야 할지를 지정한다. 이 예제에서는 false로 설정할 텐데, 그 이유는 다음 절에서 설명한다.
- plugin.path: 커넥터 위치와 의존성을 커넥트에 알려준다. 이 위치는 JAR나 다중 JAR 파일이 포함된 단일 최상위 디렉토리가 될 수 있다.
- offset.storage.file.filename: 커넥트 컨슈머가 오프셋 저장에 포함하는 파일이다.

JDBC 연결을 위한 설정도 제공해야 한다. 다음 설정을 살펴보자.

- name: 커넥터의 이름
- connector.class: 커넥터 클래스
- tasks.max: 이 커넥터가 사용하는 태스크 최대 개수
- connection.url: 데이터베이스 연결에 사용할 URL
- mode: JDBC 소스 커넥터가 변경을 감지하기 위해 사용하는 메소드
- incrementing.column.name: 변경을 감지하기 위해 추적할 열 이름
- topic.prefix: 커넥트는 'topic.prefix+테이블 이름'으로 된 토픽에 각 테이블을 기록한다.

이러한 구성의 대부분은 간단하지만 mode와 incrementing.column.name 두 가지는 더 자세히 살펴봐야 한다. 커넥터가 실행되는 방식에 능동적인 역할을 하기 때문이다. JDBC 소스 커넥터는 mode를 사용해 로드해야 하는 행을 감지한다. 이 예제는 자동 증가 열에 의존하는 증가 설정을 사용한다. 각 삽입은 열값을 1씩 증가시킨다. 증가하는 열을 추적하면 새 레코드만 가져올 수 있지만, 업데이트 여부는 알 수 없다. 이 카프카 스트림즈 애플리케이션은 최신 주식이나 제품 구매에만 관심이 있으므로 이 설정은 이상적이다. incrementing.column.name은 자동 증가 값을 포함하는 열 이름이다.

> **|팁|** 책의 소스 코드에는 커넥트 및 JDBC 커넥터 모두에 대해 거의 완료된 구성이 포함되어 있다. 설정 파일은 소스 코드 배포판(https://manning.com/books/kafka-streams-in-action)의 src/main/resources 디렉토리에 있다. 예제를 사용할 경우 이 경로에 관한 정보를 제공할 때 추출된 소스 코드 저장소가 있는 경로를 제공해야 한다. 전체 지침은 README.md 파일을 확인하자.

카프카 커넥트와 JDBC 소스 커넥터에 대한 개요가 끝났다. 통합 지점이 하나 더 있는데, 다음 절에서 설명할 것이다.

> **|참고|** JDBC 소스 커넥터에 관한 더 많은 정보는 컨플루언트 문서에서 찾을 수 있다(http://mng.bz/01vh). 또한 살펴봐야 할 다른 증분 쿼리(incremental query) 모드도 있다(http://mng.bz/0pjP).

9.1.3 데이터 변환

이 과제를 시작하기 전에 유사한 데이터를 사용해 카프카 스트림즈 애플리케이션을 이미 개발해봤다. 결과적으로 기존 모델과 Serde 객체(JSON 직렬화 및 역직렬화를 위해 Gson을 사용)가 생겼다. 개발 속도를 높이려면 커넥트 사용을 지원하기 위해 새로운 코드를 작성하지 않는 것이 좋을 것이다. 다음 절에서 볼 수 있듯이 커넥트만으로 데이터를 완벽하게 임포트할 수 있다.

> **|팁|** Gson(https://github.com/google/gson)은 구글에서 JSON과의 자바 객체 직렬화 및 역직렬화를 위해 개발된 아파치 라이선스 라이브러리다. 사용자 가이드 http://mng.bz/JqV2에서 더 많은 것을 배울 수 있다.

이러한 완벽한 통합을 가능하게 하려면 JDBC 커넥터의 속성에 약간의 추가 설정을 변경해야 한다. 시작하기 전에 설정에 대해 설명하는 9.1.2절을 다시 살펴보자. 특히, 스키마가 비활성화된 상태에서 org.apache.kafka.connect.json.JsonConverter를 사용하겠다고 말했다. 따라서 이 값은 간단한 JSON 형식으로 변환된다.

카프카 스트림즈 애플리케이션에서 JSON은 소비하겠지만, 여기에는 두 가지 문제가 있다. 먼저 데이터를 JSON 형식으로 변환할 때 변환된 JSON의 필드 이름으로 열 이름이 사용된다. 이름은 모두 조직 외부에서 의미가 없는 약식 BSE 형식으로 되어 있으므로 Gson serde가 JSON에서 기대하는 모델 객체로 변환될 때 이름이 일치하지 않으므로 모든 필드가 null이 될 것이다.

둘째, 날짜와 시간은 예상대로 타임스탬프 형태로 데이터베이스에 저장된다. 그러나 제공된 Gson serde는 Date 유형에 대해 사용자 정의 TypeAdapter(http://mng.bz/inzB)를 정의하지 않았으므로 모든 날짜는 yyyy-MM-dd'T'HH:mm:ss.SSS-0400과 같이 형식화된 문자열이어야 한다. 다행히 카프카 커넥트는 이런 두 가지 문제를 쉽게 처리할 수 있는 메커니즘을 제공한다.

카프카 커넥트는 커넥트가 데이터를 카프카에 쓰기 전에 가벼운 변환을 수행할 수 있는 변환transformation 개념을 갖고 있다. 그림 9.3은 이 변환 과정이 일어나는 곳을 보여준다.

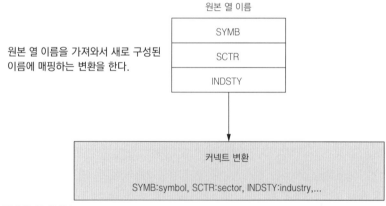

▲ **그림 9.3** 열 이름이 예상 필드 이름과 일치하면 변환

이 예제에서는 TimestampConverter와 ReplaceField라는 두 가지 내장된 변환을 사용한다. 앞에서 언급했듯이 이 변환을 사용하려면 connector-jdbc.properties 파일에 다음 설정을 추가해야 한다(src/main/resources/conf/connector-jdbc.properties 참고).

```
transforms=ConvertDate,Rename  ◀—— 변환기(transformer) 별칭 목록
transforms.ConvertDate.type=
➡ org.apache.kafka.connect.transforms.TimestampConverter$Value  ◀ ─┐ ConvertDate 별칭에
                                                                      대한 타입
transforms.ConvertDate.field=TXNTS  ◀—— 변환할 날짜 필드
transforms.ConvertDate.target.type=string  ◀—— 변환된 날짜 필드의 출력 타입
transforms.ConvertDate.format=yyyy-MM-dd'T'HH:mm:ss.SSS-0400  ◀—— 날짜 형식
transforms.Rename.type=
➡ org.apache.kafka.connect.transforms.ReplaceField$Value  ◀—— Rename 별칭에 대한 타입
transforms.Rename.renames=SMBL:symbol, SCTR:sector,....  ◀
```

교체할 열 이름 목록(가독성을 위해 일부 생략).
이 형식은 '원본 문자열:교체할 문자열' 형식이다.

이러한 속성은 이름으로 유추가 가능하므로 설명에 더 이상 시간을 할애하지는 않을 것이다. 보다시피, 커넥트 및 JDBC 커넥터는 카프카에 임포트한 메시지를 성공적으로 역직렬화하는 데 필요한 모든 것을 정확히 제공한다.

커넥트 부품 조각이 모두 준비된 경우 connector—jdbc.properties 파일에 지정된 접두사가 있는 토픽을 카프카 스트림즈에서 소스 토픽으로 사용하면, 데이터베이스 테이블과 카프카 스트림즈 애플리케이션 간의 통합은 완료된다(소스 코드는 src/main/java/bbejeck/chapter_9/StockCountsStreamsConnectIntegrationApplication.java에 있다).

```
Serde<StockTransaction> stockTransactionSerde =
➡ StreamsSerdes.StockTransactionSerde();  ◀—— StockTransaction 객체에 대한 serde
StreamsBuilder builder = new StreamsBuilder();
builder.stream("dbTxnTRANSACTIONS",                    ─┐ 커넥트가 쓴 토픽을 이 스트림의
➡ Consumed.with(stringSerde,stockTransactionSerde))  ◀──  소스로 사용
        .peek((k, v)->
➡ LOG.info("데이터베이스 트랜잭션 키 {} 값 {}", k, v));  ◀—— 콘솔에 메시지를 출력
```

이 시점에서 카프카 스트림즈의 데이터베이스 테이블에서 레코드를 처리하는 것은 스트림이기 때문에, 할 일이 더 있다. 주식 거래 데이터를 스트리밍하면 분석을 수행하기 위해 주식 종목 코드로 거래를 그룹화해야 한다.

키를 선택하고 레코드를 리파티셔닝하는 방법을 보았지만, 커넥트를 통해 레코드가 카프카의 keyed 파티셔닝으로 들어온다면 더 효율적이다. 그런 식으로 카프카 스트림즈 애플리케이션의 리파티셔닝 단계를 건너뛸 수 있으므로 처리 시간과 디스크 공간을 절약할 수 있다. 카프카 커넥트 구성을 다시 살펴보자.

먼저 값에 필드 이름 목록을 사용하여 키를 추출해 사용하는 ValueToKey 변환기를 추가할 수 있다. connector-jdbc.properties 파일을 src/main/resources/conf/connector-jdbc.properties처럼 업데이트하자.

예제 9.3 업데이트된 JDBC 커넥터 속성

```
transforms=ConvertDate,Rename,ExtractKey  ◀──── ExtractKey 변환을 추가한다.
transforms.ConvertDate.type=
➡ org.apache.kafka.connect.transforms.TimestampConverter$Value
transforms.ConvertDate.field=TXNTS
transforms.ConvertDate.target.type=string
transforms.ConvertDate.format=yyyy-MM-dd'T'HH:mm:ss.SSS-0400
transforms.Rename.type=
➡ org.apache.kafka.connect.transforms.ReplaceField$Value
transforms.Rename.renames=SMBL:symbol, SCTR:sector,....
transforms.ExtractKey.type=
➡ org.apache.kafka.connect.transforms.ValueToKey  ◀──── ExtractKey 변환하는 클래스 이름을 지정한다.
transforms.ExtractKey.fields=symbol  ◀──── 키로 사용할 추출할 필드 목록
```

ExtractKey 변환을 추가하고 커넥트에 변환기 클래스의 이름인 ValueToKey를 지정한다. 또한 키에 사용할 필드의 이름인 symbol을 제공한다. 이것은 여러 개의 쉼표로 구분된 값으로 구성될 수 있지만, 여기서는 하나의 값만 필요하다. 이 변환은 Rename 변환기 다음에 실행되므로 필드의 이름이 바뀐 버전을 사용한다.

ExtractKey 필드의 결과는 단일 값의 구조체다. 그러나 키의 구조체에 포함된 값, 즉 주식 종목 코드만 필요하다. 이 작업을 위해 FlattenStruct 변환을 추가해 주식 종목 코드만 가져온다(소스 코드는 src/main/resources/conf/connector-jdbc.properties에 있다).

```
transforms=ConvertDate,Rename,ExtractKey,FlattenStruct ◄──── 마지막 변환 추가
transforms.ConvertDate.type=
➡ org.apache.kafka.connect.transforms.TimestampConverter$Value
transforms.ConvertDate.field=TXNTS
transforms.ConvertDate.target.type=string
transforms.ConvertDate.format=yyyy-MM-dd'T'HH:mm:ss.SSS-0400
transforms.Rename.type=
➡ org.apache.kafka.connect.transforms.ReplaceField$Value
transforms.Rename.renames=SMBL:symbol,SCTR:sector,....
transforms.ExtractKey.type=org.apache.kafka.connect.transforms.ValueToKey
transforms.ExtractKey.fields=symbol
transforms.FlattenStruct.type=
➡ org.apache.kafka.connect.transforms.ExtractField$Key ◄──  변환 클래스(ExtractField$Key)를
                                                             지정
transforms.FlattenStruct.field=symbol ◄──── 가져올 필드 이름
```

최종 변환(FlattenStruct)을 추가하고 커넥트에서 사용하는 ExtractField$Key 클래스를 지정하여, 필드를 추출하고 결과에 필요한 필드(이 경우, 키)만 포함시킨다. 마지막으로, 필드(symbol)의 이름을 제공하는데 이전 변환과 동일하다. 이는 키 구조체를 만드는 데 사용되는 필드이기 때문에 의미가 있다.

몇 줄의 구성만 추가하면 이전 카프카 스트림즈 애플리케이션을 확장해 키를 선택하지 않고도 고급 작업을 수행하고 다시 리파티셔닝 단계를 수행할 수 있다(소스 코드는 src/main/java/bbejeck/chapter_9/StockCountsStreamsConnectIntegrationApplication.java에 있다).

```
Serde<StockTransaction> stockTransactionSerde =
➡ StreamsSerdes.StockTransactionSerde();
StreamsBuilder builder = new StreamsBuilder();
builder.stream("dbTxnTRANSACTIONS",
➡ Consumed.with(stringSerde, stockTransactionSerde))
        .peek((k, v)->
➡ LOG.info("데이터베이스 트랜잭션 키 {} 값 {}", k, v))
        .groupByKey(
➡ Serialized.with(stringSerde,stockTransactionSerde)) ◄──── 키에 대한 그룹
        .aggregate(()-> 0L,(symb, stockTxn, numShares) ->
```

```
numShares + stockTxn.getShares(),    ◀── 판매된 전체 주식 수 집계를 수행
        Materialized.with(stringSerde, longSerde)).toStream()
    .peek((k,v) -> LOG.info("집계한 주식 판매 {} {}",k, v))
    .to( "stock-counts", Produced.with(stringSerde, longSerde));
```

데이터가 keyed로 유입되기 때문에 groupByKey를 사용할 수 있다. groupByKey는 자동 리파티셔닝 플래그를 설정하지 않는다. group-by 연산을 통해 다시 리파티셔닝 단계를 수행하지 않고 직접 집계로 이동할 수 있으며, 이는 성능상 이유로 중요하다. 소스 코드에 포함된 README.md 파일에는 내장 H2 데이터베이스(www.h2database.com/html/main.html) 및 카프카 커넥트를 실행해 스트리밍 애플리케이션을 실행하기 위한 dbTxnTRANSACTIONS 항목의 데이터를 생성하는 지침이 들어 있다.

> |팁| 커넥트를 통해 카프카로 데이터를 가져올 때 변환을 사용해 모든 작업을 수행하는 것이 매력적인 방법으로 보일 수 있지만, 변환은 가벼워야 한다. 예제에 표시된 단순한 변환을 넘어서는 변환의 경우에는, 데이터를 카프카로 가져온 다음 카프카 스트림즈를 사용해 변형 작업을 수행하는 것이 더 좋다.

카프카 스트림즈를 사용한 프로세싱을 위해 카프카 커넥트를 사용해 카프카로 데이터를 가져오는 방법을 살펴봤다. 이제 데이터의 상태를 실시간으로 시각화하는 방법에 대해 알아보자.

9.2 데이터베이스 제약 걷어내기

4장에서는 카프카 스트림즈 애플리케이션에 로컬 상태를 추가하는 방법을 배웠다. 스트리밍 애플리케이션은 상태state를 사용해 집계aggregation, 리듀스reduce, 조인join 같은 연산을 수행해야 한다. 스트리밍 애플리케이션이 개별 레코드로만 작동하지 않는 한 로컬 상태가 필요하다.

BSE의 요구사항으로 돌아가서, 세 가지 카테고리의 주식 거래를 캡처하는 카프카 스트림즈 애플리케이션을 개발했다.

- 시장 분야별 총 거래
- 세션당 고객이 구매한 주식
- 10초 텀블링 윈도에서 주식 종목 코드로 거래된 주식 수

지금까지는 콘솔에서 결과를 검토하거나 싱크 토픽에서 읽었다. 콘솔에서 데이터를 보는 것은 개발에 적합하지만 콘솔은 결과를 표시하기 위한 최적의 매체가 아니다. 분석 작업을 수행하거나 진행 상황을 신속하게 이해하려면 대시보드 애플리케이션을 사용하는 것이 좋다.

이 절에서는 관계형 데이터베이스가 상태를 유지할 필요 없이 카프카 스트림즈에서 대화식 쿼리를 사용해 분석을 볼 수 있는 대시보드 애플리케이션을 개발하는 방법을 살펴볼 것이다. 카프카 스트림즈에서 대시보드 애플리케이션을 데이터 스트림으로 직접 채운다. 따라서 앱은 자연스럽게 지속적으로 업데이트된다.

전형적인 아키텍처에서는 캡처 및 작동하는 데이터를 볼 수 있도록 관계형 데이터베이스에 푸시한다. 그림 9.4는 이 구성을 보여준다. 카프카 스트림즈 이전에는 카프카로 데이터를 처리한 다음 분석 엔진에 공급하고 다시 데이터를 대시보드 애플리케이션이 사용하는 관계형 데이터베이스 테이블로 푸시했다.

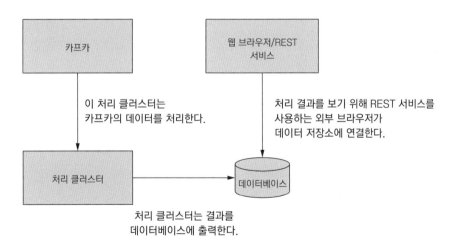

▲ **그림 9.4** 카프카 이전에 처리된 데이터를 보는 애플리케이션의 스트림 구조

로컬 상태를 사용하는 카프카 스트림즈를 추가하면 그림 9.5와 같이 아키텍처가 약간 변경된다. 전체 클러스터를 제거해 구조를 크게 단순화할 수 있다(배포 관리가 더 쉬워진다는 것은 말할 필요도 없다). 카프카 스트림즈는 데이터를 여전히 카프카에게 다시 쓰고, 데이터베이스는 여전히 변형된 데이터의 주요 컨슈머다.

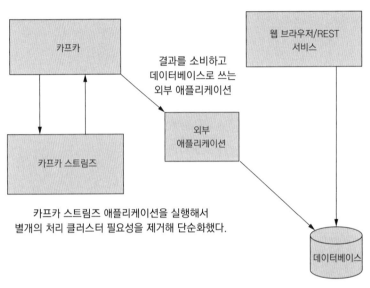

▲ **그림 9.5** 카프카 스트림즈 구조 및 추가된 상태

5장에서 대화식 쿼리에 대해 이야기했다. 정의를 간단히 다시 살펴보면, 대화식 쿼리를 사용하면 카프카의 데이터를 사용하지 않고도 상태 저장소의 데이터를 직접 들여다볼 수 있다. 즉, 스트림도 데이터베이스가 된다.

그림은 천 가지 단어보다 더 가치가 있다고 하니 그림 9.5를 다시 한번 보고 대화식 쿼리를 사용해 조정된 그림 9.6을 살펴보자.

여기에 설명된 아이디어는 간단하지만 강력하다. 상태 저장소가 스트림 상태를 유지하는 동안 카프카 스트림즈는 RESTful 인터페이스를 통해 스트리밍 애플리케이션 외부에서 읽기 전용 액세스를 제공한다. 외부 데이터베이스 없이 스트림의 실행 상태를 볼 수 있다는 것은 매우 강력하다고 볼 수 있다.

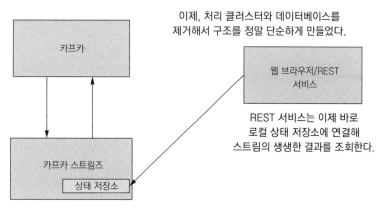

이제, 처리 클러스터와 데이터베이스를
제거해서 구조를 정말 단순하게 만들었다.

웹 브라우저/REST
서비스

REST 서비스는 이제 바로
로컬 상태 저장소에 연결해
스트림의 생생한 결과를 조회한다.

카프카 스트림즈 애플리케이션은 브로커로부터 소비하고,
로컬 상태는 스트림의 현재 상태를 캡처한다.

▲ **그림 9.6** 대화식 쿼리를 사용한 구조

대화형 쿼리의 영향에 대해 이해했으므로 이제는 어떻게 작동하는지 살펴보자.

9.2.1 대화식 쿼리 작동 방법

대화식 쿼리가 작동하도록 카프카 스트림즈는 상태 저장을 읽기 전용 래퍼^{read-only} ^{wrapper}로 제공한다. 카프카 스트림즈가 저장소를 쿼리에 사용할 수 있게 하는 반면 어떤 방식으로든 상태 저장소를 업데이트하거나 수정하지 않는다는 것을 이해하는 것이 중요하다. 카프카 스트림즈는 KafkaStreams.store 메소드에서 상태 저장소를 노출한다.

이 메소드 동작은 다음과 같다.

```
ReadOnlyWindowStore readOnlyStore =
➥ kafkaStreams.store(storeName, QueryableStoreTypes.windowStore());
```

이 예제는 WindowStore를 조회한다. 또한 QueryableStoreTypes는 다른 타입 2개를 제공한다.

- QueryableStoreTypes.sessionStore()
- QueryableStoreTypes.keyValueStore()

읽기 전용 저장소에 대한 참조가 있으면 사용자가 스트리밍 데이터의 상태를 쿼리할 수 있도록 저장소를 서비스(예: RESTful 서비스)에 노출해야 한다. 그러나 상태 저장소를 검색하는 것은 그림의 일부일 뿐이다. 여기서 추출한 상태 저장소에는 로컬 저장소에 있는 키만 포함된다.

> |**참고**| 카프카 스트림즈는 태스크마다 상태 저장소를 할당하며, 동일한 애플리케이션 ID를 사용하는 한 카프카 스트림즈 애플리케이션은 여러 인스턴스로 구성될 수 있다. 또한 이런 인스턴스가 모두 동일한 호스트에 있을 필요는 없다. 따라서 쿼리하는 상태 저장소에는 전체 키의 하위 집합만 포함될 수 있다. 다른 상태 저장소(같은 이름을 가진 다른 머신에 있는 저장소)는 키의 다른 하위 집합을 포함할 수 있다.

앞에서 나열한 분석을 사용해 이 개념을 명확히 설명해보자.

9.2.2 분산 상태 저장소

첫 번째 분석은 시장 부문별 주식 거래 집계에 대한 것이다. 집계를 수행하기 때문에 상태 저장소가 작동한다. 시장 부문별 거래 수를 실시간으로 볼 수 있도록 상태 저장소를 노출하여, 지금 시장에서 가장 많은 활동을 보이는 시장 부문에 대한 통찰력을 얻고자 한다.

주식 시장 활동은 상당한 양의 데이터를 생성하지만, 예제의 세부사항을 분명히 하기 위해 파티션 2개만 사용할 것이다. 또한 동일한 데이터 센터에 있는 2개의 개별 머신에서 2개의 단일 스레드 인스턴스를 실행한다고 가정해보자. 카프카 스트림즈의 자동 부하 균형 automatic load balancing 으로 인해 각 애플리케이션에는 입력 토픽의 각 파티션에 데이터를 처리하는 하나의 태스크만 있다.

그림 9.7은 작업 및 상태 저장소의 분포를 보여준다. 보다시피 인스턴스 A는 파티션 0의 모든 레코드를 처리하고, 인스턴스 B는 파티션 1의 모든 레코드를 처리한다.

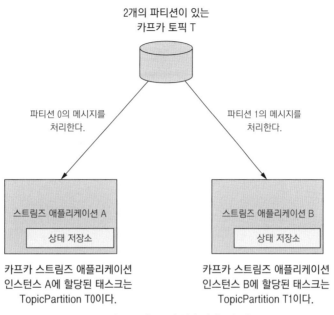

▲ **그림 9.7** 태스크와 상태 저장소 분산

그림 9.8은 "Energy"와 "Finance" 키를 가진 두 레코드가 있을 때 어떤 일이 일어나는지 보여준다.

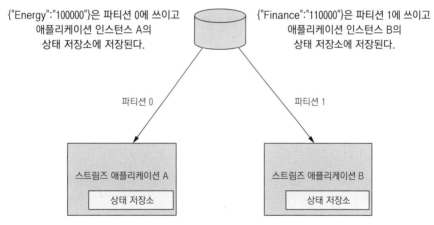

▲ **그림 9.8** 상태 저장소에서 키와 값의 분산

"Energy":"100000"은 인스턴스 A의 상태 저장소를 차지하고, "Finance":"110000"은 결국 인스턴스 B의 상태 저장소에 있게 된다. 쿼리를 위해 상태 저장소를 노출하는 예제로 돌아가서, 인스턴스 A의 상태 저장소를 웹 서비스 또는 외부 쿼리에 노출시키면 "Energy" 키에 대한 값만 검색할 수 있다.

이 문제에 대한 해결책은 무엇일까? 각 인스턴스를 쿼리하기 위해 개별 웹 서비스를 설정하고 싶지는 않을 것이고 확장성도 없다. 다행히, 간단히 설정만으로 이 문제를 해결할 수 있다.

9.2.3 분산 상태 저장소 설정 및 검색

대화식 쿼리를 사용하려면 StreamsConfig.APPLICATION_SERVER_CONFIG 매개변수를 설정해야 한다. 카프카 스트림즈 애플리케이션의 호스트 이름과 쿼리 서비스가 수신 대기할 포트('호스트 이름:포트' 형식)로 구성된다.

카프카 스트림즈 인스턴스가 주어진 키에 대한 쿼리를 받으면 해당 키가 로컬 저장소에 있는지 여부를 알아야 한다. 더 중요한 것은 로컬이 아닌 경우 해당 인스턴스에 대해 해당 키와 쿼리를 포함하는 인스턴스를 찾고 싶을 거란 점이다.

카프카 스트림즈 객체의 몇몇 메소드를 사용하면 동일한 애플리케이션 ID를 사용하고 APPLICATION_SERVER_CONFIG를 정의해 실행 중인 모든 인스턴스에 대한 정보를 검색할 수 있다. 표 9.1은 메소드 이름과 설명을 나열한다.

KafkaStreams.allMetadata를 사용해 대화식 쿼리에 적합한 모든 인스턴스에 대한 정보를 얻을 수 있다. KafkaStreams.allMetadataForKey는 대화식 쿼리를 작성할 때 가장 많이 사용하는 메소드다.

▼ **표 9.1** 저장소 메타데이터를 조회하는 메소드

이름	매개변수	사용 방법
allMetadata	N/A	모든 인스턴스, 일부 가능한 원격
allMetadataForStore	저장소 이름	명명된 저장소를 포함하는 모든 인스턴스(일부 원격)
allMetadataForKey	Key, Serializer	이 키를 포함하는 저장소가 있는 모든 인스턴스(일부 원격)
allMetadataForKey	Key, StreamPartitioner	이 키를 포함하는 저장소가 있는 모든 인스턴스(일부 원격)

다음으로 카프카 스트림즈 인스턴스의 키/값 분산을 살펴보고 다른 인스턴스에서 찾아 반환하는 "Finance" 키 확인 시퀀스를 추가한다(그림 9.9 참조). 각 카프카 스트림즈 인스턴스에는 APPLICATION_SERVER_CONFIG에 지정된 포트를 수신하는 가벼운 내장 서버가 있다.

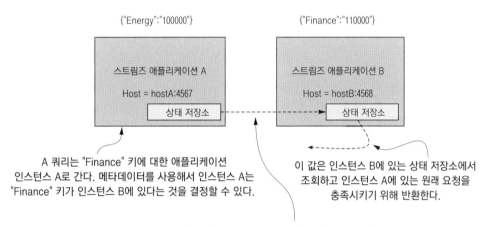

▲ **그림 9.9** 키와 값에 대한 쿼리 및 발견 절차

카프카 스트림즈 인스턴스 중 하나만 쿼리해야 하며, 애플리케이션을 올바르게 구성한다고 가정할 때 어떤 인스턴스를 선택하든 상관하지 않는 것이 중요하다. RPC 메커니즘과 메타데이터 검색 방법을 사용해 쿼리한 인스턴스에 찾고자 하는 데이터가 없으면, 쿼리한 카프카 스트림즈 인스턴스는 데이터의 위치를 찾고 결과를 가져와서 원래 쿼리로 이 결과를 반환할 것이다.

그림 9.9에서 호출의 흐름을 추적해 이를 실제로 볼 수 있다. 인스턴스 A에는 "Finance" 키가 없지만 인스턴스 B에는 키가 있음을 발견한다. 따라서 A는 B의 내장 서버로 호출한다. B는 데이터를 검색해 원래 호출자에게 결과를 반환한다.

|참고| 대화식 쿼리는 단일 노드에서 즉시 사용할 수 있지만 RPC 메커니즘은 제공되지 않으므로 직접 구현해야 한다. 이 절에서는 하나의 가능한 솔루션을 제공하지만 독자적인 프로세스를 자유롭게 구현할 수 있으며 많은 사람이 좀 더 나은 것을 만들어낼 것으로 확신한다. 다른 RPC 구현의 좋은 예는 컨플루언트 kafka-streams-examples 깃허브 저장소(http://mng.bz/Ogo3)에 있다.

대화식 쿼리가 실제 동작하는지 살펴보자.

9.2.4 대화식 쿼리 작성

대화식 쿼리를 위해 작성할 애플리케이션은 작은 변경사항을 제외하고는 지금까지 작성한 애플리케이션과 매우 비슷하게 보인다. 첫 번째 차이점은 카프카 스트림즈 애플리케이션을 시작할 때 두 가지 인수, 즉 내장 서비스가 수신 대기하는 호스트 이름과 포트를 전달해야 한다는 것이다(소스 코드는 src/main/java/bbejeck/chapter_9/StockPerformanceInteractiveQuery Application.java에 있다).

예제 9.6 호스트 이름과 포트 설정

```
public static void main(String[] args) throws Exception {

    if(args.length < 2){
        LOG.error("호스트와 포트 설정 필요");
        System.exit(1);
    }

    String host = args[0];
    int port = Integer.parseInt(args[1]);
    final HostInfo hostInfo = new HostInfo(host, port);  ◀── 애플리케이션에서 나중에 사용하기
                                                              위해 HostInfo 객체를 생성

    Properties properties = getProperties();
    properties.put(
    StreamsConfig.APPLICATION_SERVER_CONFIG,host+":"+port);  ◀── 대화식 쿼리를 활성화하는
                                                                  구성을 설정
```

// 가독성을 위해 그 밖의 상세한 내용은 생략한다.

이 시점까지는 깊이 생각하지 않고 애플리케이션을 작동시켰다. 이제 2개의 인수(호스트와 포트)가 필요하며, 이 변경사항은 최소한의 영향을 미친다.

실제 쿼리를 수행하기 위한 로컬 서버도 내장한다. 이 구현을 위해 스파크 웹 서버(http://sparkjava.com)를 사용하도록 선택했다. 스파크 웹 서버를 사용하려는 이유는 작은 설치 공간, 컨벤션 오버 구성^{convention-over-configuration} 접근법, 그리고 마이크로서비스를 위한 목적으로 제작됐다는 사실 때문이다. 마이크로서비스는 대화식 쿼리를 사용해 제공할 수 있다. 스파크 웹 서버가 마음에 들지 않으면 다른 웹 서버로 교체해도 된다.

> |참고| 대부분의 독자가 **마이크로서비스**(microservice)라는 용어에 익숙할 것이라고 생각하지만, http://microservices.io에서 보았던 가장 좋은 정의가 있다. "마이크로서비스 아키텍처(microservice architecture)라고도 하는 마이크로서비스 애플리케이션은 비즈니스 기능을 구현하는 느슨하게 결합된 서비스의 모음이다. 마이크로서비스 아키텍처는 크고 복잡한 애플리케이션의 지속적인 전달/배포를 가능하게 한다. 또한 조직은 기술 스택을 발전시킬 수 있다."

이제 스파크 서버를 내장한 코드에서 대화형 쿼리와 이를 관리하기 위해 사용할 지원 코드를 살펴보자(소스 코드는 src/main/java/bbejeck/chapter_9/StockPerformanceInteractiveQueryApplication.java에 있다).

예제 9.7 웹 서버를 초기화하고 상태를 설정

```
// 가독성을 위해 상세한 내용은 생략한다.

KafkaStreams kafkaStreams = new KafkaStreams(builder.build(), streamsConfig);
InteractiveQueryServer queryServer =
➡ new InteractiveQueryServer(kafkaStreams, hostInfo); ◄── 내장 웹 서버(실제로 래퍼 클래스)를
queryServer.init();                                       생성한다.

                                                        준비될 때까지 상태 저장소에
                                                        대한 쿼리만 활성화하는
                                                        StateListener를 추가한다.
kafkaStreams.setStateListener(((newState, oldState) -> { ◄──
    if (newState == KafkaStreams.State.RUNNING && oldState ==
➡ KafkaStreams.State.REBALANCING) {        카프카 스트림즈 애플리케이션이 RUNNING 상태가
        LOG.info("쿼리 서버 준비 상태로 설정");   되면 상태 저장소에 대한 쿼리를 활성화한다. 상태가
        queryServer.setReady(true); ◄──         RUNNING이 아니면 쿼리가 비활성화된다.
    } else if (newState != KafkaStreams.State.RUNNING) {
```

```
        LOG.info("RUNNING이 아닌 상태, 쿼리 서버 비활성화");
            queryServer.setReady(false);
        }
}));

kafkaStreams.setUncaughtExceptionHandler((t, e) -> {
    LOG.error("스레드 {}에 심각한 오류 발생 {}", t, e, e);
    shutdown(kafkaStreams, queryServer);  ◄──── 예기치 않은 오류를 기록하거나 모든 것을 종료하기 위해
});                                              UncaughtExceptionHandler를 설정한다.

Runtime.getRuntime().addShutdownHook(new Thread(() -> {
    shutdown(kafkaStreams, queryServer);  ◄──── 애플리케이션이 정상적으로 종료될 때 모든 것을
}));                                             종료하는 종료 후크(hook)를 추가한다.
```

이 코드에서는 스파크 웹 서버와 웹 서비스 호출을 관리하고 웹 서버를 시작 및 중지하는 코드가 포함된 래퍼 클래스인 InteractiveQueryServer의 인스턴스를 만든다.

7장에서는 카프카 스트림즈 애플리케이션의 다양한 상태에 대한 알림을 위한 StateListener 사용에 대해 설명했다. 여기에서 이 리스너를 효율적으로 사용할 수 있다. 대화식 쿼리를 실행할 때 StreamsMetadata의 인스턴스를 사용해 주어진 키의 데이터가 쿼리를 처리하는 인스턴스에 대해 로컬인지 여부를 결정해야 한다. 쿼리 서버의 상태를 true로 설정하면, 애플리케이션이 RUNNING 상태인 경우에만 쿼리에 필요한 메타데이터에 액세스할 수 있다.

명심해야 할 핵심 포인트는 반환된 메타데이터가 카프카 스트림즈 애플리케이션의 구성을 보여주는 스냅샷이라는 것이다. 언제든지 애플리케이션 스케일을 올리거나 내릴 수 있다. 이 이벤트가 발생하거나 정규식 소스 노드에 토픽을 추가하는 등의 이벤트가 발생하면, 카프카 스트림즈 애플리케이션은 리밸런싱 단계를 거치며 파티션 할당을 변경할 수 있다. 이 경우 RUNNING 상태에서만 쿼리를 허용하지만, 어떤 전략이라도 적절하다고 생각하면 자유롭게 바꿔서 사용할 수 있다.

다음은 7장에서 다룬 개념의 또 다른 예가 되는 UncaughtExceptionHandler 설정이다. 이 경우 오류를 기록하고 애플리케이션과 쿼리 서버를 종료한다. 이 애플리케이션은 무기한으로 실행되기 때문에 데모를 중지하면 관련된 모든 것을 종료하도록 종료 후크를 추가한다.

서비스를 인스턴스화하고 시작하는 방법을 살펴봤으므로, 이제 쿼리 서버를 실행하기 위한 코드로 이동해보자.

9.2.5 쿼리 서버의 내부

RESTful 서비스를 구현할 때 첫 단계는 실행할 올바른 메소드로 URL 경로를 매핑하는 것이다(소스 코드는 src/main/java/bbejeck/webserver/InteractiveQueryServer.java에 있다).

예제 9.8 메소드에 URL 경로 매핑

```
public void init() {
    LOG.info("대화식 쿼리 웹 서버 시작됨");

get("/kv/:store", (req, res) -> ready ?
    fetchAllFromKeyValueStore(req.params()) :
    STORES_NOT_ACCESSIBLE);  ◀── 보통의 키/값 저장소에서 모든 값을 조회하도록 매핑
get("/session/:store/:key", (req, res) -> ready ?
    fetchFromSessionStore(req.params()) :
    STORES_NOT_ACCESSIBLE);  ◀── 주어진 키에 대한 모든 세션(세션 저장소로부터)을 반환하도록 매핑
get("/window/:store/:key", (req, res) -> ready ?
    fetchFromWindowStore(req.params()) :
    STORES_NOT_ACCESSIBLE);  ◀── 시간을 지정하지 않고 WindowStore에 대해 매핑
get("/window/:store/:key/:from/:to",(req, res) -> ready ?
    fetchFromWindowStore(req.params()) :
    STORES_NOT_ACCESSIBLE);  ◀── 시작과 종료 시간으로 WindowStore에 대해 매핑
}
```

이 코드는 URL을 자바 8 람다 식으로 간결하게 매핑해 요청을 처리할 수 있기 때문에 스파크 웹 서버를 사용했다. 이러한 매핑은 간단하지만 WindowStore에서 검색을 두 번 매핑하는 것은 주의해서 보자. WindowStore에서 값을 검색하려면 시작 시간과 종료 시간을 제공해야 한다.

URL 매핑에서 ready 부울값에 대한 점검을 주목하자. 이 값은 StateListener에서 설정된다. ready가 false이면 요청을 처리하지 않고 저장소에 현재 접근할 수 없다는 메시지를 반환한다. WindowStore가 시간별로 세그먼트되어 있고 저장소를 만들 때 세그먼트 크기를

설정하기 때문에 이는 의미가 있다(5.3.2절에서 윈도 연산에 대해 다뤘다). 하지만 여기서 일종의 속임수를 사용하고 있는데, 키와 저장소만을 받아들이고 다음 예제에서 살펴볼 기본값 시작 시간과 종료 시간을 제공하는 메소드를 제공한다.

> |**참고**| ReadOnlyWindowStore를 확장해 키로 모든 시간 세그먼트를 검색하는 all() 메소드[1]를 제공해 시간을 지정할 필요가 없도록 하는 제안(KIP-205, http://mng.bz/ll9Y)이 있다. 이 기능은 아직 구현되지 않았지만 향후 릴리스에 포함될 것이다.

대화식 쿼리 서비스가 작동하는 방식의 예로서 WindowStore에서 검색하는 방법을 살펴보자. 한 가지 예제만 살펴보겠지만, 소스 코드에는 모든 유형의 쿼리를 실행하기 위한 지침이 포함되어 있다.

상태 저장소 위치 확인

주식 거래 데이터 분석을 제공하기 위해 BSE 주식 판매에 대한 다양한 통계를 수집해야 한다는 것을 기억할 것이다. 먼저 개별 주식의 판매를 추적하고, 10초간 윈도 누계를 유지해 위 또는 아래로 추세가 될 수 있는 주식을 식별하기로 결정한다.

다음 매핑을 사용해 요청 검토에서 응답 반환에 이르기까지 예제를 살펴보자.

```
get("/window/:store/:key", (req, res) -> ready ?
    fetchFromWindowStore(req.params()) : STORES_NOT_ACCESSIBLE);
```

쿼리 프로세스를 따라가도록 돕기 위해 그림 9.9를 로드맵처럼 사용해보자. 주어진 주식에 대한 주식 종목 코드를 조회하는 HTTP GET 요청 http://localhost:4567/window/NumberSharesPerPeriod/XXXX를 전송할 것이다(소스 코드는 src/main/java/bbejeck/webserver/InteractiveQueryServer.java에 있다).

---

1   이 책이 출판된 시점에는 이 기능이 포함된 1.1 이상 버전에서 사용할 수 있다. – 옮긴이

```
private String fetchFromWindowStore(Map<String, String> params) {
    String store = params.get(STORE_PARAM);
    String key = params.get(KEY_PARAM);
    String fromStr = params.get(FROM_PARAM);
    String toStr = params.get(TO_PARAM);  ◄──── 요청 매개변수를 추출한다.

    HostInfo storeHostInfo = getHostInfo(store, key);  ◄──── 이 키에 대한 HostInfo를 얻는다.

    if(storeHostInfo.host().equals("unknown")){  ◄──┐ 호스트 이름이 "unknown"이면
        return STORES_NOT_ACCESSIBLE;                └ 적절한 메시지를 반환한다.
    }

    if(dataNotLocal(storeHostInfo)){  ◄──── 반환된 호스트 이름이 인스턴스의 호스트와 일치하는지 확인한다.
        LOG.info("{} 키의 상태 저장소는 다른 인스턴스에 위치함", key);
        return fetchRemote(storeHostInfo,"window", params);
    }
```

요청은 fetchFromWindowStore 메소드에 매핑된다. 첫 번째 단계는 요청 매개변수 맵에서 저장소 이름과 키(주식 종목 코드)를 추출하는 것이다. 요청에서 키에 대한 HostInfo 객체를 가져오고 호스트 이름을 사용해 키가 이 인스턴스에 있는지 또는 원격 인스턴스에 있는지 판단한다.

그런 다음, 카프카 스트림즈 인스턴스가 (다시) 초기화되는지 여부를 확인한다. 이 인스턴스는 "unknown"을 반환하는 host() 메소드로 나타낸다. 그렇다면 요청 처리를 중지하고 "not accessible" 메시지를 반환한다.

마지막으로, 호스트 이름이 현재 인스턴스의 호스트 이름과 일치하는지 확인한다. 호스트 이름이 일치하지 않으면 키를 포함하는 인스턴스에서 데이터를 가져와서 결과를 반환한다.

다음으로, 이 결과를 검색하고 서식화하는 방법을 살펴보자(소스 코드는 src/main/java/bbejeck/webserver/InteractiveQueryServer.java에 있다).

```
Instant instant = Instant.now();
long now = instant.toEpochMilli();        ◄──── 밀리초로 된 현재 시간을 가져온다.
long from = fromStr !=
➡ null ? Long.parseLong(fromStr) : now - 60000; ◄──── 윈도 세그먼트 시작 시간을 설정하거나 또는
                                                       시간을 제공하지 않으면 1분 전 시간을 설정한다.
long to = toStr != null ? Long.parseLong(toStr) : now; ◄──── 윈도 세그먼트 종료 시간을 설정하거나
                                                             또는 시간을 제공하지 않으면
                                                             현재 시간을 설정한다.
List<Integer> results = new ArrayList<>();

ReadOnlyWindowStore<String, Integer> readOnlyWindowStore =
➡ kafkaStreams.store(store,
➡ QueryableStoreTypes.windowStore()); ◄──── ReadOnlyWindowStore를 검색한다.
try(WindowStoreIterator<Integer> iterator =
➡ readOnlyWindowStore.fetch(key, from , to)){ ◄──── 윈도 세그먼트를 가져온다.
    while (iterator.hasNext()) {
        results.add(iterator.next().value); ◄──── 이 응답을 만든다.
    }
}
return gson.toJson(results); ◄──── 결과를 JSON으로 변환하고 요청자에게 반환한다.
```

앞에서 언급한 바와 같이, from 및 to 매개변수가 쿼리에 제공되지 않은 경우 WindowStore 쿼리에서 속임수를 쓰게 된다. 사용자가 범위를 지정하지 않으면 기본적으로 WindowStore에서 결과의 마지막 순간을 반환한다. 10초의 윈도를 정의했으므로 6개의 윈도 결과를 반환한다. 저장소에서 윈도 세그먼트를 가져온 후에는 마지막 단계에서 매 10초 간격으로 구매한 주식 수를 나타내는 응답을 작성해 반복한다.

대화식 쿼리 예제 실행

이 예제의 결과를 관찰하려면 다음의 세 가지 명령을 실행해야 한다.

- ./gradlew runProducerInteractiveQueries는 예제에 필요한 데이터를 생산한다.
- ./gradlew runInteractiveQueryApplicationOne은 4567 포트를 사용하는 HostInfo로 카프카 스트림즈 애플리케이션을 시작한다.
- ./gradlew runInteractiveQueryApplicationTwo는 4568 포트를 사용하는 HostInfo로 카프카 스트림즈 애플리케이션을 시작한다.

그런 다음, 브라우저로 가서 http://localhost:4568/window/NumberSharesPerPeriod/ AEBB를 입력한다. 약간의 시간이 지나면 새로 고침을 클릭해서 다른 결과를 확인한다. 이 예제에서 사용하는 고정된 주식 종목 코드 목록은 AEBB, VABC, ALBC, EABC, BWBC, BNBC, MASH, BARX, WNBC, WKRP이다.

대화식 쿼리를 위한 대시보드 애플리케이션 실행

가장 좋은 예는 자동으로(Ajax를 통해) 업데이트하고 네 가지 카프카 스트림즈 집계 작업의 결과를 표시하는 미니 대시보드 웹 애플리케이션이다. 바로 앞 절(대화식 쿼리 예제 실행)에서 나열된 명령을 실행하면 된다. 브라우저에서 localhost:4568/iq 또는 localhost:4567/iq 를 입력해 대시보드 애플리케이션을 실행해보자. 어느 인스턴스로 가든 카프카 스트림즈의 대화식 쿼리가 동일한 애플리케이션 ID를 가진 모든 인스턴스의 결과를 처리함을 확인할 수 있다. 대시보드 애플리케이션을 설정하고 시작하는 방법에 대한 전체 지침은 소스 코드 의 README 파일을 참고한다.

웹 애플리케이션을 관찰하면 알 수 있듯이 대시보드와 같은 애플리케이션에서 실시간 스트림 결과를 볼 수 있다. 이전에는 이러한 유형의 애플리케이션에 관계형 데이터베이스 가 필요했다. 그러나 여기서는 필요에 따라 카프카 스트림즈가 정보를 제공한다.

대화식 쿼리에 대해 다뤘다. 이제 KSQL로 넘어가 보자. 코드 없이 SQL을 사용해서 카 프카로 스트리밍되는 레코드에 대해 장기간 쿼리를 지정할 수 있는 컨플루언트^{Confluent} (링크드인의 카프카 초기 개발자가 설립한 회사)가 최근에 발표한 흥미진진한 새로운 도구다.

9.3 KSQL

BSE의 비즈니스 분석가와 함께 일하고 있다고 상상해보자. 분석가는 실시간 데이터 분석 을 수행하기 위해 카프카 스트림즈에서 애플리케이션을 빠르게 작성하는 데 관심이 있어 서, 이 관심이 여러분을 곤경에 빠뜨린다.

애널리스트와 협력해 요청에 맞게 애플리케이션을 작성하려고 하지만, 일반 개발 작업 에 부담도 갖고 있어서 추가 작업 때문에 모든 것을 따라잡기가 어렵다. 분석가들은 자신이 만든 추가 작업은 이해하지만 코드를 작성할 수 없으므로 분석가가 자신의 분석을 작성하기 위해 개발자에게 의존하게 된다.

분석가는 관계형 데이터베이스 작업 전문가이기 때문에 SQL 쿼리는 문제가 안 된다. 분석가에게 카프카 스트림즈를 통한 SQL 계층을 제공할 수 있는 방법이 있다면 모든 사람의 생산성이 향상될 것이다. 이것이 여기서 소개하려는 주제다.

2017년 8월, 컨플루언트는 스트림 처리를 위한 강력한 새로운 도구인 KSQL(https://github.com/confluentinc/ksql#-ksql)을 공개했다. KSQL은 아파치 카프카용 스트리밍 SQL 엔진으로, 코드를 작성하지 않고 강력한 스트림 처리 쿼리를 작성하는 데 사용할 수 있는 대화형 SQL 인터페이스를 제공한다. KSQL은 특히 부정 행위 탐지fraud detection 및 실시간 애플리케이션에 적합하다.

> |**참고**| KSQL은 큰 주제이며 한두 장이 아닌 책 전체를 차지할 수 있다. 따라서 여기서 다루는 내용은 간결하다. 다행스럽게도 카프카 스트림즈를 사용하기 때문에 KSQL을 지원하는 핵심 개념을 이미 배웠다. 자세한 내용은 KSQL 문서(http://mng.bz/zw3F)를 참고한다.

KSQL은 집계, 조인, 윈도 등의 확장 가능한 분산 스트림 처리 기능을 제공한다. 또한 데이터베이스 또는 일괄 처리 시스템에 대해 실행되는 SQL과 달리 KSQL 쿼리의 결과는 '연속적'이다. 스트리밍 쿼리를 작성하기 전에 KSQL의 기본 개념을 잠깐 살펴보자.

9.3.1 KSQL 스트림과 테이블

5.1.3절에서는 **이벤트 스트림**과 **업데이트 스트림**의 개념을 논의했다. 이벤트 스트림은 개별 '독립' 이벤트의 제한되지 않은 스트림이다. 여기서 업데이트 또는 레코드 스트림은 동일한 키가 있는 이전 레코드에 대한 업데이트 스트림이다.

KSQL은 스트림이나 테이블에서 쿼리하는 것과 비슷한 개념을 갖고 있다. 스트림은 변경 불가능한 끝이 없는 이벤트 또는 팩트fact의 연속이지만, 테이블에 쿼리로 팩트를 업데이트하거나 삭제할 수도 있다.

일부 용어는 다르지만 개념은 거의 동일하다. 카프카 스트림즈에 익숙하다면 KSQL도 마찬가지일 것이다.

9.3.2 KSQL 구조

KSQL은 카프카 스트림즈를 사용해 쿼리 결과를 작성하고 가져온다. KSQL은 CLI와 서버의 두 가지 구성요소로 이뤄져 있다. MySQL, 오라클^{Oracle} 및 심지어 하이브^{Hive} 같은 표준 SQL 도구 사용자는 KSQL에서 쿼리를 작성할 때 CLI에서 익숙함을 느낄 것이다. 무엇보다 KSQL은 오픈소스다(아파치 2.0 라이선스[2]).

CLI는 KSQL 서버에 연결하는 클라이언트이기도 하다. KSQL 서버는 쿼리를 처리하고 카프카에서 데이터를 검색하고 결과를 카프카에 쓰는 일을 담당한다.

KSQL은 두 가지 모드로 실행되는데, 프로토타이핑 및 개발에 유용한 **독립 실행**^{standalone} 로컬 모드와 좀 더 현실적인 크기의 데이터 환경에서 작업할 때 KSQL을 사용하는 **분산 실행**^{distributed} 모드다. 그림 9.10은 KSQL이 로컬 모드에서 작동하는 방법을 보여준다. 보다시피 KSQL CLI, REST 서버 및 KSQL 엔진은 모두 동일한 JVM에 있으며 랩톱에서 실행할 때 이상적이다.

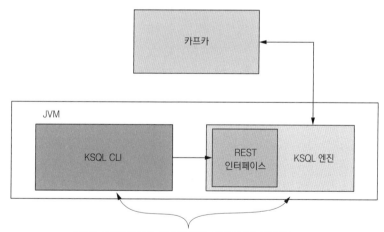

KSQL CLI와 KSQL 엔진이 모두 하나의 JVM에 있다.

▲ **그림 9.10** 로컬 모드에서의 KSQL

2　KSQL은 Confluent Community License로 변경됐다. 자세한 사항은 https://www.confluent.io/blog/license-changes-confluent-platform을 참고한다. – 옮긴이

이제 분산 모드에서 KSQL을 살펴보자. 그림 9.11을 보자. KSQL CLI는 그 자체로, 원격 KSQL 서버 중 하나에 연결된다(다음 절에서 시작과 연결에 대해 다룰 것이다). 중요한 점은 원격 KSQL 서버 중 하나에 명시적으로만 연결하더라도 동일한 카프카 클러스터를 가리키는 모든 서버가 제출된 쿼리의 워크로드를 공유한다는 것이다.

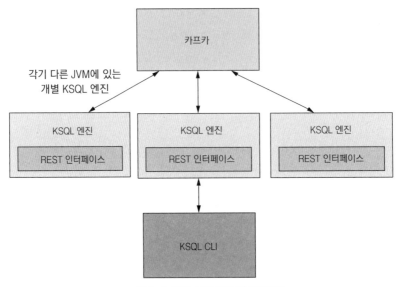

▲ **그림 9.11** 분산 실행 모드에서의 KSQL

KSQL 서버는 카프카 스트림즈를 사용해 쿼리를 실행한다. 즉, 처리 능력이 더 필요하면 다른 카프카 스트림즈 애플리케이션을 돌릴 수 있는 것처럼 실시간 작업 중에도 다른 KSQL 서버를 사용할 수 있다. 반대의 경우도 마찬가지다. 초과 용량이 있는 경우 적어도 하나의 서버를 작동 상태로 유지할 것이라는 가정하에 모든 KSQL 서버를 중지할 수 있다. 그렇지 않으면(모든 서버를 중지한다면) 쿼리 실행이 중단된다.

다음으로 KSQL을 설치하고 실행하는 방법에 대해 알아보자.

9.3.3 KSQL 설치 및 실행

KSQL을 설치하려면 git@github.com:confluentinc/ksql.git 명령을 사용해 KSQL 저장소를 복제한 다음 ksql 디렉토리로 이동하고 mvn clean package를 실행해 전체 KSQL 프

로젝트를 빌드한다. git이 설치되어 있지 않거나 소스에서 빌드하고 싶지 않은 경우 http://mng.bz/765U에서 KSQL 릴리스를 다운로드할 수 있다.[3]

> |팁| KSQL은 아파치 메이븐(Maven) 기반 프로젝트이므로 KSQL을 빌드하려면 메이븐이 설치되어 있어야 한다. 메이븐이 설치되어 있지 않고 맥(Mac)에 홈브루(Homebrew)가 설치되어 있는 경우 brew install maven을 실행한다. 그렇지 않으면 https://maven.apache.org/download.cgi로 가서 메이븐을 직접 다운로드할 수 있다. 설치 지침은 https://maven.apache.org/install.html에 있다.

더 이상 진행하기 전에 KSQL 프로젝트의 기본 디렉토리에 있는지 확인하자. 다음 단계는 로컬 모드에서 KSQL을 시작하는 것이다.

```
./bin/ksql-cli local
```

모든 예제에서 KSQL을 로컬 모드로 사용하겠지만 KSQL을 분산 모드로 실행하는 방법은 계속 다룰 것이다.

위의 명령을 실행하면 그림 9.12와 같은 내용이 콘솔에 표시된다. KSQL을 성공적으로 설치하고 시작했다! 다음으로 몇 가지 쿼리를 작성해보자.

▲ **그림 9.12** KSQL을 성공적으로 실행한 화면

---

3   최신 버전의 컨플루언트 패키지는 https://www.confluent.io/download/에서 받을 수 있다. – 옮긴이

9.3.4 KSQL 스트림 만들기

BSE에서 근무한다는 가정으로 돌아와서, 작성한 애플리케이션 중 하나에 관심이 있고 그 것에 대해 약간의 조정을 하려는 분석가가 접근해왔다. 그러나 이번에는 이 요청에 더 많은 시간을 투입하는 대신 KSQL 콘솔을 사용하고 애플리케이션을 SQL 구문으로 재구성해서 분석가에게 되돌려준다!

이 변환 예제는 src/main/java/bbejeck/chapter_9/StockPerformanceInteractive QueryApplication.java의 96~103 줄에 있는 인터랙티브 쿼리 예제에서 온 최근 윈도 스트 림이다. 이 애플리케이션은 회사 주식 종목 코드별로 10초마다 매각된 주식 수를 추적한다.

이미 정의된 토픽(토픽은 데이터베이스 테이블로 매핑)과 테이블의 열을 매핑하는 객체의 필 드가 있는 모델 객체인 StockTransaction이 있다. 토픽을 정의했더라도 src/main/ resources/ksql/create_stream.txt에 있는 CREATE STREAM 구문을 사용해 KSQL로 이 정보 를 등록해야 한다.

예제 9.11 스트림 생성

stock_txn_stream 스트림을 생성하는 CREATE STREAM 구문

```
CREATE STREAM stock_txn_stream (symbol VARCHAR, sector VARCHAR, \
    industry VARCHAR, shares BIGINT, sharePrice DOUBLE, \
    customerId VARCHAR, transactionTimestamp STRING, purchase BOOLEAN) \
    WITH (VALUE_FORMAT = 'JSON', KAFKA_TOPIC = 'stock-transactions');
```

데이터 형식과 스트림 소스로 제공될
카프카 토픽을 지정한다(둘 다 필수 매개변수다).

StockTransaction 객체의 필드를
열로 등록한다.

이 하나의 구문만 사용하면 쿼리를 실행할 수 있는 KSQL 스트림즈 인스턴스를 생성할 수 있다. WITH 절에는 두 가지 필수 매개변수가 있다. VALUE_FORMAT은 KSQL에 데이터 형 식을 알려주고 KAFKA_TOPIC은 KSQL에 데이터를 가져올 위치를 알려준다. 스트림을 만들 때 WITH 절에 사용할 수 있는 2개의 추가 매개변수가 있다. 첫 번째는 메시지 타임스탬프를 KSQL 스트림의 열과 연관시키는 TIMESTAMP이다. 윈도 연산처럼 타임스탬프가 필요한 작 업에서는 이 열을 사용해 레코드를 처리한다. 다른 매개변수는 KEY이다. 이 키는 메시지의 키를 정의된 스트림의 열과 연관시킨다. 이 경우, 주식 거래 토픽의 메시지 키는 JSON 값 의 종목 코드 필드와 일치하므로 키를 지정할 필요가 없다. 그렇지 않은 경우, 그룹화 작업

을 수행하기 위해 항상 키가 필요하기 때문에 키를 명명된 열로 매핑해야 한다. 스트림 SQL을 실행할 때 이를 볼 수 있다.

> |팁| KSQL 명령 list topics;는 KSQL CLI가 가리키는 브로커의 토픽 목록과 등록 여부를 보여준다.

다음 명령으로 KSQL이 생성한 모든 스트림을 볼 수 있고 새 스트림을 검증할 수 있다.

```
show streams;
describe stock_txn_stream;
```

그 결과를 그림 9.13에 나타냈다. KSQL에는 ROWTIME과 ROWKEY라는 2개의 추가 열이 삽입됐다. ROWTIME 열은 메시지에 입력된 타임스탬프(프로듀서 또는 브로커 중 하나가 입력한)이며, ROWKEY는 메시지의 키(있는 경우)다.

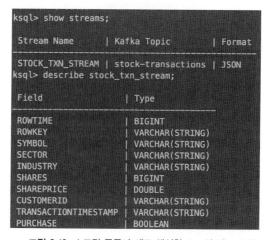

▲ **그림 9.13** 스트림 목록과 새로 생성한 스트림 정보 조회

이제 이 스트림에서 쿼리를 실행해보자.

> |참고| KSQL 예제에 데이터를 제공하기 위해 ./gradlew runProducerInteractiveQueries를 실행해야 한다.

9.3.5 KSQL 쿼리 작성

주식 분석을 수행하는 SQL 쿼리는 다음과 같다.

```
SELECT symbol, sum(shares) FROM stock_txn_stream
➡ WINDOW TUMBLING (SIZE 10 SECONDS) GROUP BY symbol;
```

이 쿼리를 실행하면 그림 9.14와 비슷한 결과가 표시된다. 왼쪽 열은 주식 종목 코드이며, 숫자는 지난 10초 동안 해당 코드로 거래된 주식 수다. 이 쿼리를 사용하면 10초간의 텀블링 윈도tumbling window를 사용하는데, KSQL은 5.3.2절에서 설명한 것처럼 세션 윈도session window 및 호핑 윈도hopping window도 지원한다.

```
ITZL | 44694
KPAU | 52858
NSTR | 74110
ZERA | 97959
MONA | 29507
MESG | 43474
```

▲ **그림 9.14** 텀블링 윈도 쿼리 결과

코드 작성 없이도 스트리밍 애플리케이션을 구축했다. 비교를 위해 카프카 스트림즈 API로 작성된 해당 애플리케이션을 살펴보자.

예제 9.12 카프카 스트림즈에 주식 분석 애플리케이션 작성

```
KStream<String, StockTransaction> stockTransactionKStream =
➡ builder.stream(MockDataProducer.STOCK_TRANSACTIONS_TOPIC,
                Consumed.with(stringSerde, stockTransactionSerde)
        .withOffsetResetPolicy(Topology.AutoOffsetReset.EARLIEST));

Aggregator<String, StockTransaction, Integer> sharesAggregator =
➡ (k, v, i) -> v.getShares() + i;

stockTransactionKStream.groupByKey()
                    .windowedBy(TimeWindows.of(10000))
                    .aggregate(() -> 0, sharesAggregator,
                            Materialized.<String, Integer,
                            WindowStore<Bytes,
```

```
                    byte[]>>as("NumberSharesPerPeriod")
                            .withKeySerde(stringSerde)
                            .withValueSerde(Serdes.Integer()))
                .toStream().
➡ peek((k,v)->LOG.info("key is {} value is{}", k, v));
```

카프카 스트림즈 API는 비교적 간결하기는 해도 이 동일한 기능이 KSQL에서는 한 줄짜리 쿼리다. KSQL에 대한 내용을 다루기 전에 KSQL의 몇 가지 추가 기능에 대해 살펴보자.

9.3.6 KSQL 테이블 생성

지금까지 KSQL 스트림 생성을 시연했다. 이제 stock-transactions 토픽을 소스로 사용하는 KSQL 테이블을 생성하는 방법을 알아보자(src/main/resources/ksql/create_table.txt 참고).

예제 9.13 KSQL 테이블 생성

```
CREATE TABLE stock_txn_table (symbol VARCHAR, sector VARCHAR, \
                            industry VARCHAR, shares BIGINT, \
                            sharePrice DOUBLE, \
                            customerId VARCHAR, transactionTimestamp \
                            STRING, purchase BOOLEAN) \
                            WITH (KEY='symbol', VALUE_FORMAT = 'JSON', \
                            KAFKA_TOPIC = 'stock-transactions');
```

일단 테이블을 만들었으면, 이 테이블에 쿼리를 실행할 수 있다. stock-transactions 토픽은 주식 종목 코드를 키로 갖고 있으므로 테이블은 이 주식 종목 코드별로 개별 거래에 대한 업데이트를 포함할 것이다.

스트리밍 stock-performance 쿼리에서 종목 코드를 선택한 다음 KSQL 콘솔에서 다음 쿼리를 실행해 출력의 차이를 확인해보면 유용할 것이다.

```
select * from stock_txn_stream where symbol='CCLU';
select * from stock_txn_table where symbol='CCLU';
```

첫 번째 쿼리는 개별 이벤트 스트림이므로 여러 결과를 생성한다. 그러나 두 번째의 테이블 쿼리는 훨씬 적은 수의 결과를 반환한다(실험을 실행했을 때 레코드 한 건). 테이블은 팩트fact에 대한 업데이트를 나타내지만 스트림은 일련의 제한 없는 이벤트를 나타내기 때문에 이러한 결과는 예상 가능한 동작일 것이다.

9.3.7 KSQL 설정

KSQL은 친숙한 SQL 구문과 강력한 스트리밍 애플리케이션을 빠르게 작성할 수 있는 기능을 제공하지만, 설정이 부족하다는 사실을 알고 있을 것이다. 이는 KSQL을 설정할 수 없다는 뜻은 아니다. 필요에 따라 설정을 재정의할 수 있으며 카프카 스트림즈 애플리케이션에 설정할 수 있던 스트림, 컨슈머 및 프로듀서 설정을 여기서도 여전히 사용할 수 있다. 현재 설정된 속성을 보려면 show properties; 명령을 실행한다.

속성property을 설정하는 예제로 auto.offset.reset을 earliest로 변경하는 방법은 다음과 같다.

```
SET 'auto.offset.reset'='earliest';
```

이는 KSQL 셸shell에서 속성을 설정하는 데 사용하는 방법이다. 그러나 여러 구성configuration을 설정해야 하는 경우 각 구성을 콘솔에 입력하는 것이 편리하지는 않기 때문에 다음처럼 시작할 때 구성 파일을 지정할 수도 있다.

```
./bin/ksql-cli local --properties-file /path/to/configs.properties
```

KSQL에 대해 빠르게 살펴봤는데 카프카에서 스트리밍 애플리케이션을 제작할 때 얻을 수 있는 힘과 유연성을 이해하기를 바란다.

요약

- 카프카 커넥트를 사용하면 카프카 스트림즈 애플리케이션에 다른 데이터 소스를 통합할 수 있다.
- 대화식 쿼리는 강력한 도구다. 관계형 데이터베이스가 없어도 스트림이 카프카 스트림즈 애플리케이션을 통해 흐르는 동안에도 스트림 데이터를 볼 수 있다.
- KSQL 언어를 사용하면 코드 없이 강력한 스트리밍 애플리케이션을 빠르게 구축할 수 있다. KSQL은 개발자가 아닌 직원에게도 카프카 스트림즈의 강력한 기능과 유연성 제공을 약속한다.

A

추가적인 구성 정보

부록 A에서는 카프카 스트림즈 애플리케이션의 공통적인 구성^{configuration} 옵션과 그렇지 않은 구성 옵션을 다룬다. 이 책을 읽는 동안 카프카 스트림즈 애플리케이션을 구성하는 몇 가지 예를 봤지만 구성에는 일반적으로 필수 구성(애플리케이션 ID, 부트스트랩 서버)과 그렇지 않은 구성(키 및 값 serdes)이 있다. 이 부록에서는 꼭 필요한 것은 아니지만 카프카 스트림즈 애플리케이션을 원활하게 실행하는 데 도움이 되는 설정들을 보여줄 것이다. 이 옵션은 비교적 쿡북^{cookbook} 형식으로 제공될 것이다.

시작 시 리밸런싱 수 제한하기

카프카 스트림즈 애플리케이션을 시작할 때 인스턴스가 여러 개 있는 경우, 첫 번째 인스턴스는 브로커의 GroupCoordinator에서 할당된 모든 토픽 파티션을 가져온다. 다른 인스턴스를 시작하면 리밸런싱^{rebalancing}이 발생하여 현재 TopicPartition 할당을 제거하고, 두 카프카 스트림 인스턴스에서 모든 TopicPartition을 다시 할당한다. 이 프로세스는 동일한 애플리케이션 ID를 가진 모든 카프카 스트림즈 애플리케이션을 시작할 때까지 반복된다.

이는 카프카 스트림즈 애플리케이션의 정상적인 동작이다. 그러나 리밸런싱이 완료될 때까지 레코드 처리가 일시 중지된다. 따라서 가능하다면 시작 시 리밸런싱 개수를 제한하고 싶을 것이다.

카프카 0.11.0이 출시되면서 새로운 브로커 설정인 group.initial.rebalance.delay. ms가 도입됐다. 이 설정은 새로운 컨슈머가 그룹에 조인할 때 group.initial.rebalance. delay.ms 설정에 지정된 시간 동안 GroupCoordinator에서 초기 컨슈머 리밸런싱을 지연시킨다. 기본 설정은 3초다. 다른 컨슈머가 그룹에 조인하면 리밸런싱은 설정된 시간만큼 계속 지연된다(max.poll.interval.ms 한도까지).

이 설정을 잘 활용하면, 새로운 인스턴스를 시작할 때 모든 인스턴스가 온라인 상태가 될 때까지 리밸런싱이 지연되므로 카프카 스트림즈에 도움이 된다(한 번씩 시작한다고 가정할 때). 예를 들어, 적절한 리밸런싱 지연 설정으로 4개의 인스턴스를 시작하는 경우 4개의 인스턴스가 모두 온라인 상태가 된 후에 한 번에 리밸런싱하는 게 좋다. 즉, 데이터를 좀 더 빨리 처리하기 시작한다는 의미다.

브로커 중단에 대한 회복력

브로커 오류로 인해 카프카 스트림즈 애플리케이션의 회복력resilient을 유지하려면 다음 권장 설정을 사용하자(예제 A.1 참조).

- Producer.NUM_RETRIES에 Integer.MAX_VALUE 설정
- Producer.REQUEST_TIMEOUT에 305000(5분) 설정
- Producer.BLOCK_MS_CONFIG에 Integer.MAX_VALUE 설정
- Consumer.MAX_POLL_CONFIG에 Integer.MAX_VALUE 설정

예제 A.1 브로커 중단에 따른 회복력 관련 설정

```
Properties props = new Properties();
props.put(StreamsConfig.producerPrefix(
➡ ProducerConfig.RETRIES_CONFIG), Integer.MAX_VALUE);
props.put(StreamsConfig.producerPrefix(
➡ ProducerConfig.MAX_BLOCK_MS_CONFIG), Integer.MAX_VALUE);
```

```
props.put(StreamsConfig.REQUEST_TIMEOUT_MS_CONFIG, 305000);
props.put(StreamsConfig.consumerPrefix(
➥ ConsumerConfig.MAX_POLL_INTERVAL_MS_CONFIG), Integer.MAX_VALUE);
```

이 값을 설정하면 카프카 클러스터의 모든 브로커가 다운된 경우 브로커가 온라인 상태
가 되면 카프카 스트림즈 애플리케이션은 계속 동작하고 작업을 다시 시작할 수 있다.

역직렬화 오류 처리

카프카는 키와 값에 대한 바이트 배열을 사용하며, 역직렬화하여 키와 값을 처리해야 한다.
따라서 모든 소스 및 싱크 프로세서에 serdes를 제공해야 한다. 레코드 처리 중에 잘못된
데이터가 있는 경우가 예상치 못할 일은 아닐 것이다. 카프카 스트림즈는 역직렬화 오류를
처리하는 방법을 지정하기 위해 default.deserialization.exception.handler와
StreamsConfig.DEFAULT_DESERIALIZATION_EXCEPTION_HANDLER_CLASS_CONFIG 설정을 제공
한다.

기본값은 org.apache.kafka.streams.errors.LogAndFailExceptionHandler인데, 이름
에서 알 수 있는 것처럼 오류 로그를 출력한다. 카프카 스트림즈 애플리케이션 인스턴스는
이 역직렬화 예외 때문에 실패(종료)할 것이다. 또 다른 클래스로는 org.apache.kafka.
streams.errors.LogAndContinueExceptionHandler가 있는데, 오류를 로그에 출력할 뿐 카
프카 스트림즈 애플리케이션은 계속 실행할 것이다.

DeserializationExceptionHandler 인터페이스를 구현한 클래스를 만들어 직접 역직렬
화 예외 핸들러를 구현할 수도 있다.

예제 A.2 역직렬화 핸들러 설정

```
Properties props = new Properties();
props.put(StreamsConfig.DEFAULT_DESERIALIZATION_EXCEPTION_HANDLER_CLASS_
➥ CONFIG, LogAndContinueExceptionHandler.class);
```

LogAndFailExceptionHandler는 기본 동작이기 때문에 LogAndContinueExceptionHandler
핸들러를 설정하는 방법만 소개했다.

애플리케이션 스케일업

이 책의 모든 예제에서 카프카 스트림즈 애플리케이션은 하나의 스트림 스레드에서 실행된다. 개발에는 괜찮겠지만 실제로는 하나 이상의 스트림 스레드로 실행해야 할 가능성이 크다. 문제는 얼마나 많은 스레드와 얼마나 많은 카프카 스트림즈 인스턴스를 사용할 것인가다. 이런 질문에 답할 수 있는 상황은 자신이 더 잘 알고 있기 때문에 여기서 구체적으로 대답할 수는 없지만, 몇 가지 기본 계산을 통해 좋은 방법을 얻을 수 있을 것이다.

카프카 스트림즈가 입력 토픽의 파티션마다 StreamTask를 생성한다는 내용을 3장에서 살펴봤다. 첫 번째 예제에서는 간단하게 설명하기 위해 12개의 파티션이 있는 단일 입력 토픽을 사용할 것이다.

12개의 입력 파티션으로 카프카 스트림즈는 12개의 태스크를 생성한다. 잠시 동안, 스레드당 1개의 작업을 원한다고 가정해보자. 1개의 인스턴스가 12개의 스레드를 가질 수 있지만, 그 접근법에는 단점이 있다. 카프카 스트림즈 애플리케이션을 호스팅하는 머신이 다운되는 경우 모든 스트림 처리가 중단된다.

그러나 각각 4개의 스레드로 인스턴스를 시작하면 각 인스턴스는 4개의 입력 파티션을 처리할 것이다. 이 접근법의 이점은 카프카 스트림즈 인스턴스 중 어느 하나가 중단되면 리밸런싱이 트리거되고 실행되지 않는 인스턴스의 4개의 태스크가 다른 2개의 인스턴스에 할당된다는 것이다. 따라서 나머지 애플리케이션은 각각 6개의 태스크를 처리하게 될 것이다. 또한 중지된 인스턴스가 다시 시작하면 다시 리밸런싱이 발생하고 3개의 인스턴스 모두 4개의 태스크를 처리하도록 되돌아갈 것이다.

한 가지 중요한 고려사항은 생성할 태스크 수를 결정할 때 카프카 스트림즈가 모든 입력 토픽에서 최대 파티션 개수를 사용한다는 것이다. 12개의 파티션이 있는 토픽이 1개인 경우 12개의 태스크가 된다. 그러나 소스 토픽의 수가 4인 경우 각각 3개의 파티션이 있다면, 3개의 태스크가 만들어지고 각 태스크는 4개의 파티션을 처리해야 한다.

태스크 수를 초과하는 모든 스트림 스레드는 유휴 상태가 된다. 3개의 카프카 스트림즈 인스턴스의 예제로 돌아가서, 4개의 스레드 중 네 번째 인스턴스를 작성한 경우 리밸런싱한 후 애플리케이션 간에 유휴 스트림 스레드는 4개(스레드는 16개이지만 태스크는 12개)가 된다.

이것은 이 책의 앞부분에서 언급한 카프카 스트림즈의 핵심 구성요소다. 애플리케이션을 오프라인으로 전환하지 않고도 자동으로 스케일을 올리고 내릴 수 있다. 이 기능은 애플리케이션에 데이터 흐름이 고르지 않은 경우 추가 인스턴스를 가동해 부하를 처리한 다음 처리해야 할 데이터양이 떨어지면 오프라인 상태로 만들 수 있기 때문에 유용하다.

태스크마다 언제나 하나의 스레드가 필요할까? 애플리케이션의 요구에 달려 있기 때문에 이 질문에 답하기는 어려울 것이다.

록스DB 설정

상태 유지^{stateful} 작업을 위해 카프카 스트림즈는 영속적 메커니즘을 구현하는 데 록스DB^{RocksDB}(http://rocksdb.org)를 사용한다. 록스DB는 빠르고 구성 가능한 키/값 저장소다. 특정 권장값에 대한 다양한 옵션이 있지만, 카프카 스트림즈는 RocksDBConfigSetter 인터페이스를 통해 기본 설정을 덮어쓸 수 있는 방법을 제공한다.

사용자 록스DB 설정을 지정하려면, RocksDBConfigSetter 인터페이스를 구현하는 클래스를 만든 다음 StreamsConfig.ROCKSDB_CONFIG_SETTER_CLASS_CONFIG 설정을 통해 카프카 스트림즈 애플리케이션을 구성할 때 클래스 이름을 제공한다. 록스DB의 어떤 것을 조정할 수 있는지 알아보려면, http://mng.bz/I88k의 록스DB 튜닝 가이드를 읽어보기를 권한다.

미리 토픽 리파티셔닝 만들기

카프카 스트림즈에서 잠재적으로 맵 키(예를 들어, transform이나 groupBy 같은)를 변경하는 작업을 수행할 때마다, StreamsBuilder 클래스의 내부에 리파티셔닝이 필요할 것이라는 플래그가 설정된다. 이제 map 또는 transform 수행은 자동으로 토픽 리파티셔닝의 생성과 리파티셔닝 작업을 강제하지 않을 것이다. 다만, 곧 업데이트된 키를 사용한 작업이 추가되면 리파티셔닝 작업이 트리거될 것이다.

이 리파티셔닝은 필수 단계이지만(4장에서 다뤘다), 어떤 경우에는 미리 데이터를 리파티셔닝해두는 것이 좋다. 다음 예제를 생각해보자.

```
KStream<String, String> mappedStream =          원본 입력 스트림을 매핑해서
  streamsBuilder.stream("inputTopic").map(....); ◄── 새 키를 생성한다.
KTable<Windowed<String>, Long> ktable1 =
  mappedStream.groupByKey().windowedBy...count() ◄─── 윈도 카운트 옵션 1
KTable<Windowed<String>, Long> ktable2 =
  mappedStream.groupByKey().windowedBy...count() ◄─── 윈도 카운트 옵션 2
KTable<Windowed<String>, Long> ktable3 =
  mappedStream.groupByKey().windowedBy...count() ◄─── 윈도 카운트 옵션 3
```

여기서 원본 스트림을 매핑해 group by로 새 키를 만든다. 적절한 사용 사례라 볼 수 있을 세 가지 윈도 옵션을 사용해 3개의 카운트를 수행하고자 한다. 그러나 새 키에 매핑됐기 때문에 각 윈도 카운트 작업은 각각 새로운 리파티션 토픽을 만든다. 다시 말해, 변경된 키 때문에 리파티션 토픽이 필요하긴 하지만, 단지 하나의 리파티션 토픽만 필요함에도 3개의 리파티션 토픽은 데이터를 복제한다.

이 문제에 대한 해결책은 간단하다. 맵 호출 후 즉시 데이터를 파티셔닝하는 쓰루 오퍼레이션through operation을 사용한다. 그런 다음 groupByKey 오퍼레이터는 리파티셔닝 필요 플래그를 설정하지 않기 때문에 groupByKey 호출은 리파티셔닝을 트리거하지 않을 것이다. 수정된 코드는 다음과 같다.

```
KStream<String, String> mappedStream =
  streamsBuilder.stream("inputTopic").map(....).through(...); ◄──┐
                                                                  │
                                          원본 입력 스트림을 매핑하여
                                          새 키를 만들고 리파티셔닝한다.
```

쓰루 프로세서through processor를 추가하고 수동으로 리파티셔닝을 하면 리파티션 3개 대신 1개가 된다.

내부 토픽 설정

토폴로지를 구축할 때 추가하는 프로세서에 따라 카프카 스트림즈는 몇 가지 내부 토픽을 생성할 수 있다. 이런 내부 토픽은 상태 저장소를 백업하거나 리파티션을 위한 변경로그가 될 수 있다. 데이터 규모에 따라 이런 내부 토픽은 많은 공간을 소비할 수 있다. 또한 변경 로그 토픽은 기본적으로 클린업^{cleanup} 정책이 "compact"(압축)이지만, 유일 키가 많을 경우 압축된 토픽 크기가 증가할 수 있다. 이를 염두에 두고 크기 관리가 가능하도록 내부 토픽을 구성하는 것이 좋다.

내부 토픽 관리 옵션은 두 가지가 있다. 첫째로, 상태 저장소를 생성할 때 StoreBuilder.withLoggingEnabled 또는 Materialized.withLoggingEnabled를 사용해 직접 설정을 제공할 수 있다. 어떤 방법을 사용하는가는 상태 저장소를 만드는 방법에 따라 다르다. 두 메소드 모두 토픽 속성을 포함하는 Map<String, String>을 갖는다. src/main/java/bbejeck/chapter_7/CoGroupingListeningExampleApplication에서 예제를 볼 수 있다.

내부 토픽을 관리하는 그 밖의 옵션은 카프카 스트림즈 애플리케이션을 구성할 때 다음처럼 내부 토픽을 설정하는 것이다.

```
Properties props = new Properties();
// 그 밖의 속성은 여기에 설정
props.put(StreamsConfig.topicPrefix("retention.bytes"), 1024 * 1024);
props.put(StreamsConfig.topicPrefix("retention.ms"), 3600000);
```

StreamsConfig.topicPrefix 접근법을 사용할 때, 제공된 설정이 모든 내부 토픽에 전역적으로 적용된다. 상태 저장소를 만들 때 제공하는 모든 토픽 설정은 StreamsConfig가 제공하는 설정보다 우선한다.

특정 사용 사례에 따라 다르므로 어떤 설정을 사용할지에 관해 많은 조언을 하기는 어렵다. 그러나 토픽 크기 기본값은 제한이 없고 기본 보유 시간도 일주일이므로 retention.bytes 및 retention.ms 설정을 조정해야 한다. 또한 많은 고유 키가 있는 상태 저장소의 변경로그는, cleanup.policy를 compact, delete를 사용해 토픽 크기를 관리 가능한 상태로 유지할 수 있다.

카프카 스트리밍 애플리케이션 재설정

어느 시점에서 개발 중이거나 코드를 업데이트한 후에 카프카 스트림즈 애플리케이션을 시작하고 데이터를 다시 처리해야 할 수도 있다. 이를 위해 카프카 스트림즈는 카프카 설치 bin 디렉토리에 kafka-streams-application-reset.sh 스크립트를 제공한다.

이 스크립트는 1개의 필수 매개변수인 카프카 스트림즈 애플리케이션의 애플리케이션 ID가 필요하다. 이 스크립트는 다양한 옵션을 제공하지만 가장 오래된 사용 가능한 오프셋으로 입력 토픽을 초기화하거나 최근 오프셋으로 중간 토픽을 초기화하고 내부 토픽을 삭제할 수 있다. 이전 실행에 생성된 로컬 상태를 삭제하려면 다음번 애플리케이션을 시작할 때 KafkaStreams.cleanUp을 호출해야 한다.

로컬 상태 클린업

4장에서 카프카 스트림즈가 로컬 파일 시스템에 있는 태스크당 로컬 상태를 저장하는 방법을 알아봤다. 개발이나 테스트 시 또는 새 인스턴스로 마이그레이션할 때, 이전의 모든 로컬 상태를 초기화해야 할 것이다.

이전 상태를 초기화하기 위해서는 KafkaStreams.start 호출 전이나 KafkaStreams.stop 호출 이후에 KafkaStreams.cleanUp을 사용하면 된다. 이와 다른 때에 cleanUp 메소드를 사용하면 오류가 발생할 것이다.

정확히 한 번의 시맨틱

카프카는 0.11.0 버전 출시로 'exactly-once(정확히 한 번)'라는 주요 마일스톤을 달성했다. 이 릴리스 이전에 카프카의 전달 시맨틱delivery semantics은 프로듀서에 따라 'at-least-once(적어도 한 번)' 또는 'at-most-once(한 번 이상)'로 설명될 수 있었다.

at-least-once 전달의 경우, 브로커는 메시지를 저장할 수 있었지만, 프로듀서가 acks="all"로 구성되어 있고 오류가 발생해서 확인acknowledgement 메시지를 기다리는 시간이 초과됐다고 가정하면 확인 메시지를 다시 프로듀서에 보낸다. 프로듀서 재시도가 0보다 클 경우 이전 메시지가 저장됐다는 사실을 알지 못하고 이 메시지는 다시 전송하게 된다. 이 시나리오(드물긴 하지만)에서 중복 메시지가 컨슈머로 배달되므로 at-least-once라고 한다.

at-most-once 조건의 경우, 재시도가 0으로 설정된 프로듀서로 구성된 경우를 생각해보자. 앞의 예에서 재시도가 없으므로 문제의 메시지는 한 번만 배달된다. 그러나 브로커가 메시지를 저장하기 전에 오류가 발생하면 메시지는 전송되지 않는다. 이 경우 모든 메시지를 받는 것 대신 어떠한 중복 메시지도 받지 않도록 했다.

exactly-once 시맨틱을 사용하면, 프로듀서가 토픽에 이전에 저장한 메시지를 재전송하는 경우가 되더라도 컨슈머는 정확히 한 번만 메시지를 받을 것이다. 트랜잭션을 활성화하거나 카프카 프로듀서에서 exactly-once 처리를 하려면, 다음 예제에서 보는 것처럼 설정에 transactional.id를 추가하고 몇 가지 메소드 호출을 추가한다. 그 외에, 트랜잭션과 함께 메시지를 생산하는 것은 익숙한 부분이다. 참고로, 여기에 인용한 코드는 트랜잭션 API로 메시지를 생산하고 소비하는 데 필요한 부분을 강조하기 위해 제공된 것으로 독립적으로 실행되는 코드는 아니다.

```
Properties props = new Properties();
props.put("bootstrap.servers", "localhost:9092");
props.put("transactional.id", "transactional-id");

Producer<String, String> producer =
➡ new KafkaProducer<>(props, new StringSerializer(), new StringSerializer());

producer.initTransactions();    ◀──── transactional.id를 설정할 때, 이 메소드를 다른 것보다 먼저 호출해야 한다.

try {
    // 레코드를 전송하기 바로 전에 호출했다.
    producer.beginTransaction();

    ...어떤 메시지를 전송

    // 전송이 끝났다면 트랜잭션을 커밋한다.
    producer.commitTransaction();

} catch (ProducerFencedException | OutOfOrderSequenceException |
➡ AuthorizationException e) {

    producer.close();    ◀──── 복구할 수 없는 예외에 대한 유일한 옵션은 프로듀서를 닫는 것이다.
} catch (KafkaException e) {

    producer.abortTransaction();    ◀──── 그 밖의 예외는 중단하고 재시도한다.
}
```

트랜잭션과 함께 KafkaConsumer를 사용하려면 다음처럼 하나의 구성만 추가하면 된다.

```
props.put("isolation.level", "read_committed");
```

read_committed 모드에서 KafkaConsumer는 커밋된 트랜잭션 메시지만 성공적으로 읽는다. 기본 설정은 모든 메시지를 반환하는 read_uncommitted이다. 비 트랜잭션[non-transactional] 메시지는 항상 두 구성 설정에서 모두 읽을 수 있다.

exactly-once 시맨틱의 영향은 카프카 스트림즈에 있어 큰 승리다. exactly-once 또는 트랜잭션을 사용하면, 토폴로지를 통해 레코드를 단 한 번만 정확하게 처리할 수 있다.

카프카 스트림즈에서 exactly-once 처리를 활성화하려면, StreamsConfig.PROCESSING_GUARANTEE_CONFIG에 exactly_once를 설정한다. PROCESSING_GUARANTEE_CONFIG의 기본 설정은 at_least_once, 즉 비 트랜잭션 처리다.

여기까지가 카프카의 트랜잭션 API에 대한 간략한 개요이며, 자세한 내용은 다음 자료를 확인하자.

- 딜런 스콧[Dylan Scott], 『Kafka in Action』(Manning, 4판 예정), www.manning.com/books/kafka-in-action
- 네하 나크헤데[Neha Narkhede], '정확히 한 번 시맨틱은 가능하다: 카프카는 이렇게 한다', 컨플루언트, 2017년 6월 30일, http://mng.bz/t9rO
- 압푸르바 메타[Apurva Mehta] 및 제이슨 구스타프손[Jason Gustafson], '아파치 카프카에서의 트랜잭션', 컨플루언트, 2017년 11월 17일, http://mng.bz/YKqf
- 궈장 왕[Guozhang Wang], '카프카 스트림즈에서 Exactly-Once 사용', 컨플루언트, 2017년 12월 13일, http://mng.bz/2A32

찾아보기

log.roll.ms 72

log.segment.bytes 72

Kafka Streams IN ACTION

카프카 스트림즈 API로 만드는 실시간 애플리케이션

발 행 | 2019년 7월 11일

지은이 | 빌 베젝
옮긴이 | 최 중 연 · 이 재 익

펴낸이 | 권 성 준
편집장 | 황 영 주
편 집 | 이 지 은
　　　　김 다 예
디자인 | 송 서 연

에이콘출판주식회사
서울특별시 양천구 국회대로 287 (목동)
전화 02-2653-7600, 팩스 02-2653-0433
www.acornpub.co.kr / editor@acornpub.co.kr

한국어판 © 에이콘출판주식회사, 2019, Printed in Korea.
ISBN 979-11-6175-326-3
http://www.acornpub.co.kr/book/kafka-streams-in-action

이 도서의 국립중앙도서관 출판시도서목록(CIP)은 서지정보유통지원시스템 홈페이지(http://seoji.nl.go.kr)와
국가자료공동목록시스템(http://www.nl.go.kr/kolisnet)에서 이용하실 수 있습니다.(CIP제어번호: CIP2019025191)

책값은 뒤표지에 있습니다.

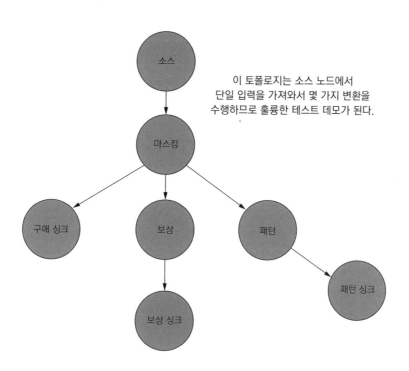

이 토폴로지는 소스 노드에서
단일 입력을 가져와서 몇 가지 변환을
수행하므로 훌륭한 테스트 데모가 된다.